Helena Olson

Als Maharishi kam

Mai 1959. Ein damals noch unbekannter Heiliger aus dem Himalaya, Maharishi Mahesh Yogi, kommt nach Los Angeles und spricht in Hollywoods Masquers Club über Meditation. Helena und Roland Olson sind begeistert. Sie laden ihn für eine Woche in ihr Haus ein, doch aus einer Woche wird ein ganzer Sommer. Bald laufen in ihrem Haus alle Fäden zusammen: Von hier aus verbreitet sich die Transzendentale Meditation schnell über die westliche Welt. Die amüsanten und manchmal recht heiklen tagtäglichen Begebenheiten, der Blick auf eine bezaubernde Persönlichkeit und der Wunsch, Maharishis Worte der Weisheit mit anderen zu teilen, veranlassten Helena Olson, die Geschichte seiner Anfangszeit im Westen zu erzählen.

Helena Olson (1909–1975) studierte Philosophie an der University of Califonia (UCLA). 1952 zog sie mit ihrem Mann und ihren vier Töchtern in ein großes Haus in Los Angeles, das im Laufe der Jahre viele Gäste beherbergte. Sie betreute die Öffentlichkeitsarbeit des Sommertheaters Los Angeles und begegnete Maharishi im Mai 1959 in Hollywoods Masquers Club. Ihre Erlebnisse mit einem »Eremit im Haus« erschienen erstmals 1967 unter dem Titel »A Hermit in the House«.

ALS MAHARISHI KAM

LOS ANGELES 1959

Maharishi Mahesh Yogis
Ankunft im Westen

Erzählt von Helena Olson

Alfa-Veda

Originaltitel der 1. Auflage von 1967: »A Hermit in the House«
Titel der 2. erweiterten Auflage von 1979: »Maharishi at 433«
Titel der 3. erweiterten Auflage von 2000: »His Holiness Maharishi Mahesh Yogi, A Living Saint for the New Millennium«

Übersetzung: Jan Müller
Unter Berücksichtigung aller drei Auflagen
und Brigitte Kölkers Übersetzung der 2. Auflage
»Als Maharishi kam« von 1984 mit freundlicher
Genehmigung des Ralf Hannemann Verlags.
Lektorat: Marret Hansen
Layout und Satz: Jan Müller
Umschlaggestaltung unter Verwendung
eines Fotos von Lou Lee: Jochen Uebel
Druck und Bindung: Books on Demand GmbH, Norderstedt

4. Auflage August 2019
alfa-veda.com
Paperback ISBN: 978-3-945004-22-7
Hardcover ISBN: 978-3-945004-29-6

Um die Anfangsatmosphäre von 1959 zu wahren,
wurde die 1. Auflage fast unverändert übernommen.
Texte und Anhänge aus der 2. und 3. erweiterten Auflage
wurden in Teil 2 nach ihrem Entstehungsdatum geordnet.

Die aktualisierten Daten zur Erforschung und Verbreitung der
TM-Technik wurden aus TM-Webseiten zusammengestellt.

Inhalt

TEIL I

EIN EREMIT IM HAUS

Los Angeles 1959

Geschrieben für die, die ihn lieben.

Meinem Mann Roland gewidmet, dessen Bescheidenheit, Freundlichkeit, Weisheit, Großherzigkeit und nie endende Liebe den Weg zum Meister bereitete.

Ich möchte den Mitgliedern der Geistigen Erneuerungsbewegung in Los Angeles meine Liebe und tiefe Wertschätzung ausdrücken, denn sie waren in der westlichen Welt die Ersten, die Maharishi Mahesh Yogi bei der Verbreitung seiner einfachen Technik der Transzendentalen Meditation unterstützt haben.

Einleitung

Ein großes, altes Haus

Manchmal steht ein Haus für viele, viele Jahre an der Straße, ohne dass es viel erlebt. Vielleicht wechselt es alle zehn Jahre seinen Besitzer, weil die Kinder der Familie heranwachsen und sich was Eigenes suchen. Manchmal erlebt es sogar um sich herum den Aufstieg und Niedergang einer ganzen Stadt.

Und wenn es lange genug stehenbleiben darf und geduldig ausharrt, erlebt es viele dieser Zyklen, und die Güte des Alters vereint sich mit der Lebendigkeit der Jugend. Die Familie, die ein solches Haus bewohnt, kann sich wirklich glücklich schätzen.

Mein Mann Roland und ich hatten von 1950 bis 1952 nach einem geeigneten Zuhause gesucht. Sein Sonderauftrag bei der Telefongesellschaft, der uns in die Vorstadt verbannt hatte, war beendet. Er arbeitete wieder im Stadtbüro in Los Angeles, und wir freuten uns darauf, zu den Annehmlichkeiten des Stadtlebens zurückzukehren. Wir hatten keine Eile gehabt, da unsere älteste Tochter Melinda noch ihr letztes Jahr in der Highschool absolvierte. Nach ihrem Abschluss im Jahre 1952 aber wurde die Haussuche ernst.

Als wir eines Tages das zweistöckige, mit grauen Schindeln bedeckte Haus am Harvard Boulevard sahen, war es Liebe auf den ersten Blick. Gleich am nächsten Tag begannen wir mit dem Umzug, und bald schon spielten die Kinder Verstecken hinter den großen, alten Bäumen.

Mein Mann, ich selbst, unsere vier Mädchen (von vier bis achtzehn Jahren), ihre Haustiere und Freunde akzeptierten »433«, wie wir es bald liebevoll nach seiner Hausnummer nannten, als ein Mitglied der Familie, und im Verlauf der Zeit wurde 433 in vielen Städten und fernen Orten bekannt und beliebt.

Roland, das Haus und ich teilten ein Geheimnis: Das Leben von uns Dreien hatte im gleichen Jahr begonnen: 1909.

Als wir das zweistöckige, mit grauen Schindeln bedeckte Haus sahen, war es Liebe auf den ersten Blick.

Als 1959 unsere beiden älteren Töchter heirateten, dachten wir daran, uns allmählich aus dem aktiven Leben zurückzuziehen. Hin und wieder fiel das Wort Ruhestand, weil wir glaubten, unsere geschäftigen Tage seien langsam vorüber. Wir hätten uns kaum gründlicher irren können. Aber wer konnte damals ahnen, dass in Indien gerade ein Yogi dabei war, den Himalaya zu verlassen, um sich nach einigen Reisen über Land und Wasser unserem Familienkreis im Hause 433 anzuschließen? Niemals waren Ost und West so verwundert und ahnungslos aufeinander gestoßen wie Maharishi und die Menschen, die sich um ihn scharten.

Die amüsanten und manchmal recht heiklen tagtäglichen Begebenheiten, der Blick auf eine bezaubernde Persönlichkeit und der Wunsch, Maharishis Worte der Weisheit mit anderen zu teilen, sind der Anlass für das Buch

Ein Eremit im Haus.

1

Es geschah in Hollywood

Unsere Kinder unterschieden sich von den Kindern anderer Leute in einem Punkt: Die Kinder der anderen schleppten streunende Hunde und Katzen mit nach Hause – unsere brachten Menschen.

Wie bei allen Dingen waren natürlich irgendwann einmal die Eltern dafür das Vorbild gewesen, und ich muss mich in diesem Fall schuldig bekennen. Als unsere Familie mit vier Töchtern 1952 das alte Sechzehn-Zimmer-Haus »433« am Harvard Boulevard bezog, wohnten vom ersten Tag an weitere Personen mit im Haus. Als erstes kam ein verwitweter Freund. Er konnte niemanden finden, der auf seine zwölfjährige Tochter aufpasste. Wir beschlossen, die beiden aufzunehmen, bis sie eine Haushälterin fänden. Wir hätten uns nicht träumen lassen, dass er bald darauf eine Witwe mit Kind und Hund heiraten würde, die alle bei uns einzogen, um »ein Weilchen zu bleiben«.

Nachdem sie schließlich eine eigene hübsche Bleibe gefunden hatten, quartierte sich ein langes Gefolge junger Schauspieler, Tänzer, Studenten, Lehrer, Sänger, und sogar der Ballettmeister des berühmten Londoner Tanztheaters »Sadler's Wells« bei uns ein, um für ein paar Tage, Wochen, Monate oder in einem Fall sogar für ein ganzes Jahr zu bleiben.

Unsere älteste Tochter, Melinda, war verantwortlich für die Theaterleute, denn vor ihrer Heirat hatte sich für sie eine vielversprechende Karriere am Theater abgezeichnet. Weiter als bis »vielversprechend« war es jedoch nicht gekommen. Mary, unsere zweite Tochter, hatte an der *UCLA*, der *University of California at Los Angeles*, studiert und war verantwortlich für die Studenten. Und mein Mann Roland war verantwortlich … für die Rechnungen!

1959 hatte Tina, 15 Jahre alt, den oberen Teil des Hauses bezogen und protestierte nun heftig gegen weitere Gäste im Haus. Sie sagte: »Gäste machen nur Arbeit. Niemand hilft beim Abwasch, vor allem Theresa nicht!« Mit diesem Frontalangriff auf unsere zehnjährige Theresa verschwand sie gewöhnlich mit ihren beiden Siamkatzen Mei Ling und Su Ling in ihrem Teil des Hauses.

Die freundliche und stille kleine Theresa, die sich an allen Dingen des Lebens erfreute, an Babys, Tieren, älteren und jüngeren Leuten, an kulturellen Veranstaltungen und am Essen, schaffte es immer wieder, sich vor dem Abwasch zu drücken.

Obwohl unsere Gäste eine gewisse Belastung für uns waren, bereicherte doch jeder auf seine Weise unser Leben. Wir erfuhren aus erster Hand alles über zwei oder drei protestantische Glaubensrichtungen (wir selbst waren Katholiken), über Christliche Wissenschaft, die Neugeist-Bewegung, über Spiritualismus, Hypnose und über jedwede Kunstrichtung. Die Gespräche in unserer altmodischen Küche waren lebendig und oft hitzig. Während sich der Abwasch stapelte, gingen die Diskussionen endlos weiter.

Im April 1959 waren wir, sehr zu Tinas Freude, vorübergehend ohne Gesellschaft. Aber an ständige Diskussionen und Gespräche gewöhnt, reizte es Roland und mich, eine Reihe von Vorträgen über die unterschiedlichsten Themen zu besuchen und Bücher über Bereiche zu lesen, von deren Existenz wir vorher nie etwas geahnt hatten.

Es war die Lektüre eines dieser Bücher, die uns zu dem wunderbarsten Erlebnis unseres Lebens führte: zur Begegnung mit einem Meister – Maharishi Mahesh Yogi.

Das Buch handelte von Meistern aus dem Fernen Osten. Nachdem ich einen kurzen Blick hineingeworfen hatte, sagte ich zu meinem Mann: »Das Buch hat ein Ingenieur geschrieben, der nach Indien ging. Dort hat er Yogis und Heilige getroffen, die Wunder vollbringen konnten. Sie konnten zum Beispiel über Wasser gehen. Klingt das nicht aufregend?«

»Klingt nicht gerade nach Ingenieurwissenschaft«, meinte mein Mann, der einen naturwissenschaftlichen Abschluss hatte. »Vielleicht ist alles nur vorgetäuscht.«

Also entschieden wir uns, das Buch nicht zu kaufen. Wenige Tage später jedoch überraschte mich mein Mann mit genau diesem Buch. »Ich habe es vom jemandem im Büro bekommen. Er meinte, es könnte uns gefallen.«

Es war ein schmales, kleines Buch und leicht zu lesen. Ein Teil davon war sicher erfunden, dachte ich, aber es enthielt auch eine Menge Fakten.

Auf jeden Fall war es faszinierend, und ich wollte gerne mehr über diese Meister aus dem Osten erfahren.

Am nächsten Tag brachte ich weitere Bücher zu dem Thema mit und berichtete der Familie am Mittagstisch: »Wusstet ihr, dass es im Orient Menschen gibt, die nur von Licht leben? Sie stehen morgens gegen drei oder vier Uhr auf, oben im Himalaya, und atmen auf eine besondere Art. Damit sind sie bis zum nächsten Tag versorgt.«

»Denkt an den Abwasch, der dadurch erspart bliebe«, meinte Tina. »Und noch besser, wenn jemand hungrig ist, braucht er nur in die Luft zu greifen und hält eine warme Mahlzeit in Händen.«

Ich konnte meiner Familie ihre Skepsis nicht verübeln. Es war wohl auch beim Erzählen einiges verloren gegangen.

»Ach, lest die Bücher doch selber«, sagte ich.

Am letzten Freitag im April war ich mit dem ganzen Stapel durch. Am Samstag stand auf der Rückseite des Frauenteils in der Los Angeles Times eine kleine Anzeige mit folgendem Inhalt:

»Maharishi Mahesh Yogi,
Meister aus dem Himalaya,
spricht im Masquers Club
1.–5. Mai, Tel. …«

»Stell dir vor!«, sagte ich zu meinem Mann, »Ein Meister aus dem Osten spricht in Hollywoods Schauspieler-Club. Ausgerechnet da! Wie passt das zusammen? Den würde ich gerne mal sehen. Gehst du mit?«

Roland dachte einen Augenblick nach. »Klingt interessant. Geben wir ihm eine Chance.«

Ich rief die Nummer aus der Anzeige an. Eine angenehme männliche Stimme antwortete. Ich sagte, wir würden gern kommen. Er schien erstaunt und ein wenig erleichtert. Da es im Masquers Club keine großen Vortragssäle gab, fragte ich, ob es nötig sei, frühzeitig zu kommen.

»Ich glaube nicht«, sagte er, »bisher sind Sie die einzige Anruferin.«

Ich war ganz unglücklich. Da ich die letzten sechs Jahre am Theater gearbeitet hatte, wollte ich am liebsten gleich die Werbetrommel rühren und Eintrittskarten verkaufen. In unserem Freundeskreis konnte ich mir allerdings niemanden vorstellen, den ich hätte bitten können, mitzukommen. Die Sache ließ mich den ganzen Sonntag über nicht mehr los. Schließlich sagte mein Mann: »Hör auf, dir darüber Gedanken zu machen. Das ist nicht dein Problem. Es ist ein gutes Omen, sie haben sicher ein volles Haus.«

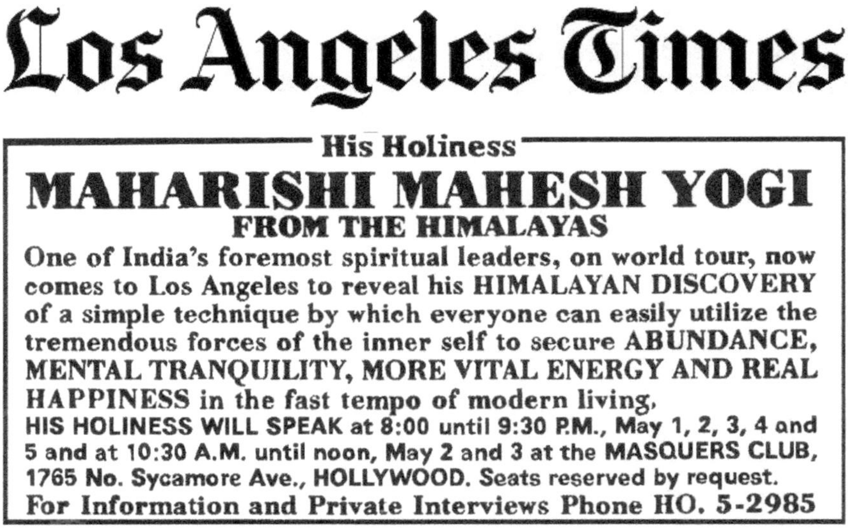

Los Angeles Times

His Holiness
MAHARISHI MAHESH YOGI
FROM THE HIMALAYAS

One of India's foremost spiritual leaders, on world tour, now comes to Los Angeles to reveal his HIMALAYAN DISCOVERY of a simple technique by which everyone can easily utilize the tremendous forces of the inner self to secure ABUNDANCE, MENTAL TRANQUILITY, MORE VITAL ENERGY AND REAL HAPPINESS in the fast tempo of modern living.
HIS HOLINESS WILL SPEAK at 8:00 until 9:30 P.M., May 1, 2, 3, 4 and 5 and at 10:30 A.M. until noon, May 2 and 3 at the MASQUERS CLUB, 1765 No. Sycamore Ave., HOLLYWOOD. Seats reserved by request.
For Information and Private Interviews Phone HO. 5-2985

Die Original-Anzeige in der Los Angeles Times, April 1959:
Seine Heiligkeit MAHARISHI MAHESH YOGI AUS DEM HIMALAYA, einer der führenden spirituellen Lehrer Indiens auf Weltreise, kommt jetzt nach Los Angeles, um seine HIMALAYA-ENTDECKUNG einer einfachen Technik vorzustellen, mit der jeder die enormen Kräfte des inneren Selbst nutzen kann, um im schnellen Tempo des modernen Lebens WOHLSTAND, GEISTIGE GELASSENHEIT, MEHR LEBENSKRAFT UND WAHRES GLÜCK zu gewährleisten.
SEINE HEILIGKEIT SPRICHT am 1., 2., 3., 4. und 5. Mai von 20:00 bis 21:30 Uhr und am 2. und 3. Mai von 10:30 Uhr bis mittags im MASQUERS CLUB, 1765 No. Sycamore Ave., HOLLYWOOD. Platzreservierung auf Anfrage.
Telefon für Informationen und private Interviews: HO. 5-2985

»Natürlich, du hast recht. Nur wenn du mit einem vollen Haus rechnest, bleibt das Theater leer.«

Am Vortragsabend aßen wir rechtzeitig, sagten den Kindern nichts von unserem Vorhaben und machten uns auf den Weg. Es war das erste Mal in meinem Leben, dass ich zu früh zu einem Vortrag kam. Der Gedanke an einen Meister aus dem Fernen Osten in Hollywoods Schauspieler-Club war höchst amüsant. Ich konnte es kaum erwarten.

Es hat uns immer Spaß gemacht, bei einem Vortrag das Publikum genau anzuschauen, so wie sie zweifellos auch uns studierten. Mein Mann und ich sahen meistens recht unauffällig aus, wo immer wir auch waren. Auch heute Abend schien die ganze Gruppe von 40 bis 50 Personen ausnahmslos aus ganz normalen Geschäftsleuten zu bestehen. Einige waren jung, aber die meisten befanden sich etwa in unserem Alter, schlicht in Kleidung und Geschmack.

Wir versammelten uns im Foyer. Bequeme Sessel waren im Halbkreis aufgestellt, mit Blick auf eine schmale Bühne. Eine kleine Bank, über die ein Hirschfell gebreitet war, stand direkt unter ein paar Dutzend Fotos von Hollywoods größten Stars. Vor der Bank standen zwei oder drei Vasen mit Blumen. Ein modernes Tonbandgerät und ein Lautsprecher standen neben der Bank.

»Nichts von alledem kommt mir real vor«, flüsterte ich meinem Mann zu.

Alles schwieg erwartungsvoll. Ein nett aussehender junger Mann erschien und stellte das Tonbandgerät an. Dann trat aus einer Seitentür der Meister herein.

Er ging langsam auf uns zu, voll stiller Würde, ein Mann von schlanker Figur und klein von Statur, in ein weißes, nahtloses Seidengewand gekleidet, ein braunes Tuch über den Schultern.

Irgendwo hauchte jemand ein »Oh!«, aber niemand verspürte den Wunsch zu sprechen oder auch nur zu denken, nur immer und immer wieder zu schauen, um etwas zu begreifen, das wir uns nicht erklären konnten.

In seinen Händen hielt er wunderschöne Rosen. Ein ruhiges, heiteres Gesicht schaute unter langem, seidigem, schwarzem Haar hervor, das sich über seine Schultern breitete. Ein Vollbart bedeckte sein Kinn. Wir waren vollkommen hingerissen, als feine, braune Füße aus hölzernen Sandalen schlüpften und er sich im Schneidersitz auf dem Hirschfell niederließ. Er saß still da, während seine Finger mit einer Perlenkette spielten, die er um den Hals trug. Wir fühlten uns ruhig und behaglich. Ich verspürte den intensiven Wunsch, in seine Augen zu schauen, aber lange Zeit blickte er nicht auf.

»Armer Mann«, dachte ich. »So weit fort von zu Hause. Solch eine geistige Entfernung zu überbrücken. Worüber wird er wohl sprechen?«

Er räusperte sich und öffnete die Lider. Große, leuchtende, braune Augen wanderten durch die Reihen, als ob sie jeden Einzelnen im Raum begrüßten. Ich wünschte mir sehr, dass er mich anschaute, und er tat es tatsächlich ... ganz zuletzt. Ich lächelte ihm zu, aber im gleichen Augenblick begann er zu sprechen.

Seine Stimme zog die gesamte Aufmerksamkeit auf sich. Zuerst war sie fast ohne Klang. Die Stille seiner Rede schien eher zum Geist zu sprechen als zu den Ohren.

Er sprach von einem Auftrag, der ihn aus dem Tal der Heiligen herausgeführt hatte, ein Auftrag, aller Welt, die es hören wollte, zu sagen, dass Gott Seligkeit sei, dass der Weg zu Gott ein wonnevoller Weg sei, frei von Leiden, und dass der Mensch diese Glückseligkeit leicht und mühelos erreichen könne.

Seine Stimme wurde lauter und drang sanft an mein Ohr. Die Worte waren stark und voller Autorität. Ich kam gar nicht auf den Gedanken, an dem, was er sagte, zu zweifeln. Er lächelte oft und gebrauchte eine einfache Sprache.

»Wir geben uns keine Mühe, die Dunkelheit zu vertreiben. Wir machen einfach Licht, und die Dunkelheit verschwindet von selbst.«

Der Raum schien sich mit Licht zu füllen. Für den Bruchteil einer Sekunde riss ich mich von seinem Anblick los, um nach den anderen zu schauen. Jeder war hingerissen und sog seine Worte auf, den Anflug eines Lächelns im Gesicht. Und auch ich konnte nicht genug bekommen. Er wählte eine große rote Rose aus und erklärte damit einige Punkte. Während die Rose vor und zurückschwang, fielen mir seine Hände auf: bestimmt in der Bewegung, stark und schön. Während ich sie betrachtete, öffnete er eine Hand und neigte sie sanft dem Publikum zu. Irgendwie fiel mein Herz in diese Hand und blieb dort liegen.

Als er weitersprach, dämmerte mir ein Wissen, das nicht in direktem Zusammenhang zu dem stand, was er sagte. Immer wieder kamen mir Gedanken aus dem Neuen Testament in den Sinn, frisch und fast neu in ihrer Bedeutung. So oft sagte er »God is bliss«, und immer wenn er das sagte, wuchs in mir der starke Wunsch nach Seligkeit, nach Glücklichsein, nach Gott. Der Wunsch erfüllte mich ganz.

Ein ruhiges, heiteres Gesicht schaute unter langem, seidigem, schwarzem Haar hervor.

Nach einer Weile des Schweigens schien der Vortrag beendet, und er saß wieder ruhig da. Die Luft war erfüllt von seinen Worten.

Ich wollte still sein, aber die Dame neben mir sprach mich an. »Hat es Ihnen gefallen?«

»Ja, sehr.«

Nun war der Bann gebrochen. »Wissen Sie irgendwas über diesen Mann?« fragte ich.

»Oh ja«, sagte sie, »ich traf ihn im Flugzeug von Hawaii.«

Wie faszinierend, ihn sich in einem Flugzeug vorzustellen. »Was hat er in Hawaii gemacht?«

Die Frau sprach weiter. Sie erzählte von persönlichen Erlebnissen und wie sehr er ihr dabei geholfen hatte. Ich wollte alles hören, was sie sagte, aber ich versuchte auch, den Zauber jener sanft gesprochenen Worte zu bewahren. Irgendwie fing ich den Satz auf »... und er wohnt in einem Apartment. Es ist wirklich nicht angemessen für das, was er vorhat. Was er braucht, ist ein großes, altes Haus.«

Bei den Worten »großes, altes Haus« klingelte es in meinem Kopf. Was wir besaßen, war ein großes, altes Haus ... sehr groß, sehr alt ... und ein wenig leer, seit unsere beiden ältesten Töchter geheiratet hatten.

Ich zupfte meinen Mann am Ärmel. »Roland, dieser Mann sucht ein Haus, in dem er für einige Tage wohnen kann. Wollen wir ihn nicht zu uns einladen?«

Als ich mich so sprechen hörte, war ich selbst erschrocken. Erst vor kurzem hatte ich mich entschieden, nie wieder neue Hausbewohner zu uns einzuladen. Roland war bestimmt dagegen, dachte ich. Aber ich sollte mich täuschen.

»Von mir aus gern, wenn du möchtest«, meinte er.

»Moment bitte. Ich hole mal meine Tochter, ich bin gleich zurück«, sagte die Dame und stand auf.

Einen Augenblick später wurden wir Mrs. Lee vorgestellt, einer kleinen, gut gekleideten Frau mit ungewöhnlich großen, glänzenden Augen. Sie nahm uns ins Schlepptau, und bald standen wir vor dem kleinen Tisch, dem Mikrophon, den schönen Händen und dem heiteren Gesicht. Ich wollte ihm gern in die Augen schauen, aber er hielt die Lider gesenkt. Wir standen da und wussten nicht, was wir sagen sollten.

Mrs. Lee plapperte munter drauf los, als ob sie ihr ganzes Leben lang dunkelhaarige Meister aus dem Osten gekannt hätte. »Maharishi, diese Leute möchten Sie einladen, bei ihnen zu wohnen.«

Dieses Tempo rief mich für einen Augenblick zurück in die Gegenwart. »Ja, das möchten wir gern. Wir besitzen ein großes, altes Haus, und wir würden uns freuen, wenn Sie es in Anspruch nähmen.«

»Es ist sehr ruhig«, fügte mein Mann hinzu. »Gewöhnlich ist den ganzen Tag über niemand zu Hause. Sie dürfen es ruhig annehmen. Es würde uns sehr glücklich machen.«

Die Augen öffneten sich ein kleines bisschen mehr und schauten langsam in die unseren. »Das wäre sehr nett«, sagte er. Wir standen eine Weile einfach da.

»So ein wunderbarer Vortrag«, versuchte ich ein Gespräch anzuknüpfen. Er lächelte ein wenig. Innerlich stöhnte ich auf. Mir wurde klar, dass dieser Mann kein Bedürfnis nach leeren Phrasen hatte.

Nun wandte sich seine Aufmerksamkeit anderen zu, die nach und nach herankamen. Mrs. Lee sagte, sie würde die Einzelheiten am nächsten Abend mit uns besprechen, falls wir wieder zum Vortrag kämen.

Roland und ich nickten. »Bestimmt kommen wir. Wir möchten sie alle hören.«

Als wir den Raum verlassen wollten, merkten wir, dass wir gar nichts bezahlt hatten. Wir schauten uns um, ob nicht jemand einen Beitrag in Empfang nehmen würde. Der Mann, der sich um das Tonbandgerät gekümmert hatte, ging gerade vorbei. Wir sprachen ihn an. »Gibt es niemanden, der Geld für den Abend einsammelt?«

Der junge Mann blickte uns bestürzt an. »Gute Idee«, sagte er. »Wenn Sie möchten, legen Sie etwas auf den Tisch dort drüben.«

Das war der perfekte Abschluss für diesen herrlichen Abend. Mitten in unserer geschäftigen, materialistischen Gesellschaft waren die Leute so von den Worten der Weisheit in Anspruch genommen, dass sie den Gedanken an Geld völlig vergaßen.

»Das kann nicht Hollywood sein«, dachte ich.

Auf dem Heimweg sagte ich zu Roland: »Ich war ziemlich überrascht, dass du damit einverstanden warst, ihn einzuladen. Ich war mir sicher, du würdest nein sagen.«

Roland lächelte. »Irgendwie mag ich diesen Mann. Er gefällt mir. Ich bin froh, dass wir ihn zu uns eingeladen haben und dass er die Einladung angenommen hat.«

»Mir geht's genauso«, sagte ich. »Es kommt mir vor, als säßen wir im Theater kurz nach der Ouvertüre und warteten gespannt darauf, dass der Vorhang aufgeht.«

2

Einzug in Seide und Sandalen

Als ich am nächsten Morgen erwachte, war ich an zwei Orten gleichzeitig: mein Körper zu Hause und mein Geist im Masquers Club. Der beste Test für die Qualität von Theaterstücken, Vorträgen und Persönlichkeiten war bei mir immer, wie ich mich am nächsten Morgen fühlte. Manche Ereignisse waren schnell wieder vergessen, andere hinterließen einen tieferen Eindruck. Ganz sicher war der Meister aus dem Osten nicht so leicht zu vergessen.

Es war ein schönes Gefühl, verschlafen dazuliegen und sich die Einfachheit und Süße des Vortrags in Erinnerung zu rufen. Es war eine Freude, jeden einzelnen Augenblick wieder aufleben zu lassen. Welch eine sonderbare Mischung aus Hollywoods Kultiviertheit und der vollkommenen Natürlichkeit des Ostens! Das innerste Heiligtum des Masquers Clubs war in Beschlag genommen worden – von dem natürlichsten und unbefangensten Menschen, den ich mir vorzustellen vermochte, mit Worten, die nicht die entfernteste Ähnlichkeit mit den Worten hatten, die sonst in diesem Raum gesprochen wurden.

Und doch ergaben seine Worte mehr Sinn als alles, was ich in meinem Leben der unablässigen Suche gehört hatte. Die Philosophie war tiefer, als es auf den ersten Blick erschien. Und die wundervolle Art, wie sie präsentiert wurde, machte sie sehr attraktiv. Und erst der Mensch! Welch eine ungewöhnliche Persönlichkeit. Ich setzte mich abrupt im Bett auf. »Du meine Güte, Roland, wir haben diesen Mann eingeladen, bei uns zu wohnen.«

Roland hörte auf, seinen Schlips zu binden, sah mich an und lachte, »Du meinst den Yogi? Klar haben wir das. Ich glaube, da müssen wir jetzt durch. Oder willst du einen Rückzieher machen? Dann finden wir halt eine Ausrede.«

»Oh nein, nein, nein! Es ist eine wunderbare Idee!«

Die Freude und der Schrecken gaben mir den nötigen Schwung aufzustehen und mich anzuziehen. Während des Frühstücks erzählte ich Tina nebenbei von der neuesten Entwicklung: »Du wirst nie erraten, wer kommt, um ein paar Tage bei uns zu wohnen.«

»Kommt, um ein paar Tage bei uns zu wohnen? Oh nein, nicht schon wieder einer vom Theater. Erinnerst du dich an unsere Abmachung? Das nächste Mal, wenn du ›interessante Leute‹ triffst, wohnen wir zur Abwechslung einmal bei ihnen.«

Ich musste lachen. Nach allem, was geschehen war, konnte ich Tina gut verstehen. Die meisten Gäste, die ich oder die Mädchen mit nach Hause gebracht hatten, waren »für ein paar Tage« eingeladen worden, und es endete damit, dass sie monatelang bei uns blieben. Diesmal war es selbstverständlich etwas anderes!

»Ich erinnere mich sehr wohl an unsere Abmachung, aber in diesem Fall ist es unmöglich, bei ihm zu wohnen. Er kommt aus Indien. Nebenbei bemerkt, Daddy war mit und ist sehr glücklich, dass er kommt.«

Tina zeigte etwas mehr Interesse. »Wenn Daddy ihn eingeladen hat, muss er in Ordnung sein. Ist er zufällig jung und groß?«

Ich sah meine Tina an – ein recht hochgewachsenes Mädchen für ihre fünfzehn Jahre, mit prallen, rosigen Wangen, die sie immer aussehen ließen, als ob sie lächelte, und dank der Ballettstunden einer perfekten Figur. Wie sollte ich ihr nun von Maharishi erzählen, von seinem dunklen Bart und seinen seidenen Gewändern?

»Daddy und ich haben gestern Abend seinen Vortrag besucht.«

Tina verlor sofort ihr Interesse. »Oh, einer von denen«, sagte sie.

»Ich glaube kaum, dass er ›einer von denen‹ ist. Er ist ganz anders als alle Menschen, die wir je gesehen oder gehört haben. Er sieht aus, als ob er direkt aus einer Seite des Alten Testaments gestiegen wäre, oder von mir aus auch aus dem Neuen. Vielleicht haben wir ja alles nur geträumt.«

Es war auch kaum zu glauben, in diesen Tagen und in dieser Zeit einen Mann in Seidengewändern zu treffen, mit hölzernen Sandalen an den Füßen, der Rosen trug und überall so intelligent auftrat, nicht zuletzt im Masquers Club. »Und doch ist er sehr wirklich«, fuhr ich fort. »Er ist ein Yogi oder Heiliger aus dem Himalaya. Ich weiß nicht viel über heilige Männer, aber ich glaube, sie sind Einsiedler und wissen eine ganze Menge.«

Tina dachte einen Moment darüber nach. »Wenn dem so ist, was in aller Welt macht er dann bei uns, und wo wohnt er jetzt?«

»Er wohnt drüben in Hollywood, aber es ist dort sehr laut, und er braucht einen ruhigen Ort für das, was er lehrt. Daddy und ich dachten, unser Haus wäre gerade das Richtige für ihn, für ein paar Tage. Wir haben beide ganz spontan zugesagt – wir mochten ihn auf Anhieb.«

Tina sah mich an, mit einem verwunderten Ausdruck im Gesicht. »Ich glaube, Eltern kann man nie verstehen«, sagte sie und lachte.

Da sie für die Schule schon spät dran war, drängte sie Theresa zur Eile, denn auf ihrem Weg zur *Hollywood High School* setzte sie ihre jüngere Schwester immer bei ihrer Schule ab.

Theresa, die gerade dabei war, ihre Schuhe auf der hinteren Veranda zu putzen, hatte einen Teil des Gesprächs mitgehört. »Mommie, was ist das, ein Yogi?«

Das jüngste unserer vier Kinder hatte den größten Teil ihrer zehn Jahre damit zugebracht, Gesprächen zu lauschen, die über ihr Alter hinausgingen. Ihre einfache Frage überraschte mich, wie es schon viele ihrer Fragen in den vergangenen Jahren getan hatten. Mein Kontakt mit Yogis hatte erst am Abend vorher begonnen, und ich suchte behutsam nach Worten, um Theresa diesen einen zu beschreiben. Es war mir wichtig, dass sie ihn mochte.

»Normalerweise verbinden wir Yogis mit Indien, wo man sie als heilige Männer betrachtet. So etwa wie die Priester bei uns in der Kirche. Dieser Yogi ist der erste, den Daddy und ich je getroffen haben, und wir mögen ihn sehr. Wir sind sicher, dir wird es genauso gehen. Er sieht ganz anders aus als wir und kleidet sich auch anders. Er trägt ein weißes Gewand und geht barfuß, nur mit ein paar hölzernen Sandalen an den Füßen.

In Indien ist es für heilige Männer Brauch, sich niemals die Haare zu schneiden, so trägt er recht langes, schwarzes Haar und einen Bart. Er hat eine ruhige und sanfte Art zu sprechen, und er sagt, dass er den Menschen helfen kann, mehr Freude am Leben zu haben. Daddy und ich wollten gern mehr über ihn erfahren. Darum haben wir ihn eingeladen, eine Woche lang bei uns zu wohnen.«

Theresa war vollkommen begeistert. »Dann werde ich ihn also sehen?«

»Natürlich wirst du das. Daddy und ich haben ihm das vordere Schlafzimmer angeboten, aber natürlich wird ihm das ganze Haus zur Verfügung stehen.«

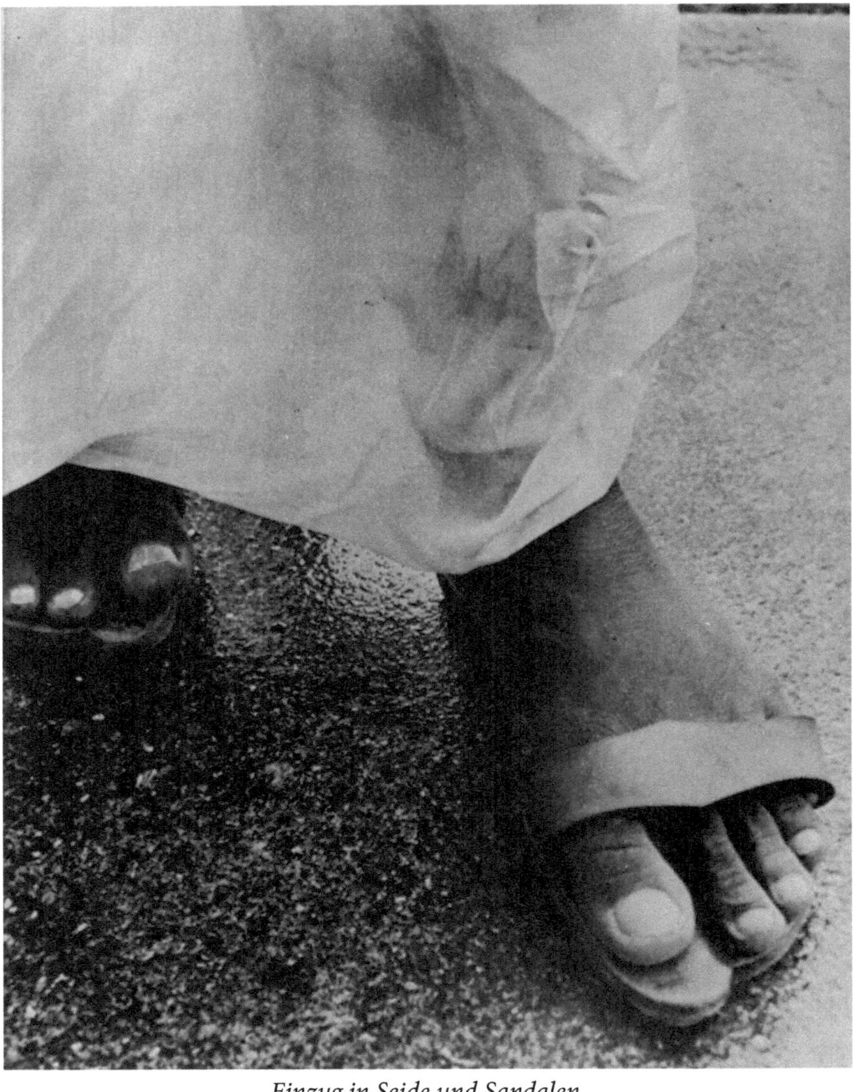

Einzug in Seide und Sandalen.

»Wann kommt er denn?« fragte Theresa, während sie auf die Tür zusteuerte.

»Ich weiß es nicht genau. Vielleicht morgen.« Ich beendete den Satz als Selbstgespräch, wie gewöhnlich, wenn die Mädchen das Haus verließen. Am Abend konnten mein Mann und ich es kaum erwarten, zum Vortrag zu gehen. Mrs. Lee erwartete uns an der Tür zum Masquers Club.

»Wir sind für die restlichen Vorträge in das Kellergeschoss der Presbyterianischen Kirche umgezogen. Sie liegt nur einen Häuserblock entfernt. Oh, was ich noch sagen wollte, ein Komitee würde gern morgen kommen, um ihr Haus zu besichtigen, falls es Ihnen recht ist.«

»Ein Komitee? Natürlich, kommen Sie jederzeit.«

Auf dem Weg zur Presbyterianischen Kirche lachten Roland und ich.

»Unser Yogi aus dem Osten hat eine schnelle Einführung in den modernen Westen erhalten. Er arbeitet bereits mit einem Komitee!«

Im Kellergeschoss der Kirche waren etwa hundert Menschen auf quietschenden, hölzernen Stühlen versammelt, die für die Veranstaltungen der Sonntagsschule reserviert waren. Auf einer schmalen Bühne stand die Bank mit dem Hirschfell darüber. Es gab viele Vasen mit Blumen. Das Tonbandgerät war aufgestellt und bereit, und vor der kleinen Bank stand ein Mikrophon. Das störte mich. Ich sagte zu Roland: »Irgendwie passt das nicht, wenn so ein Mikrophon vor ihm steht.«

»Wenn sie in diesem großen Saal keines benutzen würden, könnte ihn niemand hören.«

Wie immer hatte Roland recht. Ich musste an Kipling und seinen berühmten Ausspruch denken: »Ost ist Ost und West ist West, und niemals treffen sich die beiden.«

Hier nun verband sich alte Weisheit mühelos mit modernen Methoden. Ich bezweifelte, dass der Satz wirklich stimmte, und hoffte, dass selbst Kipling sich irren konnte.

Nachdem wir uns alle gesetzt hatten, kam der Meister herein, begleitet von einem gutaussehenden jungen Mann. Wir erfuhren später, dass sein Name Richard Sedlachek war. Es war Richard gewesen, der das Apartment für den Besucher aus Indien besorgt hatte. Er hatte auch die Anzeige in die Zeitung gesetzt und die Telefonanrufe beantwortet. Er war Bauunternehmer und fand das Procedere sicher etwas ungewöhnlich. Der

Meister, Maharishi (großer Seher), setzte sich mit bedächtiger Würde, blickte zu Richard hinüber und nickte mit dem Kopf. Richard warf einen Blick auf das Publikum, lächelte etwas scheu, raschelte mit einigen Papieren und begann: »Guten Abend, meine Damen und …«, er wendete die Seite, »… Herren.«

Von diesem Augenblick an hatten wir ihn alle ins Herz geschlossen. Mit seinem lockigen Haar und rosigen Wangen sah er aus wie ein erwachsener Chorknabe. Er hielt inne und blickte zu Maharishi, der mit gesenktem Kopf dasaß und an seiner Kette spielte: Einfach ruhig weitermachen. Ich hatte das Gefühl, Maharishi schob ihm eine unsichtbare Prise Mut zu.

Langsam kam Richard in Schwung und gab uns einen kurzen Überblick über Maharishis Werdegang. Er schilderte, wie Maharishi 1956 in Madras, Indien, begonnen hatte, Meditation zu lehren, nachdem er dreizehn Jahre zurückgezogen in der Stille verbracht hatte. Drei Jahre lang lehrte er seine Meditationstechnik den unterschiedlichsten Menschen und merkte, wie gut sie funktionierte. Seither reiste er um die Welt, damit alle davon hören konnten. Ganz allein kam er von Indien über Burma nach Malaysia, Singapur, Hongkong, Hawaii, San Francisco und besuchte nun Los Angeles. Richards bescheidene Art berührte alle. Wir fühlten uns bald wie eine große Familie beim ersten Auftritt eines Lieblingssohnes. So ging es weiter, bis er beim Namen von Maharishis Lehrer (oder spirituellem Meister) ankam, der nicht so leicht auszusprechen war: Seine Göttlichkeit Swami Brahmananda Saraswati, Jagadguru Shankaracharya von Jyotir Math. An dieser Stelle besaß er die tiefste Sympathie des gesamten Publikums, das begeistert applaudierte. Maharishi lächelte ihm zu, als er die Bühne verließ. Es wurde ruhig, und alle lauschten aufmerksam. Wieder kamen einfache, schöne Worte der Hoffnung.

»Von Natur aus wandert der Geist nicht. Von Natur aus will der Geist in Seligkeit ruhen. Von Natur aus sucht er nach immer mehr Freude. Er muss nur wissen, wohin er gehen soll. Er muss sich nur nach innen wenden, zum Himmelreich in uns, wie Christus es nannte.«

Damals hatten wir nur versucht, das Christentum zu verstehen und zu leben, ohne es für uns genau definiert zu haben. Irgendwie wusste ich, dass ich, wenn ich diesem Mann zuhörte, nicht weniger christlich leben würde, eher sogar mehr.

Maharishis Meister, His Divinity
Swami Brahmananda Saraswati, Jagadguru,
Bhagwan Shankaracharya von Jyotir Math.

»Kann ein Fisch in einem Teich voller Wasser durstig bleiben? Nein. Nur, wenn er durstig bleiben will. Ansonsten braucht er nur sein Maul zu öffnen, und das Wasser strömt herein. Der Mensch ist nicht zum Leiden geboren. Er hat kein Recht zu leiden. Leiden beschämt den allmächtigen, gütigen Vater. Der Mensch muss nur das Himmelreich im Innern finden, und alles andere wird ihm zufallen; alle Kraft, alle Freude, alle Seligkeit, alle Kreativität. Der allmächtige, gütige Gott hat die Seligkeit allgegenwärtig gemacht.«

Irgendwie schaffte er es, uns Seligkeit, Freude, sogar den allmächtigen, gütigen Vater gleichsam in die geöffnete Hand zu legen … in mein pochendes Herz.

»Das Himmelreich ist in mir, und ›mir‹ bedeutet das ›Mir‹ in allen Dingen. Das Himmelreich liegt in jedem, ganz gleich, wer er ist. Es ist in allem. Damit wir uns daran erfreuen. Glück ist überall. Wir müssen nur morgens und abends ein paar Minuten in die Schatzkammer gehen, dann kommen wir wieder heraus, um es auf dem Markt auszugeben.«

Ein Lächeln ging durch den Saal. Die Idee besaß großen Reiz. Maharishi hatte alle Zuhörer auf seiner Seite. Obwohl er nicht mit unserer Art vertraut schien, reagierte er schnell und fuhr fort, über den Marktplatz zu sprechen. Schon wurde der allmächtige, gütige Vater zum Millionär.

»Wenn der Sohn eines Millionärs arm und in Lumpen auf dem Markt gesehen wird, dann leidet der Millionär. Es beschämt den Millionär, weil es für den Sohn keinen Grund gibt, arm zu sein. Alles steht für ihn bereit. Er muss sich nur nach innen wenden.

Der Mensch hat seine ganze Zeit damit zugebracht, nach Glück zu suchen. Über die äußeren Herrlichkeiten des Lebens hat er die inneren Herrlichkeiten vergessen. Er kann auf dem Markt nichts ausgeben, wenn er nicht vorher in der Schatzkammer war. Und der Weg ist leicht, schnell im Jet-Zeitalter. Es dauert nicht lange. Nur die richtige Technik ist nötig.«

So ging es weiter. Manchmal rollten die Worte mit der Tiefe eines Ozeans durch den Saal, und manchmal wehten sie sanft wie eine Brise. Ich wusste nicht, was das für eine einfache Technik sein sollte, aber ich wusste, ich wollte sie haben. Immer wenn er das Wort »Bliss« sagte, kribbelte es in mir.

Als er mit seinem Vortrag zu Ende war, hoben viele die Hände, um Fragen zu stellen. Da ich keinen Hintergrund in Metaphysik oder Yoga besaß, fiel mir keine intelligente Frage ein. Aber ich versuchte, etwas über die einfache Technik herauszufinden. Ich hatte wohl nicht in der rechten Weise gefragt, denn er ging überhaupt nicht auf meine Frage ein. Er nickte nur mit dem Kopf und lächelte.

Den ganzen Abend über waren mir die wunderbaren Worte Christi aus dem Neuen Testament durch den Kopf gegangen, und vielen anderen anscheinend auch, denn einige der Fragen, die gestellt wurden, lauteten: »Meinte Christus das, als er sagte: ›Mein Joch ist leicht‹?«

»Ist das die Hingabe des Willens?«

»Ist das Erlösung?«

»Kann man mit dem Vater während des physischen Daseins eins werden?«

»Ist das Neue Testament Wirklichkeit oder Erfindung?«

Er beantwortete alle Fragen einfach, aber von seinem eigenen Hintergrund aus. Er sagte, er hätte das Neue Testament nicht gelesen, doch als Antwort auf die letzte Frage sagte er: »Es ist authentisch.«

Niemand wollte nach Hause gehen, aber irgendwann musste es doch sein. Wir waren beruhigt, als wir sahen, dass jemand ein Körbchen auf einen Tisch in der Nähe der Tür gestellt hatte und ein Zettel um Spenden bat.

Mrs. Lee sagte, das Komitee würde am Samstag vorbeikommen, da die Vorträge wegen reger Nachfrage um eine Woche verlängert würden.

Ich war am Samstag mehr als bereit. Obwohl unsere Möbel nicht neu waren, besaß unser Haus seinen eigenen Charme. Wir hatten überall Blumen aufgestellt. Das gesamte Erdgeschoss glänzte, und das vordere Schlafzimmer war geschrubbt. Unsere eigenen Schlafzimmer hatte ich schnell nebenbei in Ordnung gebracht.

Das Komitee kam. Es bestand aus Mr. und Mrs. Lee und Richard Sedlachek und zwei oder drei weiteren Personen. Wir versuchten, ihnen die Verlegenheit zu nehmen, indem wir ihnen versicherten, wir hätten an ihrer Stelle das Gleiche getan. Sie gingen kurz durchs ganze Haus.

»Die Menschen in Indien denken ganz anders als wir«, sagte Mrs. Lee, »aber ich bin sicher, Maharishi wird es bei Ihnen gefallen, und die Leute, die zu ihm kommen, werden sich ebenfalls wohlfühlen. Wir wissen noch nicht genau, wann er kommt.«

Nachdem sie gegangen waren, saßen wir im Wohnzimmer beisammen. Kurz darauf klingelte das Telefon. Es war Mr. Lee. »Maharishi möchte gern sofort kommen, um sich das Haus anzusehen. Er könnte in zehn Minuten da sein«, sagte er.

Ich geriet in Panik. »Tina, bring schnell ein weißes Bettlaken. Nein, mache einen Punsch zurecht. Ach nein, hol' noch etwas Efeu herein.«

»Wofür brauchst du ein weißes Bettlaken?« fragte Tina. »Was ist los mit dir? Meinst du, wir hatten noch nie Gäste?«

»Das hier ist etwas anderes. Er sitzt immer auf einer Bank mit einem Hirschfell darauf, und ich denke, wir sollten ihm einen Sessel beziehen, auf den er sich setzen kann.«

»Ein Hirschfell!« Tina war sprachlos, aber sie holte das Tuch und bezog einen Sessel damit. Roland machte Punsch. Plötzlich überschlugen sich die Dinge und wir setzten uns erst einmal hin.

Eine Stunde verging. Ich konnte nicht stillsitzen. Ich schaute Theresa an. Sie war ganz blass. »Wollen wir nicht vor dem Haus ein bisschen spazieren gehen. Vielleicht fühlen wir uns dann besser.«

Draußen gingen Theresa und ich auf und ab. Ich fühlte mich wie eine Geige mit zu straff gespannten Saiten. Während wir auf dem Bürgersteig hin- und herschlenderten, musste ich unwillkürlich zum Himmel aufschauen. Es war ein heller, klarer Nachmittag. Vor einigen Wochen hatte ich ein herrliches Wolkenschauspiel am Himmel beobachtet, und ich erwartete fast, es wiederzusehen. Jetzt wäre der passende Anlass dafür gewesen.*[1]

Wir pflückten weiße Geranien, die in der Nähe der Eingangstür blühten und blickten gerade im rechten Moment auf, um ein Auto zu sehen, das direkt vor uns hielt. Theresa sah Maharishi zum ersten Mal, und während er aus dem Auto ausstieg, lief sie auf ihn zu. Ihre Augen trafen sich, und beide lächelten. Dann ging er mit ruhigen, königlichen Schritten auf unsere Treppe zu. Roland gesellte sich zu uns, um ihn zu begrüßen. Theresa und ich überreichten ihm die weißen Geranien.

»Schön«, sagte er.

»Kommen Sie herein«, sagte Roland und geleitete ihn zu dem bezogenen Sessel.

---

1 Ein Sternchen * verweist auf die Anmerkungen auf den Seiten 263 ff

Er ließ sich im Schneidersitz darauf nieder. Tina kam herein, um ihn zu begrüßen, und wie erwartet sprach sie zwanglos und leicht mit ihm, so wie wir es alle gern getan hätten. Ich sah ihn einfach nur an. Wir boten ihm Punsch an. Er dankte und bat um Wasser. Tina und Theresa reichten es ihm.

Dann luden wir ihn ein, das Haus zu besichtigen. Die Siamkatzen Su Ling und Mei Ling begleiteten ihn aus dem Wohnzimmer in die kleine Bibliothek. Im Arbeitszimmer sah er sich einen Augenblick um, dann ging er den Flur entlang und sah sich den Essraum an, ohne etwas zu sagen. Er nickte recht oft der kleinen Gefolgschaft zu, die hinter ihm herlief. Wir hofften, dass es ihm gefiel.

Als er zur Treppe kam, fragte Roland Maharishi, ob er das Zimmer sehen wolle, das wir für ihn vorbereitet hatten. Er nickte, und wir gingen hinauf. Die beiden Katzen sprangen voraus.

Das vordere Schlafzimmer war groß und luftig, mit Fenstern an zwei Seiten. Es war sicherlich etwas verspielt gestaltet, da es für unsere beiden älteren Töchter eingerichtet worden war, als sie noch im Haus wohnten. Maharishi blieb nur im Türrahmen stehen. Als wir den kleinen Flur entlang weitergingen, um ihm das Bad zu zeigen, hielt er plötzlich inne. Dann fragte er: »Was ist dort?« und deutete auf einen separaten Flügel des Hauses.

»Oh Maharishi«, lachte ich, »das ist Tinas Zimmer.«

Ich nickte ihr zu und war überrascht, ein leichtes Runzeln auf ihrem Gesicht zu finden.

»Selbst wir gehen selten dort hinein«, begann ich.

»Kann ich es sehen?« Ich fühlte mich ertappt.

In jedem großen Haus und in jeder Familie gibt es einen Raum, dessen Türen verschlossen bleiben, wenn Besuch kommt. Dieser Raum gehörte die meiste Zeit über zu dieser Kategorie. Wir fühlten Tinas Bedürfnis nach Freiheit, und wir behinderten sie darin so wenig wie möglich. Ihr Zimmer war ganz ihr privates Reich. Nur Su Ling, Tinas spezielle Lieblingskatze, kam und ging, wie es ihr gefiel. Obwohl sie den Morgen damit zugebracht hatte, ihr Reich zu putzen, zögerte ich doch sehr, ihre Tür zu öffnen. Wie oft hatte sie gesagt: »Ich kann mich nicht entspannen, wenn alles so ordentlich ist.«

In diesem verhängnisvollen Augenblick standen wir nun vor der verschlossenen Tür und erwarteten das Schlimmste. Ich fing Tinas Blick auf, wie sie dort stand und mit ansehen musste, wie Erwachsene in ihre Welt einfielen. Ich hätte die Tür am liebsten geschlossen gelassen, aber ich musste doch die Klinke drücken und sie öffnen. Auch Tinas Leben war dazu bestimmt, sich zu ändern.

Ich hörte einen tiefen Atemzug von Maharishi, während er einen Schritt zurückwich. Jeder Zentimeter der Wände, der nicht von ihrer Puppensammlung geschmückt worden war, war mit Andenken bedeckt, mit Schulzeugnissen, Speisekarten, Troddeln von Ballwettspielen, einem Torero-Poster, Ballettplakaten, Fotos von Filmschauspielern, einer Kuhglocke und anderen Requisiten aus dem Theater.

Aber das Bett war gemacht und alle Kleidung fortgeräumt. Maharishis Augen nahmen die ganze Kollektion in sich auf, und sie blieben dann an den vier großen Fenstern hängen, die umrahmt wurden von Bäumen und tropischem Wein. Die Vorhänge wehten leicht in der Nachmittagsbrise und gaben dem reichgeschmückten Raum ein Gefühl der Abgeschiedenheit und eine Andeutung von Einfachheit.

»Wenn Sie gern hier wohnen möchten, könnten wir ein paar Dinge von den Wänden nehmen.«

Er lächelte ein wenig. »Das wäre sehr nett.«

Ich dachte, alles wäre in Ordnung, bis ich aus den Augenwinkeln heraus Tinas Miene sah. Ich schloss schnell die Augen und führte die Gruppe die Treppe hinunter auf sicheren Boden. Als die Familie wieder allein war, nahm ich Tina in meine Arme. Sie war den Tränen nahe.

»Wenn dieser Mann so heilig ist, muss er doch wissen, wie viel mir mein Zimmer bedeutet! Niemand kann mein Schlafzimmer haben! Warum kann er nicht das vordere Schlafzimmer benutzen?« Ihre Augen funkelten wie glühende Kohlen.

»Ich wünschte, er hätte es getan, Tina. Aber aus irgendeinem Grund gefällt ihm dein Zimmer. Ich denke, das ist auch eine Ehre.«

Tina war nicht überzeugt. Wir entschieden, dass Schweigen die beste Verteidigung sei und begannen, die Puppensammlung einzupacken. Wir waren selbst überrascht, aber es gelang uns tatsächlich, einen gewissen Grad von Ordnung in das Zimmer zu bringen, und wir warfen noch einen schnellen Blick in das Bad. Obwohl es groß und altmodisch war, hatten wir unser Bestes getan, das Bad zu modernisieren und auf den neuesten Stand zu bringen. Die Mädchen hatten für die Wände eine Tapete gewählt, auf der Mannequins mit ihren Pudeln spazieren gingen.

Es war nicht gerade das, was wir für diesen Gast aus dem stillen Himalaya ausgesucht hätten, aber, so dachte ich, zumindest tragen die Mannequins Straßenkleidung, und die Pudel können nicht herunterspringen und bellen.

Wir hatten von dem Komitee erfahren, dass unser Haus für etwa fünf Tage benötigt würde. Mein Mann und ich sprachen alles noch einmal durch.

Die einzige Schwierigkeit war, wie ich meinen Job beim Sommertheater weitermachen sollte, wo ich seit vielen Jahren für Öffentlichkeitsarbeit in Bildung und Industrie zuständig war. Meine Kontakte zu Universitäten und Betrieben hielten mich auf Trab, und die ganze Familie blieb zu Hause und erschien nur dann im Theater, wenn sie Lust auf Unterhaltung hatte. Die Schwierigkeit lag in dem Druck, der durch die Kürze der Sommersaison entstand. Fehler waren katastrophal, da keine Zeit blieb, sie zu korrigieren, und der gesamte Mitarbeiterstab war angespannt und nervig. Das Theater öffnete jedoch nicht vor Ende Mai, und ich überlegte, dass ich die ersten Routinearbeiten gut nebenbei erledigen und trotzdem für den Ansturm am 1. Juni bereit sein konnte.

Wie es aussah, würde Maharishi vom 8. bis 15. Mai bei uns bleiben. Sicherlich würden innerhalb einer Woche keine ernsthaften Probleme auftreten. Also beruhigten wir uns wieder.

Am Abend des 8. Mai wurde beim Vortrag bekanntgegeben, dass sich Maharishi am South Harvard Boulevard 433 aufhalte. Mein Mann und ich blickten uns an. Er lächelte erwartungsvoll. Mir wurde flau im Magen.

Wir hörten uns einen weiteren inspirierenden Vortrag an und blieben anschließend noch auf unseren Stühlen sitzen, wie viele andere auch. Unter den regelmäßigen Besuchern der Vorträge begann sich ein Band zu knüpfen, welches sich mehr und mehr festigte, während wir Weisheit und Lachen miteinander teilten.

Obwohl es nie ein überflüssiges Wort in Maharishis Reden gab, war es niemals anstrengend oder mühsam, ihm zu folgen. Nur sehr wenige verließen den Saal vor ihm. Viele hatten den Wunsch, ein paar Worte des Grußes zu sagen. Andere drückten ihre Wertschätzung aus oder stellten Fragen. Er war zu allen gütig und freundlich und niemals in Eile. Jeder, der mit ihm in direkten Kontakt trat, verließ ihn lächelnd und zufrieden.

Endlich näherten wir uns seinem Sitz und sagten: »Maharishi, wir nehmen Sie heute Abend mit zu uns nach Hause. Ist Ihnen das recht?«

»Ja, kommen Sie.«

Und während er seinen Platz verließ, folgte ihm mein Mann mit dem Hirschfell über dem Arm.

Wir geleiteten den Meister zu unserem Auto. Richard Sedlachek fuhr in einem Sportwagen vor. Es war der gleiche, in dem wir Maharishi schon einige Male gesehen hatten. Wir freuten uns immer wieder über den Anblick des Yogis in seinem weißen Gewand, wenn sein schwarzer Bart in der Brise wehte, mit einem Strauß Rosen in der Hand. Und dabei sah er völlig natürlich aus, auch wenn er in einem Karmann Ghia Sportwagen fuhr.

»Hier sind seine Sachen«, sagte Richard zu mir.

Mit diesen Worten drückte er mir sanft eine kleine Teppichrolle in den Arm. Ich betrachtete sie. Es war ein blumengemusterter Läufer von hervorragender Qualität, der an den Enden der Rolle verschnürt war. Die Rolle war allerdings nicht gerade leicht.

»Wie bezaubernd«, dachte ich, »welche Person außer so einem Meister reist wohl um die Welt und verschnürt seine Habseligkeiten in einem Teppich!« Auf dem Rücksitz machte ich es mir mit der Teppichrolle bequem. Es ist kaum möglich zu beschreiben, wie schön es war, den Läufer zu halten. Ich begann ihn zu streicheln wie ein neugeborenes Baby in seinem Deckchen, unterbrach aber diese mütterliche Geste und musste über mich selber lächeln.

»Was ist los mit mir?« dachte ich. Immer noch hielt ich die Rolle zärtlich im Arm.

Auf den Vordersitzen entspann sich eine normale Konversation. Maharishi und mein Mann unterhielten sich darüber, wie groß eine Stadt wie Los Angeles doch sei, und wie viel größer sie immer noch wurde, mit den vielen Wohnungen und Hochhäusern, die weiterhin gebaut wurden. Bald waren wir am Ziel und betraten das Haus. Wir begleiteten unseren

Gast zu seinem Zimmer. Das Bett mit frischem weißem Bezug und weißen Decken sah einladend aus – jedenfalls dachten wir das.

Ohne ersichtlichen Grund nahm Maharishi die Decken fort und begann, seinen Läufer auseinanderzurollen.

»Stimmt etwas nicht?« fragten Roland und ich fast gleichzeitig.

Beinahe scheu, als ob er unsere Gefühle nicht verletzen wollte, sagte er, während er kostbare Laken, Kopfkissen und Bettbezüge aus Seide hervorholte: »Das haben mir Schüler in Indien mitgegeben.«

Ich hatte noch nie seidene Bettwäsche gesehen. Ich betrachtete noch einmal unseren Yogi, wie er da im Zimmer stand, immer noch die stille, bescheidene Person in weißem Gewand, aber man spürte auch etwas anderes. Während wir das Bett mit den feinen Tücher bezogen, genoss ich jede Sekunde.

Das einfache Bett, in dem unseren Kinder geschlafen hatten, bot nun einen königlichen Anblick. Unser Gast – ich schaute kurz zu ihm hinüber – besaß die gleiche Schlichtheit und königliche Würde.

Als wir fertig waren, warf er einen Blick darauf.

»Schön«, sagte er.

»Sehr schön«, stimmten wir zu.

Ich fragte mich: »Was mag sich noch in der kleinen Teppichrolle befinden?« Gleich sollte ich es wissen, denn als ich die Bettdecken holen wollte, schüttelte er den Kopf und zog ein dunkelbraunes Tuch, ähnlich einem großen Schal hervor.

»Aber Maharishi, die Nächte hier sind kalt. Das reicht niemals aus.«

Seine Augen leuchteten amüsiert. »Dies hier wird mich warm halten«, sagte er.

Das Tuch war warm und leicht. Ja, Kaschmirwolle hielt ihn sicher warm. Er breitete das Tuch weiter aus, bis das ganze Bett damit bedeckt war, und die liebevolle Geste, mit der er es vor uns ausbreitete, ließ uns noch mehr über diesen Menschen staunen.

Wir zeigten ihm den Wandschrank. Er sagte lachend: »Das brauche ich nicht.«

Dann nahm er sorgfältig gefaltete Seidentücher aus dem Teppich heraus, eine kleine Metallschachtel mit Toilettenartikeln, eine kleine Uhr und einen Füllfederhalter, und unser Yogi hatte ausgepackt.

Wir führten innerhalb unserer Familie immer ein kleines Ritual der Abendandacht aus und luden Maharishi ein, dabei zu sein. Wir trafen uns im Arbeitszimmer. Roland begann mit eigenen Gebeten, in denen er um Führung und Weisheit bat. Er öffnete die Bibel aufs Geratewohl und reichte sie Theresa, die aus Markus 13, Vers 24–27 vorlas.

»Aber in jenen Tagen nach der Bedrängnis werden Sonne und Mond ihren Schein verlieren, und die Sterne werden vom Himmel fallen, und die himmlischen Kräfte werden erschüttert werden. Und dann werden sie den Menschensohn aus den Wolken kommen sehen mit großer Kraft und Herrlichkeit. Und er wird seine Engel senden und wird seine Auserwählten zusammenrufen aus den vier Winden, aus den Enden der Erde bis zum Ende des Himmels.«

Danach saßen wir schweigend da. Unser kleines Ritual dauerte eine halbe Stunde. Als es vorüber war, sagte der Meister, der nun mit uns im Familienkreis saß: »Eine gute Stille, aber ich werde ihr noch Kraft verleihen. Morgen früh weise ich euch ein.«

Mit dieser Überraschung verabschiedete er sich und ging auf sein Zimmer. Als wir zu Bett gingen, sprachen Roland und ich über all die seltsamen Dinge, die mit uns geschahen.

»Was meint er wohl mit einweisen?« fragte ich.

Roland sagte: »Vielleicht bringt er uns die Technik bei, die ins Feld der Wonne führt, von dem er sprach. Das hoffe ich jedenfalls. Er hat uns ja genug darüber erzählt und den Mund wässrig gemacht.«

Während ich langsam einschlief, versuchte ich, eine Erklärung dafür zu finden, warum wir einen heiligen Mann aus dem Himalaya unter unserem Dach beherbergten. Und ich dachte an Tina, die ins vordere Schlafzimmer verbannt war und immer noch ein wachsames Auge auf ihr eigenes, geliebtes Zimmer warf. Und ich dachte an Theresa, die glücklich und unbefangen mit Maharishi umging, als hätte sie einen Menschen getroffen, bei dem es keine Barrieren gab. Ich schloss die Augen, lächelte über die Possen unserer beiden Siamkatzen und war gespannt auf unseren neuerworbenen Gast, bei weitem der interessanteste und geheimnisvollste, den wir je unter unserem Dach beherbergten.

3

Lachen aus der Stille

Eine delikate Situation erwartete uns am nächsten Morgen. Am Abend zuvor hatte unser Yogi gesagt: »Ich werde euch morgen früh einführen.« Er hatte es nur so kurz erwähnt, dass wir nicht weiter nachfragen mochten. Nun überlegten Roland und ich, was damit gemeint sein könnte.

»Was meinst du, auf was wir uns da einlassen?« fragte ich meinen Mann, während ich meinen Schrank nach einem passenden Kleid durchsuchte.

»Ich glaube, darüber brauchen wir uns keine Gedanken zu machen. Soweit ich es aus seinen Vorträgen herausgehört habe, gibt er uns ein bestimmtes Wort zum Wiederholen. Damit wird unser Geist automatisch ruhiger und wir finden zum Transzendentalen Bewusstsein.«

Ich musste Roland wieder einmal ansehen. Er redete nicht viel, aber er besaß zweifellos eine Art, ohne Umschweife den Kern einer Sache zu treffen. »Wenn es so leicht ist, warum flüstert er uns das Wort nicht einfach ins Ohr und lässt uns mit dieser Einführungszeremonie in Ruhe? Ich habe genug Zeremonien und Rituale für den Rest meines Lebens gehabt. Ich brauche keine weiteren.«

»Wir wissen ja gar nicht, ob eine Zeremonie anliegt. Aber wenn du keine willst, lassen wir sie einfach weg.«

»Vielleicht sollten wir warten, bis wir mehr darüber wissen oder zumindest mit jemandem gesprochen haben, der schon eingeführt wurde.«

Die ganze Zeit über, während ich meine Fragen stellte, kleidete ich mich eilig und doch so sorgfältig wie möglich an. Innerlich fühlte ich mich wie vor einer wichtigen Verabredung, aber irgendwie drang dieses Gefühl nicht bis an die Oberfläche vor.

»Vielleicht redet er heute morgen gar nicht mehr davon«, sagte Roland. »Dann lassen wir die Dinge einfach ihren Lauf nehmen.«

Als ich das sanfte Klappern von hölzernen Sandalen im oberen Flur hörte, lief ich vor die Haustür und pflückte die letzten weißen Geranien. Warum? Ich weiß es nicht. Ich reichte einige Roland, der sie automatisch nahm.

Wir konnten gar nichts mehr sagen. Als Maharishi uns im Flur traf, lächelte er und sagte: »Kommt.«

Leider muss dieses Wort niedergeschrieben werden. Dieses »kommt«, so sanft gesprochen wie Samt, wurde vom Klang einer Stimme getragen, die voller Liebe zum innersten Kern unseres Seins sprach. Wir folgten ihm ohne Widerstand ins Arbeitszimmer und fanden den Raum, den wir am Abend zuvor verlassen hatten, völlig verändert: stark duftende Räucherstäbchen, einige Lichter, ein kleines Geschirr, Kerzen, ein Bild seines Meisters und Vasen um Vasen voller Blumen. Es waren die Blumen, die wir im Haus verteilt hatten. Hier sahen sie ganz anders aus. Ich überlegte kurz, wer das alles hergerichtet haben könnte. Emily Lee kam mir in den Sinn.

Kein Wort wurde gesprochen, und während wir in dieser Stille neben ihm standen, fiel etwas von der Welt von uns ab. Die Essenz von Weisheit, Heiterkeit und Reinheit erfüllte den Raum. Ich musste unwillkürlich denken: »Dieser Mann spricht zu uns durch Stille.«

Er ließ uns die Blumen auf einen kleinen Schrein legen. Ganz schnell hatten wir unsere Meditationstechnik erhalten, und dann bat er uns, sie mit geschlossenen Augen in seiner Gegenwart zu praktizieren.

Nach wenigen Augenblicken fühlte ich, wie sich mein ganzes Sein belebte, und dann durchflutete mich Wärme, ein Strom der Wonne, der Liebe.

Nach einiger Zeit flüsterte eine sanfte Stimme: »Öffnet die Augen.«

Roland und ich öffneten die Augen und sahen uns an. Beim Anblick von Rolands Gesicht musste ich tief Luft holen. Es war voll heiterer Ruhe und gleichzeitig glühte es. All die ernsten Linien im Gesicht waren wie ausgelöscht. Seine Augen waren groß und strahlten. Ich hoffte, meine ebenso.

Maharishi hatte sein Versprechen der Seligkeit gehalten.

Wir saßen einen Moment lang schweigend da, dann sagte Roland: »Das Wort, das Sie uns gegeben haben – hat es irgendeine Bedeutung?«

»Nein«, sagte Maharishi, »es hat keine Bedeutung. Daher kann es uns von der bewussten Denkebene wegführen. Wenn ihr es unbefangen wie ein Kind wiederholt, taucht ihr sehr tief nach innen. Es ist wie ein Boot, das den Geist zur Seligkeit trägt.«

»Was für ein Wort ist das? Ist es für Christen?«

Maharishi lachte. »Diese Wörter waren schon viele, viele Jahrhunderte vor dem Christentum bekannt, und ihre Wirkung ist altbewährt. Das ist die uralte vedische Tradition, die durch unsere Meister überliefert wurde. Würden wir ein christliches Wort verwenden, würden sich unsere Gedanken damit verbinden, und das würde uns auf der bewussten Denkebene festhalten. Meine Wörter sind einfach nur Wörter. Sie gehören keiner Religion an. Wie fühlst du dich, glücklich?«

»Oh ja, auf jeden Fall. Ich danke Ihnen, dass Sie zu uns gekommen sind und uns diesen Segen gebracht haben«, sagte Roland.

Dann wandte sich Maharishi zu mir und fragte: »Wie fühlen Sie sich?«

Ich gab ein kurzes, nervöses, helles Lachen von mir. Er schien verwundert. Ich wollte so vieles sagen, aber ich war nicht fähig, eine Frage zu formulieren oder meine Gefühle in Worte zu kleiden. Als Antwort flüsterte ich nur: »Danke!«

Ich saß da und hielt die Blumen in der Hand, die er mir gegeben hatte. Als ich aufblickte, sah ich ein wunderschönes Lächeln auf seinem Gesicht. »Macht das für ein paar Minuten regelmäßig morgens und abends. Wir besprechen das noch in den Vorträgen.«

Damit war die Einführung beendet, und Roland ging zur Arbeit.

Ich fuhr immer zwischen 11 und 11.30 Uhr zum Theater. An diesem Tag hatte ich überhaupt keine Lust zu arbeiten.

Die Vorstellung, Eintrittskarten zu verkaufen, hatte nicht den geringsten Reiz.

Tina, unsere praktisch veranlagte Tochter, erinnerte mich daran, dass Maharishi noch nichts zum Frühstück bekommen hatte.

»Du meine Güte!« rief ich. »Was meinst du, was er isst?«

»Er sieht aus wie Elias oder Johannes der Täufer; wilden Honig mit Heuschrecken, würde ich sagen«, stellte Tina sachkundig fest.

»Mensch Tina, du kennst dich in der Bibel aus! Gratuliere!«

Normalerweise schwänzte Tina, wenn es irgendwie ging, unsere Abendandacht. Darum freute es mich, dass sie die Bibel zitierte, auch wenn es wilder Honig mit Heuschrecken war.

Ich ging ins Arbeitszimmer hinüber. Maharishi saß schweigend im Schneidersitz auf dem Sofa. Ich hätte mich wahrscheinlich wieder leise zurückgezogen, aber er hob den Kopf und meinte: »Hmmm?« was wir alle bald verstanden als »Was gibt's?«.

»Was darf ich Ihnen zum Frühstück bringen?«

»Ein Glas warme Milch mit etwas Honig«, sagte er.

Tina lag also gar nicht so falsch. Während ich Milch mit Honig bereitete, holte ich ein Glas nach dem anderen aus dem Schrank und stellte es gleich wieder zurück, bis ich mein bestes Kristallglas in der Hand hielt, das ich normalerweise niemals zum Frühstück benutzte.

»Also gut«, dachte ich, »wofür hebe ich es denn auf?«

Ich stellte es auf ein Tablett mit einem meiner besten Deckchen und einer Stoffserviette. Es sah noch nicht stimmig aus, eine Blume machte es hübscher. Ich betrachtete mein Arrangement und fragte mich, wie ihn wohl die Leute in Indien bedienten, die ihm seidene Bettwäsche schenkten. Vielleicht mit Servietten aus Schmetterlingsflügeln.

Er nahm das Kristallglas und die Stoffserviette ganz natürlich hin. Ich machte langsam, denn inzwischen liebte ich die Atmosphäre im Arbeitszimmer. Auch beschäftigte mich die Vorstellung, wie ein Mann mit Vollbart ein Glas Milch trinken würde. Seine Manieren waren gehoben, aber nicht unnatürlich. Während ich ihn beobachtete, fiel mir auf, dass er sich nach Wasser zum Händewaschen umsah. Ich brachte ihm ein feuchtes Tuch. Offensichtlich gefiel ihm dieser kleine Dienst.

Ich hätte mich gerne mit ihm unterhalten, wusste aber nicht, was ich sagen oder wie ich beginnen sollte.

Er brach das unbehagliche Schweigen, indem er fragte: »Müssen Sie nicht ins Büro?«

Ich war mir nicht bewusst, das erwähnt zu haben.

»Ich habe mir überlegt, nicht zur Arbeit zu gehen, solange Sie hier sind, Maharishi. Das lässt sich bestimmt einrichten.« Ich schwieg einen Moment und begann dann wieder: »Außerdem sollte jemand da sein, der für Sie sorgt. Wer soll für Sie kochen?«

»Gefällt Ihnen Ihre Arbeit nicht?«

»Doch, sie ist prima. Ich kann kommen und gehen, wann ich will, solange die Ergebnisse stimmen. Aber der Arbeitsplatz ist miserabel. Alle sind angespannt und den ganzen Sommer über nervös. Es ist wirklich schlimm. Natürlich genieße ich die Vorstellungen und die vielen Künstler, aber es gibt auch viel Stress. Ich würde diesen Sommer lieber zu Hause bleiben.«

Irgendwie ließ das Schauspiel, das sich gerade zu Hause abspielte, das Theater, das vorher so aufregend war, blass und alltäglich erscheinen.

Maharishis nächste Worte prägten sich so deutlich in meinem Geist ein, dass ich sie nie mehr vergessen habe: *»See the job. Do the job. Stay out of the misery. Sieh den Job. Mach den Job. Bleibe dem Kummer fern.«*

Eine einfache Formel, aber sie hat mich seit jenem Tag immer geleitet und mir geholfen, genau die Ziele zu erreichen, die ich mir im Leben gestellt hatte. Ich hatte nie gewusst, wie einfach es ist, dem Kummer fernzubleiben. Wenn man es wirklich will und sich ganz seiner Arbeit widmet, bleibt keine Zeit für Kummer und Sorgen.

Ich sah Maharishi langsam in einem neuen Licht, und mir kam der Gedanke: »Ob er uns wirklich so sehr braucht? Womöglich sind wir es, die ihn brauchen?«

Auf einmal klingelte es. Ich ging zur Tür und machte auf. Draußen stand ein nett aussehendes Mädchen mit zwei großen Koffern. Ohne auf eine Einladung zu warten, kam sie herein. »Mein Name ist Sheela Devi. Ich bin von Hawaii hergekommen, um für Maharishi zu kochen und zu sorgen.«

Fast hätte ich gefragt: »Warum haben Sie so lange gebraucht?«, aber ich fürchtete, sie könnte meine Art von Humor falsch verstehen. Stattdessen rief ich Tina, um sie zu empfangen. Als ich Maharishi von Sheela erzählte, leuchteten seine Augen.

»Eine gute Seele. Sie hat in Hawaii für mich gesorgt. Eine sehr gute Köchin. Sie schreibt auch und erledigt die Büroarbeiten. Jetzt braucht ihr euch nicht mehr um mich zu kümmern.«

Ich war darüber gar nicht so glücklich. Ich mochte es bereits, mich »um ihn zu kümmern«, aber in meinem Hinterkopf lauerte ein neu gelernter Spruch: *»Sieh den Job. Mach den Job.«*

Zwei Stunden nach meiner Einführung durch Maharishi betrat ich mein Büro. Die Büros lagen unter dem Theaters. Ich betrachtete die Umgebung meines Arbeitsplatzes und war deprimiert: Graue Wände, gezeichnet von den Spuren undichter Regenrinnen. Nach der Helligkeit von Maharishis Gegenwart war das unerträglich.

Ich suchte sofort die Produktionsleiterin auf und bat, ob man nicht vielleicht die Wände in meinem Büro streichen könnte. Ihre Treue gegenüber dem Theaterbudget bedeutete normalerweise immer »nein«, und diesmal würde sie sicher keine Ausnahme machen.

Ich wollte aber so gerne lieber zu Hause sein und drohte so überzeugend zu kündigen, dass sie schnell merkte, diesmal war es mein bitterer Ernst. (Ich hielt am Greek Theatre den Rekord mit Kündigungsdrohungen).

Aber es sollte wohl nicht sein. Anscheinend musste ich hierbleiben, weil ich im Moment zu Hause fehl am Platze war. Schnell wurden einige Maler zusammengerufen, und mein Vorschlag für gelbe Wände und eine blaue Decke wurde ohne Kommentar akzeptiert.

Das Gute an meinem Büro waren ungewöhnlich dicke Wände und eine dicht schließende Tür. Ich knipste das Licht aus und meditierte zum zweiten Mal. Danach war ich wunderbar erfrischt und hatte wieder mehr Lust auf meine Arbeit.

Den ganzen Tag über flossen die Ideen, ohne dass ich müde wurde. Ich fragte mich, ob die Meditation wohl so schnell wirken könnte. Aber eigentlich war das gar nicht wichtig. Was zählte war, dass es mir Spaß machte.

Als ich abends nach Hause kam, liefen überall Leute herum. Jeder sah glücklich aus und war beschäftigt mit Fragebogen ausfüllen und was weiß ich noch alles. Aus der Küche roch es köstlich nach Curry, aber meine Nachforschung ergab leider: Es war nur der Duft, nichts dahinter!

Auf der hinteren Veranda waren Wäscheleinen gespannt mit Seidentüchern zum Trocknen. Ich erkannte die feinen Stoffe aus Maharishis kleiner Teppichrolle. Sheela kam herein und fing an zu bügeln. Sheela konnte großartig arbeiten, hielt aber nichts vom Reden. Ich hatte so viele Fragen. Machte ihr das Waschen, Bügeln und Kochen wirklich Spaß? Sie sagte »ja« und fügte kurz darauf hinzu: »für Maharishi.«

Während ich beobachtete, wie sie peinlich genau und mit so viel Sorgfalt die Seide bügelte, musste ich lächeln und sagte: »Ich bin froh, dass Sie das machen und nicht ich«, ohne mir träumen zu lassen, dass ich schon bald selbst zu der Gruppe von Menschen gehören würde, die nur darauf warteten, genau das für ihn zu tun.

Wahrscheinlich leiteten mich die Wirkungen der Transzendentalen Meditation noch am Abend, denn bevor ich ins Wohnzimmer ging, schaute ich noch kurz ins Arbeitszimmer – und das war gut so!

Maharishi saß immer noch auf dem Sofa. Er wirkte entspannt und fühlte sich offensichtlich ganz wie zu Hause. Er grüßte mich liebevoll.

»Hatten Sie einen angenehmen Tag, Maharishi?« erkundigte ich mich.

»Sehr schön.«

»Hatten Sie Zeit, an Ihrem Vortrag für heute Abend zu arbeiten?«

»Ich spreche frei. Vorbereiten ist nicht nötig.«

Ich dachte an die brillanten Vorträge, die wir gehört hatten, jeder einzelne ein Juwel an Perfektion. Maharishi sprach britisches Englisch, gewürzt mit leicht indischem Akzent. Seine Ausführungen waren so einfach erklärt, dass der tiefe Gehalt seiner Worte Schritt für Schritt ins Bewusstsein sickerte. Das führte zu einem natürlichen, mühelosen Verständnis.

Schlagartig kam ich wieder auf den Boden: Das Wort »Vortrag« erinnerte mich an die Ankündigung, dass im Kellergeschoss der Kirche keine Vorträge mehr stattfinden würden.

»Maharishi, hat dein Komitee schon entschieden, wo die Vorträge jetzt stattfinden?«

Maharishi stand auf und schlüpfte in seine Sandalen. »Komm«, sagte er.

Als wir den Flur hinuntergingen, kam Roland nach Hause und wechselte ein paar Grußworte mit Maharishi. Dieser öffnete die Flügeltüren, die von der vorderen Diele ins Wohnzimmer führten. Ungläubig starrten wir hinein. Sollte das unser Wohnzimmer sein? Alle größeren Möbel waren an die hintere Wand gerückt und an ihrer Stelle standen dreißig Klappstühle. Da stand das Tonbandgerät, der bezogene Sitz, der niedrige Tisch und viele Blumenbouquets – alles außer dem Mikrophon!

Maharishi stand strahlend da und überblickte das Arrangement. Roland und ich fielen in eine Art leichten Schockzustand und versuchten, unsere Fassung wiederzufinden. Maharishi wartete. Wie üblich sagte er nichts.

Endlich kam mir ein Gedanke: Es tut ja wirklich keinem weh, und wir brauchen nur die Treppe runterzugehen, um einen brillanten Vortrag zu hören. Ich wandte mich meinem Mann zu und brachte schließlich heraus: »Ist das nicht hübsch? Das passt doch prima, und es erspart uns den Weg zu den Vorträgen. Und«, ich senkte meine Stimme in der Hoffnung, nur Rolands Ohr zu erreichen, »es ist ja nur für ein paar Tage.«

»Sehr schön«, sagte Maharishi.

An diesem Abend stimmten alle zu: »Sehr schön.« Jeder fühlte sich zu Hause, und es herrschte eine Stimmung entspannter Wärme und Fröhlichkeit.

Schon wenige Tage nach Maharishis Einzug bei uns hatte sich der Charakter unseres Hauses völlig gewandelt. Morgens drang der süße Duft von Räucherstäbchen aus dem Arbeitszimmer, weil immer neue Einführungen stattfanden. Überall standen Blumen. Riesige Körbe mit Früchten, die zur Einführung mitgebracht wurden, füllten die Tische. Die Leute kamen von acht Uhr morgens bis spät in die Nacht. Das Telefon klingelte ununterbrochen. Die beiden Siamkatzen lagen dauernd irgendjemandem zwischen den Füßen. Jeder bat die anderen mit »Pscht« um Ruhe.

Es war unmöglich, an die Waschmaschine heranzukommen. Sheela machte aus der Wäsche ein Ritual. Unsere schmutzige Wäsche durfte nicht einmal im gleichen Raum mit Maharishis Handtüchern liegen. Dutzende von Töpfen mit Gemüse standen auf dem Küchenherd – Chaos, wohin man blickte.

Der Abendvortrag brachte neue, eifrige, strahlende Gesichter, die des Meisters Worte hören wollten. Nach orientalischer Sitte wurden die Besucher gebeten, ihre Schuhe auszuziehen. Männer wie Frauen folgten dem willig, und Dutzende Paar Schuhe lagen über dem Fußboden verstreut, wo immer sie gerade ausgezogen worden waren.

Es war ein herrliches Chaos, aber eben ein Chaos. Im oberen Stockwerk genossen Roland und ich die Meditation und zählten gleichzeitig die Tage, wann alles vorüber sein würde. Als der fünfte Tag begann, atmeten wir erleichtert auf.

»Stell dir vor, ich hätte meinen Job aufgegeben«, sagte ich zu meinem Mann. »Ich wäre völlig durchgedreht bei all dem Durcheinander. Aber ich muss sagen, Maharishi ist bestimmt ein sehr weiser Mensch und es war ein seltenes Privileg, ihn kennenzulernen. Ich hoffe, dass ihm sein Aufenthalt bei uns gefallen hat.«

Roland lächelte etwas wehmütig und meinte. »Jetzt ist es bald vorbei.«

Noch früh am Morgen suchte ich mit einem »Jetzt aber« all meine schmutzige Wäsche zusammen und eilte zur Waschmaschine. Nein, immer noch nicht! Da stand sie und summte vor sich hin, bis zum Rand vollgestopft mit herrlicher Seide.

»Okay, bis morgen halte ich noch durch, aber keinen Tag länger,« sagte ich mir.

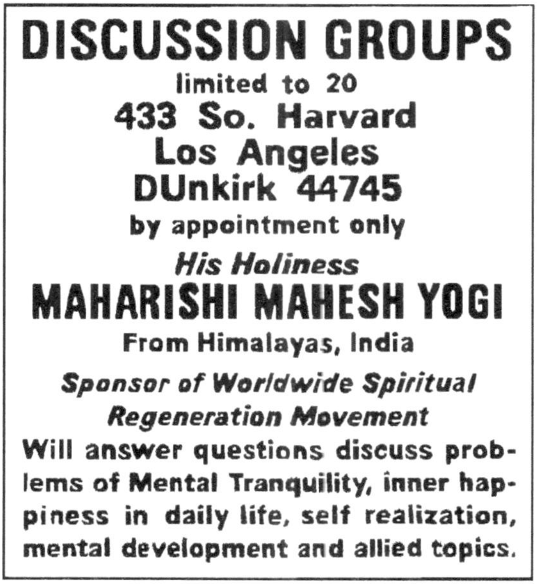

Am 8. Mai 1959 zog Maharishi im South Harvard Boulevard 433 ein. Zur Einweihung erschien in der Los Angeles Times folgende Anzeige: »GESPRÄCHSRUNDEN limitiert auf 20. 433 So. Harvard, Los Angeles, Dunkirk 44745, nur nach Vereinbarung. Seine Heiligkeit MAHARISHI MAHESH YOGI aus dem Himalaya, Indien, Sponsor der weltweiten Geistigen Erneuerungsbewegung, beantwortet Fragen, spricht über Probleme Geistiger Ruhe, inneres Glück im Alltag, Selbstverwirklichung, geistige Entwicklung und verwandte Themen.«

Am Nachmittag rief ich meinen Mann vom Theater aus an, und wir verabredeten, am Abend essen zu gehen. Als wir heimkamen, hatte der

Vortrag bereits begonnen. Maharishi ließ einige Leute aufstehen und Sessel für uns freimachen. Irgendwas kam mir verdächtig vor, ich konnte aber nicht sagen, was.

Wieder schwebten seine wundervollen Worte durch den Raum, eindringliche Worte, wie ich sie nie zuvor gehört hatte. Von unserem Platz aus sah ich die glücklichen Gesichtern um uns herum. Mei Ling und Su Ling wanderten zwischen den Gästen umher und warben mit ihrer besten Bin-ich-nicht-großartig-Manier um Aufmerksamkeit. Ab und zu sprangen sie jemandem auf den Schoß, der kein Katzenliebhaber war, und blickten herablassend in ein erschrockenes Gesicht. Sie waren das lebende Abbild der stolzen Tradition ihrer siamesischen Ahnen.

Alle Augen waren auf Maharishi gerichtet, während er sprach:

*»Das Gehirn des Menschen ist mit der Fähigkeit ausgestattet, absolute Wonne zu erfahren, absolutes Glück, absoluten Frieden, absolute Kreativität, absolute Weisheit.**

Der absolute Bereich des Lebens kann vom Menschen erfahren, erschlossen und dauerhaft gelebt werden. Diese Möglichkeit ist in ihm angelegt, und zwar aufgrund der gütigen Natur des Allmächtigen.

Die Fähigkeit ist da. Das Feld des absoluten Seins ist da. Wir müssen nur anfangen, es zu erfahren. Das Einzige, was wir tun müssen ist, die Meditation in die tägliche Routine einzufügen. Das ist alles. Und Meditation ist nicht das, was man im Westen darunter versteht. Im Westen wird Meditation als ein oberflächlicher Vorgang aufgefasst; oberflächlich in dem Sinn, dass man sich eine Zeile oder einen Satz oder einen Gedanken nimmt und darüber kontempliert.

Auf der Denkebene des Geistes zu verharren, ist, als würden wir versuchen, verschiedene Ebenen eines Sees zu erforschen, indem wir auf seiner Oberfläche herumschwimmen. Wir mögen zwar auf der Oberfläche des Sees verschiedene Ecken und Winkel und verschiedene Bereiche finden. Das ist gut, auch sie sollen alle erschlossen werden, alles Unbekannte sollte bekannt sein. Aber wenn wir die ganze Zeit auf der bewussten Ebene bleiben, an der Oberfläche des Lebens, auf der Denkebene des Geistes, werden die tieferen Ebenen des Lebens nicht erschlossen.

Unter dem Wasserspiegel geht es viel mehr in die Tiefe. Wir müssen hinuntertauchen. Und dann wieder auftauchen.«

Das Echo ganz anderer Gespräche in unserem Haus schien von den Wänden widerzuhallen. Ich drängte sie schnell von mir, um nur seine Worte zu bewahren. Ich hatte so viele Worte gesprochen und so vielen Worten gelauscht, weil es mich nach den richtigen gedürstet hatte. Hier waren sie, so frei und bequem in unserem eigenen Haus. Ich war begierig, mehr davon zu hören.

»Meditation ist die Technik, die unseren Geist von der Oberfläche des Lebens in die Tiefe des Seins trägt. Die Gedankenwellen werden machtvoller, dadurch wird unsere Geisteskraft stärker. Wenn die Gedankenkraft stärker ist, wird das ganze Leben machtvoll. Das gesamte Leben ist nichts als ein Spiel des Geistes. Wenn der Geist schwach ist, ist das Leben schwach, die Leistungen sind schwach, und das Leiden ist stark. Wenn der Geist stark ist, ist die Gedankenkraft stark, die Leistungen sind größer, Leiden bleibt aus.«

Als das Treffen vorüber war, fand ich es doch etwas seltsam, dass keinerlei Ansage über das Ende der Vortragsreihe gefallen und keine Dankesworte für Maharishi gesprochen worden waren.

Während wir die Leute zur Tür brachten, fühlte ich mich ungewohnt fröhlich. »Adieu, goodbye,« sagten wir, lachten und freuten uns. Bald wurde es still im Haus, und wir gingen ins Arbeitszimmer zu Maharishi, um »Gute Nacht« zu sagen.

»Setzt euch doch.« Er machte eine Geste, sich neben ihn zu setzen. Die Katzen strichen um unsere Füße. Tina kam herein und gesellte sich dazu. Theresa genoss den ganzen Tag alles, was im Hause vor sich ging, vor allem die vielen mitgebrachten Früchte. Sie kam herein und naschte ein letztes Stück Obst vor dem Zubettgehen.

Immer mehr wurde mir die Freude und Wärme unserer kleinen Gemeinschaft bewusst. Jeder fühlte sich behaglich und sprach vom Tagesgeschehen, Maharishi lächelte über Tinas Bericht, was sie heute erlebt hatte, und auf einmal merkte ich, dass ich ihn nicht gehen lassen wollte.

Dieser Mann, fremd in Kleidung und Ideen, war ein Teil unserer Familie. Mit ihm fühlten wir uns so unbeschwert, er machte uns so glücklich. Allein seine Gegenwart im Haus war eine große Freude. Nein, wir wollten uns bestimmt nicht von ihm trennen. Theresa saß auf dem Boden. Sie ließ das Stück Obst sinken und schaute Maharishi in die Augen. »Bitte bleib da«, bat sie.

»Ich denke, es wäre jammerschade, wenn du jetzt fortgingst, Maharishi«, sagte ich. »Die Leute fangen gerade erst an, zu begreifen, was du uns beibringen kannst. Bitte, gehe nicht fort, bitte nicht.« Was ich in Wirklichkeit sagen wollte, war : Ich brauche dich!

Roland blickte leicht irritiert. Er kannte sehr wohl das Privileg der Frauen, ihre Meinung zu ändern. Aber er musste den gleichen Gedanken gehabt haben. Ich lächelte innerlich, als er genau das gleiche tat und anfing, Maharishi zu überreden, den ganzen Sommer über bei uns zu bleiben.

Als Antwort kam: »Aber die Leute? Wird euch das nicht zu viel?«

»Oh nein, nein, nein, bestimmt nicht! Ich bin den größten Teil des Tages sowieso nicht zu Hause. Wir essen fast den ganzen Sommer über außerhalb, und wenn die Theatersaison beginnt, geht die ganze Familie hin und hilft mit. Das lässt sich, glaube ich, gut einrichten. Was meinst du, Roland?«

Den praktischen Gesichtspunkt im Auge sagte er: »Maharishi, wenn du wirklich vorhast, um die Welt zu reisen, dann brauchst du Prospekte, Broschüren, all die Dinge, die wir Informationsmaterial nennen.«

Insgeheim hatten wir Maharishi bei der Vorstellung, wie er um die Welt reiste, ein wenig belächelt. Wie konnte jemand so seltsam gekleidet, ohne Geld, ohne jemanden zu kennen, der außer den Großstädten nicht einmal die Namen der Städte kannte, es jemals schaffen, rund um die Welt zu reisen? Eine Weile saßen wir schweigend da, bittend mit Herz und Blick, und warteten auf seine Antwort. Er blickte von einem zum anderen. Tina sagte kaum etwas, aber als Maharishi sie anblickte, lächelte sie und nickte.

Plötzlich miauten Su Ling und Mei Ling fast gleichzeitig. Es war kein besonders angenehmer Laut, aber irgendetwas daran brachte Maharishi zum Lachen. Wir hatten ihn noch nie herzlich lachen gehört. Es war ein tiefes, aufrichtiges und kindliches Lachen. Es war wunderbar: Es schloss uns alle mit ein, und es war ganz persönlich. Wir saßen einfach da und genossen jeden Augenblick. Als die letzten Wellen von Gelächter verebbt waren, sagte ich: »Maharishi, ich bin mir sicher, dein herrliches Lachen bedeutet, dass du noch bleibst, nicht wahr?«

»Ich hatte nicht vor wegzugehen,« sagte er und lachte wieder. Und alle stimmten ein. Ein überraschtes Lachen voller Freude. Auf dem Weg nach oben fühlten mein Mann und ich uns ungewöhnlich glücklich. Sogar der Gedanke an all die Unannehmlichkeiten machte uns nichts aus. Wir merkten, wenn auch noch ein wenig vage, dass etwas Großes mit unserem Leben geschah. Es war, als spielten wir eine Rolle ohne Drehbuch. Es blieb nichts übrig, als zu improvisieren.

»Ich hatte nicht vor wegzugehen.«

Nur Maharishi improvisierte nicht. Wir spürten den feinen Geist, der das Geschehen lenkte, und freuten uns, ein Teil davon zu sein. Unser Zuhause war immer ein glücklicher, angenehmer Ort gewesen, aber jetzt mit Maharishi war es vollständig. Er war nicht länger unser Gast, sondern gehörte mit zur Familie. Es war ein wunderbar angenehmes Gefühl, nicht an morgen oder übermorgen zu denken, nur in der Gegenwart zu leben und jeden köstlichen Augenblick zu genießen.

4

Has Anyone Called the President?

Das Haus hatte seit 1909, dem Jahr seiner Entstehung, viele Familien beherbergt. Wir fragten uns oft, ob es sich den Bedürfnissen der anderen Familien ebenso perfekt angepasst hatte wie den unseren, welche Ansprüche wir auch immer daran stellten.

Man könnte meinen, das Haus wäre speziell für diesen herrlichen Sommer entworfen worden. Stellen Sie sich einmal vor, einen Architekten mit folgendem Problem zu konfrontieren: »Wir brauchen ein Haus für eine Familie mit sechs Personen – vier Mädchen und ihre Freunde. Im Laufe der Zeit muss es auch einen Yogi beherbergen, der täglich fünfzig Leute oder mehr zu einer privaten Audienz empfängt. Es muss einen Empfangsraum besitzen, ein Büro, Platz für ein Dutzend Menschen zum Meditieren und entsprechende sanitäre Anlagen. Natürlich muss es günstig gelegen sein, in der Nähe mehrerer Buslinien, im Herzen der Stadt, und trotzdem eine ruhige Atmosphäre besitzen. Außerdem sollten sich die Kosten in vernünftigen Grenzen bewegen.«

So unglaublich es klingen mag – alle diese Eigenschaften besaß unser Haus.

Das Arbeitszimmer, das sich in Maharishis Empfangsraum verwandelt hatte, lag günstig an der Rückseite des Hauses und konnte von einer Seite durch eine kleine Bibliothek und von der anderen Seite durch einen Seitengang betreten werden, der von der Hauptdiele herüberführte. Zwei große Fenster gaben Maharishi Licht und frische Luft und boten zudem einen herrlichen Ausblick auf den Garten. Jeder bewunderte die großen Bäume auf dem Grundstück; eine riesige Eiche beschattete die Vorderseite des Hauses. Ahorn, Jacaranda (in Kalifornien für seine Fülle an lavendelfarbenen Blüten berühmt), blühender Pfirsich und Limonen schenkten dem Garten Schatten, Duft und viele Singvögel.

Maharishis Schlafzimmer lag abseits der übrigen Räume im oberen Stock, mit besonders schönem Blick auf den Garten. Das einzige, was ihm fehlte, war ein Telefon!

»Könntest du nicht gleich einen zusätzlichen Telefonanschluss für das Arbeitszimmer bestellen?« bat ich meinen Mann, nachdem Maharishi schon eine Weile bei uns war. Da dieser Raum zum Studieren gedacht war, hatten wir dort nie einen Anschluss legen lassen.

»Was soll Maharishi mit einem Telefon?« fragte er.

»Er selbst würde es vielleicht nie benutzen, aber viele Leute wollen ihn sprechen und rufen an. Normalerweise gibt er den Leuten, die zufällig an seinem Zimmer vorbeikommen, eine Nachricht mit, aber manchmal muss er doch zum Telefonieren in ein anderes Zimmer gehen. Es wäre gut, wenn er eine eigene Leitung im Arbeitszimmer hätte.«

Als Roland ging, um Maharishi gute Nacht zu wünschen, lächelte er ihm zu. »Morgen bekommst du ein eigenes Telefon. Wäre dir das recht?«

Maharishis Augen zeigten einen unerwarteten Glanz. »Oh, sehr schön, sehr schön,« strahlte er.

Irgendwie verbanden wir Telefon nicht mit einem Yogi. Wir stellten ihn uns immer in einer Höhle im Himalaya vor. Damals wussten wir noch nicht, dass Maharishi – wenn überhaupt – nur sehr wenig Zeit in einer Höhle in den Bergen verbracht hatte.

Am nächsten Morgen, noch bevor der Telefonanschluss gelegt wurde, hatte Maharishi etwas Zeit, und ich konnte ihm ein paar Fragen stellen. »Maharishi, lebst du in Indien wirklich in einer Höhle?«

»Meistens nur, wenn ich in Uttar Kashi bin. Aber in den letzten Jahren bin ich viel gereist und habe den Menschen von dieser Meditationstechnik erzählt.«

»Ist das Leben in einer Höhle eigentlich komfortabel?«

Maharishi lachte. »In der Transzendenz ist es sehr komfortabel«

Ich wusste, dass er sich auf den Zustand des Seins bezog, verstand aber zu diesem Zeitpunkt die Bedeutung von Transzendenz noch nicht ganz. Ich wusste nur, dass es ein Zustand war, der alle anderen Zustände transzendiert, also überschreitet. Das war für mich noch zu vage, um weiter darüber nachzudenken.

»Gibt es in den Höhlen keine wilden Tiere?«

Maharishi war wirklich amüsiert, und musste herzlich lachen.

»Einige Wandermönche und Sannyasi sitzen in solchen Höhlen, aber dort, wo ich wohne, in einem kleinen Ashram in Uttar Kashi, ist die Höhle eine Art kleiner Keller unter einem Zimmer. Der Eingang besteht aus einer Öffnung, die gerade groß genug ist, um eine Person einzulassen. Dort unten ist es ruhig. Kein Geräusch. Kühl im Sommer. Warm im Winter.«

»Ich könnte niemals an so einem Ort meditieren. Ich würde mich lebendig begraben fühlen.«

Maharishi schien erleichtert, dass ich nicht vorhatte, dort zu leben. »Das brauchst du auch nicht,« sagte er. »So ein Leben ist nur für Mönche. Die in der Gesellschaft lebenden Menschen brauchen nur den Klang zu benutzen, den ich ihnen gebe, und können meditieren, wo immer sie sind. Du kannst also gemütlich hier zuhause meditieren.«

»Wie bekommst du dein Essen in Uttar Kashi?«

»Essen ist nicht immer notwendig. Aber wenn ich esse, kommt ein Mann aus dem Dorf und kocht mir Gemüse. Ich breche mein Schweigen nicht und sehe und spreche niemanden.«

Während er erzählte, war seine Stimme sanft und leise geworden; seine Augen waren halb geschlossen. Wir saßen einige Augenblicke schweigend da. Ein leises Klopfen an der Tür brachte uns zurück in die geschäftige Welt. Er hatte persönliche Gespräche zu führen. Ich kam bereits zu spät zur Arbeit.

Über meiner Tür im Theater prankte ein Schild: »Habe Turban, werde verreisen.« Alle Mitarbeiter und Künstler hatten die Wohltaten meines übereifrigen Bekehrungswillens genossen. Ein gutgemeinter Rippenstoß war zu erwarten gewesen. Es war nett, das gelegentliche Kompliment des Direktors zu hören, der der Meditation gewogen war, aber sein eigenes System praktizierte. »Was immer Sie da bekommen haben, bleiben Sie dabei. Es tut Ihnen gut,« sagte er.

Das regelmäßige Meditieren hatte ein verborgenes Pflichtgefühl in mir geweckt. Ich wollte auf einmal mehr leisten als bisher, und mit etwas zusätzlicher Mühe erzielte ich bessere Ergebnisse. Kein Wunder also, dass der Direktor zufrieden war.

Um die Mittagszeit rief ich zu Hause an. Eine glückliche Stimme antwortete mir. Es war Maharishi. Er klang wie ein Kind mit einem neuen

Spielzeug. Es war gar nicht so leicht, ein Gespräch in Gang zu halten, da ich eigentlich nichts zu sagen hatte und der Klang seiner Stimme den Wunsch in mir weckte, ihm einfach zuzuhören und nichts zu sagen. Schließlich sagte er: »*Jai Guru Dev*«, und hängte ein. Ich hatte ihn das noch nie sagen gehört und fragte mich, was es bedeutete.

Der Abendvortrag spiegelte Maharishis glückliche Stimmung wider. Das Wohnzimmer war überfüllt. Viele saßen auf der Treppe. In der Bibliothek und der vorderen Diele wurden mehr Stühle dazugestellt, sodass ihn jeder hören konnte, auch wer ihn nicht sah. Für die Neuankömmlinge wiederholte er die Vorzüge seiner Meditationsmethode.

»*Wünsche mehr, erreiche mehr, lebe besser und länger.*«

Jemand fragte, wie das durch TM erreichbar sei. Seine Antwort:

»*Wenn der Geist feinere Ebenen des Denkens erfährt, wird das Atmen feiner und flacher, weniger Sauerstoff wird verbraucht. Der Körper lernt, es leicht zu nehmen. Auf den Lungen liegt weniger Druck. Die Leistungskraft steigt. Der Geist wird stärker. Frustrationen und Spannungen verschwinden.*«

Ein gut informierter Gast mit Humor warf ein: »Lohnt es sich überhaupt, länger zu leben? Wir leben im Atomzeitalter und können jederzeit in die Luft fliegen.«

Maharishi wurde ernst und sagte: »*Wenn nur ein Zehntel der erwachsenen Weltbevölkerung so von der Tiefe des Bewusstseins meditieren würde, wären Kriege unmöglich.* Die Wellen des Friedens sind so machtvoll; sie neutralisieren den Wunsch nach Krieg. Krieg entsteht in jedem einzelnen, nicht in der Regierung. Er entsteht durch angehäuften Frust und Spannungen. Die Staatsoberhäupter sind nicht die primären Kriegsverursacher. Sie führen nur den Wunsch der Bevölkerung aus.*«

Es wurden viele Fragen zum Thema Weltfrieden gestellt, auf die Maharishi sehr gute Antworten hatte. Nach dem Vortrag bildete sich eine Gruppe, die weiter darüber diskutierte.

»Was wir tun sollten«, schlug ein junger Meditierender vor, »ist: den Präsidenten anrufen!«

Manche winkten ab, aber mehreren jungen Studenten gefiel der Vorschlag, und sie trugen ihn Maharishi vor. Er lächelte ihnen zu und ermutigte sie, weiter darüber nachzudenken.

Nachdem die neuen Leute gegangen waren, setzten sich einige der »alten Hasen« mit Maharishi im Arbeitszimmer zusammen.

»Was waren das für indische Wörter heute Abend, Maharishi? Das haben wir – glaube ich – nicht richtig verstanden.«

Alle blickten dankbar zu Mrs. Lutes. Die Frage hatte allen auf der Zunge gelegen, aber keiner hatte sich getraut zu fragen. Mrs. Lutes führte Maharishis Terminkalender und bewegte sich in seiner Gegenwart völlig entspannt.

»Ah, ›*Jai Guru Dev*‹? Das heißt ganz einfach: Gegrüßt sei der göttliche Lehrer. Gefällt es euch?«

»Sehr schön«, bestätigten alle.

Jeder übte sich in seinem begrenzten Sanskrit, bis alle diesen Segensgruß irgendwie aussprechen konnten.

»So ehrt man bei uns alle göttlichen Lehrer« sagte Maharishi.

An diesem Abend sagten wir statt »Gute Nacht« alle *»Jai Guru Dev«*. Es gab ein schönes Gefühl, und bald grüßten damit immer mehr Leute um uns herum. Wir sprachen das »Jai« aus wie »dschej«. Und dieser Gruß stand bald für »Hallo«, »Auf Wiedersehen«, »Danke«, was immer gerade anlag. Er stand auf Briefen, Postkarten, auf jedem Gruß.

Aufmerksam hörte ich zu, wie Maharishi die Aussprache variierte. Sein »Jai Guru Dev« zu Kindern klang ganz anders als sein »Jai Guru Dev« zu Erwachsenen oder zu unserer Familie oder zu Menschen, die er zum ersten Mal traf. Besonders humorvoll klang es, wenn er dabei den Kopf wiegte und es im Rhythmus sprach. Am Telefon dehnte er die Vokale, und es klang wie ein Segenspruch.

Nach rund einer Woche begannen die Leute amüsiert über den Spaß zu tuscheln, den Maharishi mit seinem neuen Telefonanschluss hatte. Aus allen Teilen der Welt trafen Anrufe ein: Burma, Malaysia, Hongkong, Hawaii und natürlich Indien fügten dem Stimmengewirr in 433 neue Akzente hinzu.

Wir waren an Ferngespräche gewöhnt, beschränkten uns aber nach Möglichkeit auf dringende Fälle.

Eines Nachts, kurz nach Mitternacht, kam ein Anruf für Maharishi aus Indien. Da ich zufällig noch auf war, nahm ich den Hörer ab und rief ihn. Das Gespräch war in Hindi, doch der steigende Tonfall in Maharishis

Stimme ließ vermuten, dass bei ihm zu Hause etwas nicht in Ordnung sei.

»Stimmt etwas nicht, Maharishi?« fragte ich, als er langsam den Hörer auflegte.

»Ah, Jai Guru Dev«, sagte er, als er mich sah. »Alles in Ordnung. Jemand hat mir nur seine Meditationserfahrungen geschildert. Andere in seinem Center machen sich Gedanken, was ich hier zu essen bekomme.«

Ich ging leicht verwirrt auf mein Zimmer. Roland, der sich früh zurückgezogen hatte, hatte das Telefon ebenfalls läuten gehört.

»Stimmt was nicht?« fragte er.

»Nein, alles in Ordnung. Nur ein freundlicher Plausch mit Indien.«

Bevor ich einschlief, stieg in mir die leise Frage auf, wie diese Leute eigentlich unsere Nummer erfahren hatten.

Das wurde uns klar, als die Rechnung kam. Offensichtlich waren noch weitere Gespräche mit anderen Leuten und Ländern hin- und hergegangen. Unsere bisherige Telefonrechnung von 30 bis 40 Dollar im Monat war im Vergleich dazu völlig vernachlässigbar.

Wir hatten es immer als selbstverständlich angesehen, alle Kosten, die im Haus anfielen, selber zu tragen. Bisher waren Maharishis Kosten nicht der Rede wert gewesen. Etwas Gemüse und Joghurt war alles, was er brauchte. Aber diese Rechnung brachte uns in Bedrängnis. Wir mussten an einen seiner Lieblingsausdrücke denken: »What to do? Was tun?«

Roland und ich besprachen uns.

»Er kümmert sich nie ums Geld. Was er braucht, fällt ihm regelrecht zu. Ich nehme an, er hat keine Ahnung, was solche Auslandsgespräche kosten,« überlegte Roland.

»Vielleicht solltest du dich mit ihm zusammensetzen, unser Gebührensystem erklären und ihm klar machen, wie schnell sich die Kosten summieren. Er ist so großherzig, er hängt nie von sich aus ein. Er wartet immer, bis sich der andere zuerst verabschiedet.«

»Ich habe hier oft genug versucht, unser Gebührensystem zu erklären. Bisher ohne Erfolg.« Roland sah mir konsterniert in die Augen. »Aber jetzt muss ich wohl irgendwas unternehmen.« Rolands Nachsicht mit der Familie war allgemein bekannt. Bei der einzigen Moralpredigt, die wir je erhalten hatten, war es um Telefonkosten gegangen, einfach, weil Roland es unsinnig fand, so viel zu bezahlen, nur um immer wieder belanglose Gespräche zu führen.

»Komm, wir reden mit ihm darüber,« sagte ich.

Als wir eintraten, saß Maharishi ruhig im Arbeitszimmer, eine Hand auf dem Telefon. »Ah, Jai Guru Dev, Jai Guru Dev,« begrüßte er uns.

Ein freundlicher Plausch mit Indien.

»Jai Guru Dev, Maharishi,« begann Roland. Seine Stimme wurde immer etwas rau, wenn etwas Unangenehmes zu besprechen war. »Ich würde gerne einen Augenblick mit dir über das Telefon sprechen.«

Maharishi tätschelte liebevoll den Hörer und lächelte breit. »Oh, gut, sehr schön.«

»Well,« fuhr Roland fort, »wir freuen uns alle, dass du es benutzt, aber wir fragen uns, ob du weißt, wie die Gebühren bei uns berechnet werden.«

Dann erklärte er in allen Einzelheiten die genauen Kosten für Gesprächseinheiten, Direktanschlüsse mit dem Ausland und so weiter. Maharishi sah aus, als höre er zu. Ab und zu ließ er ein »Hmmm« hören, und mehrmals gähnte er. Roland schwenkte die Rechnung in der Luft und rief: »So eine Riesenrechnung bekommt nicht einmal der Präsident der Vereinigten Staaten!«

Zum ersten Mal seit Beginn des Gesprächs sah Maharishi auf. »*Has anyone called the President?*« fragte er strahlend.

Ob jemand den Präsidenten angerufen hätte? Roland hielt irritiert inne. »Well … no … nicht direkt, Maharishi. Meinst du, du hast jetzt verstanden, wie unsere Gebühren berechnet werden?«

»In Indien ruft jeder den Präsidenten an. So weiß er über alles Bescheid.«

»Ich glaube nicht, dass bei uns irgendjemand den Präsidenten anruft«, meinte Roland. »Zumindest habe ich noch nie davon gehört. Es ist schon schwierig genug, ihm einen Brief zukommen zu lassen.«

Ich wollte etwas sagen, um Roland zu unterstützen, aber ein Blick in Maharishis große, braune Augen, und ich konnte einfach nicht.

Maharishis trauriger Blick war sogar für Roland zu viel. »Benutze es nur weiter, wie du möchtest«, sagte er. Er wollte noch hinzufügen: »Aber achte ein wenig auf die Zeit«, unterbrach sich aber und meinte schließlich lachend: »Well, also gut!«

Als wir wieder im Schlafzimmer waren, war uns ganz elend zumute. Wir konnten nicht sagen, warum. Wir fühlten uns im Recht, und doch war irgendetwas falsch gelaufen. »Ich wünschte, wir hätten ihn damit gar nicht belästigt«, sagte Roland. »Anscheinend telefoniert er gerne. Natürlich will er mit seinen Meditationsentren in Kontakt bleiben.«

»Du hast ihm ja nicht gesagt, dass er damit aufhören soll. Du hast ihn nur gebeten, etwas achtsamer zu sein.«

Roland schaute mich an. »Ich wünschte trotzdem, ich hätte es gar nicht erwähnt.«

Als er sich jedoch an die schwindelerregende Rechnung erinnerte, kochte das alte Gefühl wieder hoch. »Diese Rechnung ist ein Hammer!« sagte er. »Wir werden selber einen Teil beisteuern und die Gruppe bitten, den Rest zu übernehmen. Aber ich wünschte immer noch, ich hätte gar nichts gesagt.«

»Mach dir keine Gewissensbisse. Ich gehe gleich morgen früh runter und stachle ihn an, ganz viele Auslandsgespräche zu führen.«

Es dauerte mehr als zwei Jahre, bis wir den wahren Wert des Telefons erkannten.

Durch seine weitreichenden Fühler war es Maharishi möglich, blitzschnell in alle großen Städte vorzudringen und seine Botschaft an viele Menschen weiterzutragen. Angesichts der großen Aufgabe, die sie erfüllten, wirkten die Telefonrechnungen marginal. Für unseren Yogi aus dem Himalaya war schnelle Kommunikation genauso wertvoll wie für einen Geschäftsmann, und das Telefon stellte sich als höchst ökonomischer Weg heraus, in unglaublich kurzer Zeit eine weltweite Organisation aufzubauen.

Aber der Abend war noch nicht zu Ende.

»Übrigens, die Stromrechnung ist gekommen. Sie liegt auf deinem Frisiertisch.«

Ich hatte sie nicht geöffnet. Rechnungen machten mich immer nervös. Roland öffnete den Umschlag und stieß einen Schrei aus. »Oh nein! Schau dir das an! Schau dir diese Rechnung an! Macht hier eigentlich niemand nachts das Licht aus?«

Um die Stromrechnung in einem großen Haus im tragbaren Rahmen zu halten, ist eine genaue Überwachung unumgänglich.

In letzter Zeit waren wir zu müde gewesen, um aufzubleiben, bis der Letzte gegangen war. Wahrscheinlich hatten viele Lampen die ganze Nacht über gebrannt. Ich wollte die Höhe der Rechnung lieber nicht wissen und sah nicht hin.

»Ich gehe sofort und schaue nach dem Licht«, sagte ich.

Ich war erst auf halber Treppe, als ich etwas Weißes erspähte, das sich langsam durch das Wohnzimmer bewegte. In seiner ruhigen, majestätischen Art ging Maharishi von Raum zu Raum und drückte mit zartem Finger auf jeden Lichtschalter.

5

Zuhause in 433

Maharishis Vorträge waren sehr beliebt, und die Meditierenden kamen, so oft sie konnten. Su Ling und Mei Ling, unsere beiden Siamkatzen, waren sogar Dauergäste. Wie Kinder badeten sie sich in der Aufmerksamkeit, die sie von allen Seiten bekamen, besonders, wenn sie versuchten, sich so nahe wie möglich an Maharishis Füße zu kuscheln. Er schenkte ihnen zwar Beachtung, schien es aber vorzuziehen, sie auf Abstand zu halten, indem er mit einer Rose oder einer anderen Blume, die er gerade in der Hand hielt, wedelte oder ihnen damit einen leichten Klaps auf den Kopf gab.

Obwohl die Katzen Jahre in Tinas Zimmer gewohnt hatten, gingen sie jetzt seltsamerweise nicht mehr in diesen Flügel des Hauses, sondern spielten stattdessen durch die Fenster des Arbeitszimmers ein Spiel mit Maharishi. An die kühle Luft im Himalaya gewöhnt, hielt Maharishi dort beide Fenster weit geöffnet, ungeachtet der Meeresbrise, die den ganzen Sommer über vom Westen hereinwehte. Und das eine Fenster hatte kein Fliegennetz, da es nur selten geöffnet werden musste.

Gelegentlich fragte Maharishi: »Von welcher Pflanze kommt dieser herrliche Duft?«

Wir antworteten: »Vom Jasmin.«

Und er: »Jessamine?«

»Nein, Maharishi: Jasmin. Genau genommen Sternjasmin.« Wir pflückten ihm ein paar der wächsernen, sternförmigen Blüten, und wieder sagte er: »Jessamine.«

Im Herbst 1959 trat dem engeren Kreis der Meditierenden ein sehr kultiviertes Ehepaar bei, Jessamine und David Verrill. Jessamine war eine liebenswerte, charmante Dame mit großen, braunen Sternenaugen. Helen Lutes stellte sie Maharishi vor. »Maharishi, das ist Jessamine Verrill.«

Maharishi sah sie an und lächelte. »Oh ja, Jasmin.«

Su Ling und Mei Ling machten ihre Runden gewöhnlich durch das offene Fenster im Arbeitszimmer. Mit einem leichten Sprung vom Jasminbusch im Garten landeten sie direkt auf der Rücklehne von Maharishis Sofa. Er sprach ein paar Worte mit ihnen, dann zogen sie weiter durchs Haus zu ihrem Katzenausgang auf der hinteren Veranda und von dort zum Innenhof und wieder zurück zum Fenster. Manchmal erschreckten sie die Neuankömmlinge, die bei Maharishi auf ihr persönliches Gespräch warteten, das einen Tag vor der Einführung in die Meditation stattfand.

Auf ihre Art bereicherten unsere Katzen die Atmosphäre von 433, indem sie für Heiterkeit und Gesprächsstoff sorgten. In ihrer Gegenwart entspannte sich jeder und hatte etwas zu lachen. Ab und zu ergänzten sie Maharishis Vorträge durch ein, zwei »Miaus«, die natürlich auch auf der Audioaufzeichnung der Vorträge landeten.

Ich hatte das Gefühl, dass sich ihr Charakter deutlich zum Besseren gewandelt hatte. Wenn es stimmt, dass Tiere das Verhalten der Menschen ihrer Umgebung widerspiegeln, dann lag das wohl an der verbesserten Umgebung. Vielleicht aber bewirkte auch meine eigene Meditation, dass ich sie jetzt leichter tolerieren konnte. Obwohl ich sie sehr mochte, entzogen sie sich doch meiner Kontrolle, und ich ärgerte mich darüber, dass ich mich ständig um sie kümmern musste.

Eines schönen nachmittags erschütterte Su Ling den Frieden, indem sie im Hof ein Blaukehlchen jagte und es fing. Nur selten gelang ihr ein Fang, denn sie war kurzsichtig und verfehlte die Vögel meistens. Theresa und ich liefen hinaus, um den Vogel zu retten. Er hatte ein paar Federn gelassen, aber nicht seine Stimme verloren. Gerade wollten wir Su Ling ausschelten, da traf uns Maharishis Blick durchs offene Fenster. Er sah uns tadelnd an.

»Maharishi, diese gemeine Katze hätte fast das Blaukehlchen getötet, wenn wir nicht eingeschritten wären. Was sollen wir mit ihr tun?«

»Nichts«, sagte Maharishi, »das ist ihre Natur.«

»Wieso Natur? Warum sollte eine Katze töten, wenn sie nicht hungrig ist?«

»Das ist das Gesetz von Mutter Natur. Die Tiere können nicht anders, sie müssen ihm folgen. So wie die Vögel schlafen gehen, wenn es dunkel wird.« Er zwinkerte uns zu und fuhr fort: »Die Natur des Menschen ist ausgestattet mit dem freien Willen. Er kann aufbleiben, solange er will, und den ganzen Morgen im Bett liegenbleiben. Die Vögel aber stehen mit der Dämmerung auf.«

»Siamkatzen sind so selbständig«, wand ich ein. »Sie kümmern sich recht wenig um Mutter Natur. Sie würden den ganzen Tag auf unserem Bett liegen und schlafen, wenn ich ihnen ihr Futter dort hinbrächte.«

Eine Sekunde lang sah er mir fest in die Augen. »In der Nacht sprach Mutter Natur zur Katze: ›Sei wach und miaue, doch höre und gehorche.‹«

Wollte er mir mit diesem Gespräch etwa eine Lektion erteilen? Auf meine Art war ich sicher genauso unabhängig wie die selbstbewussten Siamkatzen. Ohne zu wissen warum, kam mir etwas in den Sinn: Obwohl uns Maharishi ausdrücklich ermahnt hatte, die Technik genau nach seiner Anweisung auszuführen, hatte ich in letzter Zeit einiges zur Meditationstechnik hinzugefügt.

»Das kann er unmöglich wissen«, dachte ich. »Ich habe doch niemandem davon erzählt.«

Aber der Gedanke ließ mich nicht los, Eigentlich kann ich die Technik doch einfach so lassen, wie ich sie von ihm gelernt habe, dachte ich, wenn das so wichtig ist. Und für die Katzen könnte ich auch ein bisschen mehr Geduld aufbringen, egal wie viel Mühe sie machen.

Die vielen Menschen, die durch unsere Tür ein- und ausgingen, begnügten sich nicht damit, ein paar Worte mit unserem Yogi zu sprechen und dann wieder still zu gehen, wie wir es manchmal insgeheim gehofft hatten. Sie drangen in unser Privatleben ein. Ganz gleich, wo wir unsere Wäsche verstauten, sie fanden sie. Sie hörten unsere privaten Telefongespräche mit an und wussten, dass unsere Tochter Mary und ihr Mann Peter, die in der Nähe der UCLA wohnten, kein großes Interesse an der Meditation hatten.

Sie wunderten sich über die Tatsache, dass Melinda ausgerechnet Las Vegas als Wohnsitz gewählt hatte, die Stadt, die fast nur vom Vergnügen lebt. Als sie merkten, dass wir von östlicher Philosophie und Yoga wenig Ahnung hatten, witzelten sie gern: »Wie passen eigentlich die Olsons hier ins Haus?«

Die Katzen strichen oft durchs ganze Haus und miauten um Aufmerksamkeit. Die Neuankömmlinge fragten dann: »Haben die Olsons keine Zeit, ihre Katzen zu füttern?« Aber nach zwanzig Minuten Meditation hörten all diese kleinen Frotzeleien schlagartig auf, und alle kehrten lächelnd zu dem Schauspiel zurück, in dem alles nur Spaß war, in der Hoffnung, dass es niemals enden möge.

Eines Abends, während des Vortrags, versetzte Maharishi uns allen einen Schock. Häufig überprüfte er die Erfahrungen der neu Eingeführten nach ihrer ersten Meditation und gab dann im Vortrag Hilfe und Ratschläge. Nachdem er sich die Erfahrungen angehört hatte, wiegte er langsam den Kopf hin und her und sagte: »Das ist wie Wühlen im Schlamm.«

Plötzlich war die Sonne hinter den Wolken verschwunden, eine gedrückte Stimmung machte sich breit.

Mein Mann fand als erster die Sprache wieder: »Können wir irgendwas tun, damit es besser wird?«

Maharishi saß eine Weile still da und sagte dann: »Ich brauche für die persönliche Unterweisung einen vollkommen ruhigen Ort. Nichts darf die Leute ablenken. Der Vorgang, den Geist von der bewussten Ebene zur Transzendenz zu führen, wird durch Lärm gestört, aber der lässt sich bei so vielen geschäftig herumlaufenden Leuten schlecht vermeiden. What to do?«

Es kamen viele Vorschläge.

Ein Komitee bildete sich, um einen besser geeigneten Platz zu finden, ein größeres Haus ohne Lärm. Roland und ich saßen da und ließen die Köpfe hängen. Wir waren ganz niedergeschlagen.

Wir konnten kaum glauben, wie sehr wir diesen kleinen Yogi liebgewonnen hatten; seine stille Art, seine wunderbaren Worte, und wie es uns trotz allen inneren Murrens gefiel, diese kostbaren Augenblicke mit einer so angenehmen Gesellschaft zu teilen.

Ich sah sie wie Familienmitglieder, die ausziehen wollten. Darunter waren so viele feine junge und ältere, praktisch veranlagte Männer. Und Frauen, die mehr zu bieten hatten als nur ihre Schönheit. Das alles gefiel mir ausnehmend, was mir aber jetzt erst richtig bewusst wurde.

Draußen im Garten hinterm Haus stand ein Gartenhäuschen, in dem früher die Kinder gespielt hatten und das seit letztem Sommer in einen

Freizeitraum umgestaltet werden sollte, der aber nie fertig geworden war. Das boten wir nun Maharishi an.

»Wir bräuchten nicht viel, um den Freizeitraum fertig zu machen«, sagte Roland. »Holz liegt genug herum, und Fenster kriegen wir auch. Das Problem ist die Arbeit, die teuren Lohnkosten.«

Eine Welle der Begeisterung erfasste die Gruppe.

»Schauen wir uns den FREI-Zeit-Raum doch einmal an«, sagte Maharishi.

Roland schaltete die Gartenbeleuchtung ein, und alle inspizierten das Haus und kletterten darin herum wie Kinder. Aus jeder Ecke kamen Vorschläge. Nur Richard Sedlachek, der viel Berufserfahrung mit Hausbau hatte, blieb still. Ihn nahm Maharishi schließlich zur Seite. Richard war nicht allzu sehr darauf erpicht mitzumachen, aber wer konnte sich weigern, diesem großen Werk, das unser Yogi so vehement vorantrieb, nicht nur auf die Sprünge zu helfen, sondern es »aus dem Schlamm zu ziehen«.

Richard meinte, mit rund 300 Dollar Materialkosten könnten wir das Haus fertigstellen. Mit dieser Summe war Roland sofort einverstanden, aber Maharishi wollte auf keinen Fall, dass wir dafür schon wieder selbst in die Tasche griffen.

Kostbare Augenblicke mit einer angenehmen Gesellschaft.

Am Ende dieses Vortrags kamen mehrere Spendenangebote, denen bald weitere folgten, und die Arbeit konnte beginnen.

Der Gedanke an Laienarbeit war uns nicht ganz geheuer, denn das erinnerte uns an einen Hühnerstall aus Kriegstagen, in den wir eine Menge Geld gesteckt hatten, aber die Hühner gingen nicht hinein. Am Ende blieben wir auf einer großen Holz- und Futterrechnung sitzen – für ein paar lumpige Eier! Aber mit Richard als Bauleiter hatten wir ein gutes Gefühl und gaben unsere Einwilligung.

Eine wahre Kolonne von Arbeitswilligen erschien am nächsten Morgen. Keiner wusste, wie man einen Hammer in die Hand nimmt, aber alle waren guten Willens und voller Begeisterung. Von seinem Fenster im Arbeitszimmer aus konnte Maharishi alles beobachten und freute sich über jede Kleinigkeit, die den Umbau vorantrieb.

Wenn jetzt die frisch Meditierenden in ihrem ersten, rosigen Glanz transzendentaler Wonne bei Maharishi saßen und ihn seufzend und ehrerbietig fragten, ob sie etwas für ihn tun könnten, sagte er: »Ja, das können Sie. Gehen Sie in den Garten und sprechen Sie mit Richard.«

Und sie gingen hinaus, ungeachtet ihrer feinen dunklen Anzüge und wartenden Geschäfte, und bald war ein weiterer Hammer oder eine weitere Säge zu hören. Der Wille ebnete den Amateuren den Weg, und am Abend nach dem Vortrag ging eine begeisterte Gruppe zusammen mit Maharishi hinaus und begutachtete den Fortschritt des Umbaus.

Am Abend des dritten Tages dieser Aktion bekamen mein Mann und ich einen gewaltigen Schreck. Der gesamte Hof war aufgerissen. Es sah aus, als hätte eine ganze Armee von Wühlmäusen überall Gräben ausgehoben. Ein Graben verlief genau unter unserem blühenden Pfirsichbaum. Als ich erschreckt darauf starrte, begegnete ich Maharishis Blick.

»Mach dir keine Sorgen. Alles kommt wieder in Ordnung.«

Ich hatte auch gar keine Zeit, mir Sorgen zu machen, denn in diesem Augenblick wurde uns gemeldet, dass zwei Fotografen in der Diele auf uns warteten. Ich konnte mir beim besten Willen nicht vorstellen, was Fotografen nachts um 11 in unserer Diele zu suchen hatten.

»Wir gehen am besten mal zu ihnen«, meinte Roland.

Wer um Gottes Willen fängt so spät in der Nacht noch an zu arbeiten, dachte ich.

Ich hatte eigentlich vorgehabt, früh zu Bett zu gehen; doch dann hätte ich einen der schönsten Abende meines Lebens versäumt. Die Fotografen waren gerade dabei, im Wohnzimmer ihr Equipment aufzubauen. »Wir kommen für ein Fotoshooting mit dem Yogi«, erklärten sie.

»Wir haben keine Fotos bestellt«, protestierten wir.

Aber das half nichts. Die Fotografen waren am Morgen in die Meditation eingeführt worden. Und nach der Einführung fragten die Leute Maharishi gewöhnlich, ob sie außer den mitgebrachten Darreichungen noch mehr für ihn tun könnten. Maharishi, im Nehmen genauso großzügig wie im Geben, hatte einem Fotoshooting zugestimmt. Wer ihm nahestand, achtete immer darauf, dass seine Großzügigkeit nicht ausgenutzt wurde, und versuchte, ihn so weit wie möglich abzuschirmen.

Jetzt aber wollte Maharishi selbst fotografiert werden. Ich konnte es kaum glauben. Ich hätte gedacht, er würde die Hände wie unsere Hollywoodstars schockiert vors Gesicht halten. Aber Maharishi hatte nichts einzuwenden. Er hatte auch nichts dagegen, dass die Leute Fotos von ihm haben wollten. Jeder Besucher von 433 wollte ein Bild von ihm. Er ließ den Fotografen ausrichten, sie sollten mit ihrem Equipment ins Arbeitszimmer kommen. Die Fotografen blickten verstört, bauten dann aber alles wieder ab und brachten es rüber.

»Hier drin lässt sich schlecht arbeiten«, meinten sie zu Maharishi und sahen sich um.

Maharishi lächelte nur und blieb unbewegt sitzen. Ein langes, technisches Gespräch über Effekte, Beleuchtung, Hintergrundkulisse und Requisiten folgte, fast wie bei einer Hollywood-Produktion. Der Star genoss jeden Augenblick!

»Maharishi, willst du dir das wirklich alles zumuten?« fragte ich.

»Es schadet nichts«, sagte er. »Die Leute hätten doch gerne ein paar Bilder.«

Roland nickte. »Er braucht Fotos für Broschüren und Öffentlichkeitsarbeit«, sagte er.

»Maharishi, wir müssen dir noch zeigen, wie man ›Cheese‹ sagt, damit du lächelst«, sagte Mrs. Lutes.

Maharishi musste schallend lachen, und das war wie immer ansteckend, so dass bald der ganze Raum vor Lachen gluckste.

Die Vorhänge hinter ihm waren lange Zeit nicht zugezogen worden und reagieren nicht auf das Ziehen an der Schnur.

»Macht nichts«, meinte Mrs. Lutes. »Ich stelle mich dahinter und halte sie zusammen.« Lange stand sie außerhalb des Kamerabildes und hielt die Vorhänge fest. Jemand brachte eine große Vase mit Gladiolen und stellte sie neben Maharishi.

»Ist jetzt alles am rechten Patz?« fragte Maharishi.

Ich überprüfte alles genau. Seine Seidentücher fielen in anmutigem Faltenwurf herab, aber sein Haar sah ziemlich wirr aus. Damals waren wir so viel offenes, schwarzes Haar nicht gewöhnt. Viele Leute hatten ihm als Geschenk eine Haarbürste dagelassen. Maharishi lachte nur darüber, und wir schenkten sie weiter.

»Vielleicht könntest du dein Haar etwas glätten«, sagte ich.

»Mach du das!« sagte Maharishi ungeniert.

Jeder im Raum hielt den Atem an. Wir hielten alle einen gewissen Ehrenabstand ein, niemand wagte es, ihm zu nahe zu treten, geschweige denn ihn zu berühren. Selbst wenn ich ihm etwas zu trinken reichte, stellte ich das Kristallglas wie alle anderen auf einem Tablett vor ihn hin.

Aber er sagte noch einmal: »Nur zu. Mach es glatt.«

Ich holte tief Luft, legte meine Hände aneinander und berührte behutsam eine Locke. Von da an ging es leicht. Sein Haar war wie reine Seide, fein und doch fest, und es wusste genau, wie es liegen wollte! Während ich eine Seite glättete, kehrte die andere in ihre Ausgangslage zurück. Einige Strähnen wollte ich unter die Seide stecken, aber das war ein Fehler. Ich hatte nicht geahnt, dass er so viel langes Haar hatte. Schnell legte ich alles wieder dorthin, wo es vorher war.

»So! Jetzt ist es gut. Du siehst wunderbar aus.«

»Oooooh-Kay!«, sagte Maharishi.

Wieder brach alles in Gelächter aus. Unser stiller, zurückgezogener Yogi hatte in dieser kurzen Zeit die Brücke geschlagen von einigen wenigen, sorgfältig gewählten Worten bis zum amerikanischen »Okay«. Er zeigte uns auf immer neue Art, dass es zwischen ihm und uns oder überhaupt zwischen den Menschen keine Distanz geben musste. Wir akzeptierten seine Worte; er akzeptierte unsere mit Freude, Spaß und einem Zwinkern aus seinen tiefen, wissenden Augen. Jetzt waren wir alle bereit.

Die Fotografen waren inzwischen zurückhaltender geworden. »Welche Art von Fotos sollen wir machen?« fragten sie.

»Auf keinen Fall gestellte. Wie wäre es mit ein paar spontanen Schnappschüssen?« fragten wir.

Vor meinem inneren Auge ließ ich in aller Eile Maharishis Tagesablauf abspulen. Meist saß er da, hörte den Leuten zu und wechselte ein paar Worte mit ihnen. Ab und zu ein Lächeln, ein Lachen im Kreis der Familie – dieser immer größer werdenden, immer enger zusammenwachsenden Familie der Meditierenden.

»Vielleicht können wir ein paar Stimmungen einfangen«, schlug ich vor.

»Okay«, sagte der Fotograf, »geben Sie uns einfach ein Zeichen.«

Ich musste an das Haarglätten denken und schaute mich suchend um. Überall lachende Menschen, die so versunken in das Geschehen waren und es so genossen, dass sie gerade keinen Sinn für Technik hatten.

»Maharishi, diese Männer versuchen ein paar Stimmungen einzufangen, die sich auf deinem Gesicht widerspiegeln.«

»Was sind Stimmungen?«

»Eine Stimmung ist ...« Ich breitete die Hände aus, um es irgendwie zu erklären, »... eine Art Ausdruck.«

Ich sah den leicht fragenden Blick in Maharishis Gesicht, rief den Fotografen »Jetzt« zu, und der Spaß ging los. Von da an lief alles wie am Schnürchen. Wir sprachen abwechselnd ein paar Worte mit Maharishi und gaben den Fotografen Zeichen, so dass die Aufnahmen immer natürlich und ungestellt waren. Wir sagten was Lustiges, um Maharishi zum Lachen zu bringen, was Ernstes für einen gediegenen Ausdruck. Die Fotografen kamen immer mehr in Fahrt, nachdem Maharishi den Dreh raushatte, und wie immer erwies er sich auch hier als ein Meister der Situation.

Dann machte Maharishi ein paar Vorschläge zur Beleuchtung, die uns erstaunten. Womöglich wurden es ihm unter den riesigen Scheinwerfern einfach zu heiß. Jedenfalls schlug er vor, die Lampen zur Decke zu richten, und mit dieser indirekten Beleuchtung entstanden die besten Aufnahmen des ganzen Shootings.

Viele liebten seinen entspannten Gesichtsausdruck, wenn er still dasaß und mit uns zusammen meditierte. Wir schlugen vor, zu meditieren, und ein wunderschönes Bild entstand, das viele Male um die Welt gegangen ist.

»Und dein Lachen ist immer so schön … Und deine Augen», schlug jemand vor. »Könntest du etwas mehr nach oben schauen?«

Maharishi ließ alles bereitwillig mit sich geschehen, und die Fotografen knipsten und knipsten.

»Ist ein Fotoshooting weiter nichts als so was?« fragte Maharishi.

»Normalerweise nicht«, sagten die Fotografen und fingen an, ihr Equipment wieder abzubauen. Ich wünschte, sie hätten noch einen Schnappschuss von Maharishis enttäuschtem Blick gemacht, als er fragte: »War das schon alles?«

»Hey, Maharishi. Wenn du zu lange in Hollywood bleibst, landest du am Ende noch beim Film. Du wärst ein echter Knüller.«

»Was ist ein Knüller?«

Alle wieherten vor Lachen.

Wir waren alle so müde und so glücklich, wir hätten die ganze Nacht weiter lachen können. Schließlich war es zwei Uhr nachts.

Wir stellten ein paar Früchte und Nüsse raus, die man tagsüber für Maharishi mitgebracht hatte, und bald strömte aus unserer Eingangstür eine fröhliche, lachende Gruppe auf die Straße für den *»big work day ahead«*, wie Maharishi den »nächsten Tag der großen Werke« nannte.

Roland und ich sanken wie jede Nacht glücklich und erschöpft ins Bett. »Stelle dir die Leute vor, die jeden Abend vom Tal und von der Küste rüber kommen. Manche haben einen Weg von 30, 40 Meilen in beide Richtungen. Die bekommen höchstens drei Stunden Schlaf pro Nacht.«

Mir fielen die Augen zu. »Ich habe keine Ahnung, wie sie das durchhalten.«

»Der Trubel hält uns wach«, meinte Roland. »Ich glaube, an dem Tag, an dem Maharishi geht, brechen wir alle zusammen.«

»Oh je, der könnte schneller kommen, als du denkst. Maharishi hat den Leuten in San Francisco versprochen, für eine Woche zu kommen. Sie vermissen ihn.«

»Das wäre gar nicht so schlecht«, lachte Roland und gähnte verschlafen. »Dann kämen wir wieder mal rechtzeitig zu Bett und könnten ausschlafen.«

*Viele liebten seinen entspannten Gesichtsausdruck,
wenn er still da saß und mit uns zusammen meditierte.*

»Ich wünschte, er müsste nie mehr weg. Schon seltsam, wie sehr man sich in diesen wenigen Wochen an jemanden gewöhnen kann. Ich hoffe nur, die Leute in San Francisco haben ihn genauso ins Herz geschlossen wie wir.«

Als wir später mit den Leuten in San Francisco unsere Notizen verglichen, merkten wir, dass sie genau das gleiche über die Leute in Los Angeles gesagt hatten.

6

Ich habe nie einen Teppich gepackt

In den wenigen Wochen, die Maharishi nun bei uns war, wurde er zwei oder drei Mal eingeladen, woanders zu übernachten, um Vorträge zu halten oder um sich Anwesen außerhalb von Los Angeles anzusehen, die ihm als mögliches Meditations-Center angeboten wurden.

Es war offensichtlich, dass er eigentlich gar nicht gehen wollte, und wir wunderten uns, warum er das nicht einfach sagte. Später fanden wir heraus, dass sein feinfühliges Naturell es ihm nicht erlaubte, zu irgend jemandem »Nein« zu sagen. Normalerweise haben Meister jemanden, der ihren Terminkalender führt. Wenn jemand etwas von ihm wollte, schaute mich Maharishi an und flüsterte kaum hörbar: »Sag du nein.«

Das war für mich nicht leicht, da ich eine Zeit lang das Gefühl hatte, ich müsste jeden glücklich machen und deshalb nicht nein sagen konnte. Schließlich aber lernte ich, die Zufriedenheit des Meisters wichtiger zu nehmen, und ich konnte die Anfragen entsprechend beantworten, besonders, nachdem ich merkte, dass einige, die ihn zur Besichtigung eines Anwesens einluden, ihre eigenen Beweggründe dafür hatten.

Jedes Mal, wenn er fortging, hatte ich einen Kampf mit dem Läufer auszufechten, der ihm als Koffer diente. Ganz gleich, wie ich es anstellte, seine Habseligkeiten wollten bei mir einfach nicht drin bleiben. In der letzten Sekunde erschien er dann immer selbst, packte alles ein und machte sich auf. Im herkömmlichen Kofferpacken war ich eigentlich Spezialistin, aber da ich aufgrund unserer Mädchenfamilie kein Pfadfinder-Training hatte, war mir diese Art zu packen einfach zu hoch.

An dem Morgen, als er nach San Francisco reisen wollte, war ich entschlossen, es zu schaffen. Um die Herausforderung zu meistern hatte ich mir einige Pläne zurechtgelegt. Falls Plan A fehlschlug, hatte ich immer noch Plan B, C und D.

Obwohl uns unser reizender Gast eine Woche lang verlassen wollte, hatte der Tag mit Gesang begonnen. Aus dem Gästebad erklang außer dem Geräusch von plätscherndem Wasser eine volltönende Stimme, die eine brahmanische Rezitation anstimmte. Das brachte uns zum Lächeln, obwohl wir einen leichten Stich im Herzen spürten. Aus Haus und Garten kamen die frühen Gäste und setzten sich auf die Stufen, um zu lauschen. Einige meinten, es klänge wie gregorianischer Gesang. Auf jeden Fall war es den großen Opernarien, Sologesängen und anderen seltsamen Klängen vorzuziehen, die über die Jahre hinweg aus dem Gästebad erklungen waren. Schade, dass es irgendwann zu Ende war.

Wer frühzeitig gekommen war, um beim Aufbruch zu helfen, wurde reich belohnt. Manche erwiesen ihm ihre Ehrerbietung, indem sie ihm sein Glas Milch auf einem blumengeschmückten Tablett servierten; manche brachten dazu ihr feinstes Kristallglas mit, und für das Blumen-Arrangement wurden die frischesten Blüten und die zartesten Farben ausgewählt.

Als Maharishi die Treppe herunterkam, standen wir alle zur Begrüßung in der Diele. Er sah strahlend aus in seiner frisch gebügelten weißen Seide mit glitzernden Wassertropfen im schwarzen Haar.

Die Blume, die sein Tablett geschmückt hatte, begann ihren Tag in seinen Händen. Jeder wurde mit einem wunderbaren Lächeln und einem »Jai Guru Dev« begrüßt. Kurz darauf saß er im Arbeitszimmer und ging wie ein Geschäftsmann den Terminkalender durch.

»Maharishi, dein Flugzeug geht in einer Stunde. Soll ich deine Sachen packen?«

»Gut«, sagte Maharishi ohne aufzublicken.

Das gab mir etwa eine halbe Stunde Zeit, um über den Läufer zu triumphieren. Ich war glücklich, mit diesem Vorwand sein Schlafzimmer betreten zu können, das inzwischen eine ganz andere Ausstrahlung hatte als das Zimmer, das Tina erst vor kurzem geräumt hatte.

Es strahlte Maharishis eigene Atmosphäre von Frieden und Heiterkeit aus. Sheela, die einzige Person, die damals sein Zimmer betrat, erklärte uns, dass sich die Schwingungen um einen Meister herum immer änderten. Das läge an den Wellen, die von seinen Gedanken und Worten ausgingen.

Wir hielten von dem Ganzen nicht allzu viel, aber das Gefühl des Friedens in diesem Raum konnte jeder spüren, und langsam wurde mir klar, was für einen wunderbaren Job sich Sheela ausgesucht hatte. Sie betreute Maharishi fürsorglich und belästigte ihn nie mit ihren persönlichen Dingen. Wir hatten alle noch viel zu lernen.

Der Läufer lag bereits ausgebreitet auf dem Bett. Ich drohte ihm mit dem Finger: »Ergib dich freiwillig …!«

Kissen, Schals und Dhotis, seidene Bettwäsche, Uhr, Papiere und die kleine Metalldose mit Toilettenartikeln lagen ausgebreitet auf dem zweiten Bett. Der Läufer war aus weichem Material und recht klein, aber wie jeder andere Teppich gewebt. Alle staunten immer wieder, wie Maharishi all seine Sachen ohne Verknittern in diesem seltsamen Koffer unterbringen konnte.

Ich ging noch einmal meine Pläne durch, wie ich den Läufer bezwingen wollte. Plan A besagte, alles in einen Kopfkissenbezug zu stecken und diesen in den Läufer einzurollen, anstatt alles einzeln hineinzulegen. Aber nachdem ich die Sachen auf zwei, drei verschiedene Arten im Kissenbezug verpackt hatte, gab ich den Plan wieder auf. Es war offensichtlich, dass alles zerknittert ankommen würde.

Plan B erforderte ein wenig Summen, um mein Selbstvertrauen zu stärken, während ich die größeren Stücke zuerst packen und die kleineren in die größeren stecken würde. Also los.

»Tam, tatám, tatám.«

Zuerst die Schals und Dhotis, dann die Laken, als nächstes die Uhr, die kleine Dose und die Papiere. Zwei feste Stricke zum Zusammenbinden der Enden lagen bereit.

Das siegesgewisse Gefühl des Erfolgs erwies sich als fataler Irrtum. Ich verknotete die Stricke doppelt, damit sie sich nicht lösen konnten. Dann kam der Test. Ich hielt den Läufer hoch und schüttelte ihn. Heraus fielen die Uhr und die Dose mit den Toilettenartikeln.

»See the job. Do the job. Stay out of the misery!«

Ich erinnerte mich an den Rat von neulich: *Sieh den Job. Tu den Job. Bleib dem Kummer fern.* In Ordnung, der Job ist einfach und bereitet mir keinen Kummer. Außerdem ist das der Läufer des Meisters, den ich jetzt mit Vergnügen packen werde!

Plan C war, das Laken auseinanderzufalten, alles hineinzulegen und den Teppich außen herumzuwickeln. Die Stricke wieder aufzuknoten nahm ziemlich viel Zeit in Anspruch. Langsam wurde ich nervös.

So, auf ein Neues! »Tam datám, tam datám.«

Aaah! Das sah sauber und ordentlich aus. Die Stricke hielten, was sie versprachen, ohne zu fest zuzupacken. Jetzt fühlte sich das Ganze schon ganz anders an. Ja, wo ein Wille ist, ist auch ein Weg. Doch ohne Fleiß kein Preis. Ich hielt den Läufer an einem Ende hoch und schüttelte ihn. Nichts fiel heraus. Ich drehte ihn um und schüttelte wieder.

Nichts fiel heraus.

»So muss es sein«, sagte ich mir, als mein Blick zu Boden fiel und die Dose mit Toilettenartikeln entdeckte, die sich dort unauffällig verkrümelt hatte.

Die Macht der Gewohnheit verleitete mich zu einem etwas unfeinen Spruch, für den ich mich aber sogleich wieder beim ganzen Zimmer entschuldigte, in der Hoffnung, die Schwingungen nicht allzu sehr verunreinigt zu haben.

Diesmal ließen sich die Knoten leichter lösen, aber ich war mit den Nerven ziemlich am Ende. Ich warf dem Läufer einen finsteren Blick zu. »Mein lieber Läufer, das hätte ich wirklich nicht von dir gedacht.«

Plan D war, einfach alles planlos einzupacken und dem Läufer dann schnell Hände und Füße zu binden. Ich schüttelte ihn recht unwirsch. Inzwischen war alles etwas aus der Form geraten.

Maharishi trat ein, nahm mir den Läufer aus der Hand, legte seine Habseligkeiten hinein, rollte das Bündel zusammen und reichte es mir.

Ich schüttelte, schüttelte fester. Nichts fiel heraus.

Er lachte. Ich nicht.

»Wie hast du das gemacht?« fragte ich.

»Ganz einfach. Just take it easy. Reine Routine. Einen Läufer packt man anders als eure Koffer, aber es geht mehr rein.«

Lachen lag wieder in der Luft, und durch die Berührung des Meisters war auch der Läufer wieder in bester Form und Stimmung.

Theresa und ich brachten Maharishi zum Flugplatz. Voller Freude sprach er darüber, wie schnell die Bewegung wuchs und dass es noch viel schneller gehen sollte.

»Jetzt bin ich schon einmal um die halbe Welt«, sagte er. Um die andere Hälfte machte er sich keine Sorgen: die weite, geschäftige Welt von New York, Paris, London, Rom. »Meine Botschaft ist so gut, so friedvoll; da kann niemand widerstehen.«

Ja, wer unseren Yogi erst einmal kennengelernt hatte, konnte ihm sicher nicht widerstehen. Amüsiert stellte er sich vor, wie »433« eines Tages in der ganzen Welt berühmt sein würde.

Als ich ihn so aus den Augenwinkeln betrachtete, wie er im Schneidersitz auf dem Hirschfell in meinem Auto saß, den Schoß voller Blumen, war ich mir nicht sicher, welche Welt wirklicher war: die Hochgeschwindigkeitswelt der Autobahnen oder die beschauliche Gegenwart im Glanz dieses ungewöhnlichen Menschen. Während mich der krasse Gegensatz irritierte, schien er selbst in beiden gleichermaßen zu Hause zu sein.

Dhotis haben keine Taschen. Ich fragte mich, ob er Dinge wie Ticket, Geld, Pass und so weiter bei sich hatte. Im Flughafen fragte ich ihn: »Maharishi, hast du dein Ticket dabei?«

Er nickte und hielt einen dünnen Ordner hoch. »Das kam aus San Francisco.«

Er hatte ein Rückflugticket. Ich brachte es zum Schalter und legte den Läufer auf die Waage. Der Schalterbeamte verzog keine Miene. Exotische Fluggäste war er gewöhnt. Er knüpfte ein Etikett an den Läufer und schob ihn aufs Fließband zu dem anderen Gepäck.

»Behandeln Sie ihn bitte vorsichtig!« sagte ich unwillkürlich. Aber der Läufer verschwand bereits auf dem Gepäckband, und der nächste Passagier trat an den Schalter. Während ich Maharishi zum Flugsteig brachte, hatte ich noch eine Frage: »Entschuldige die Frage, Maharishi, aber hast du genug Geld bei dir?«

Er sah mich kurz an, dann lächelte er. »Ich brauche keins.«

»Oje, natürlich brauchst du Geld. Falls du irgendwas brauchst. Wenn sich die Leute verspäten, die dich abholen wollen, brauchst du vielleicht ein Taxi. Du kannst doch nicht ohne Geld herumgehen.«

»Ich kümmere mich nie um Geld. Jemand wird da sein.« Damit war das Thema erledigt.

Theresa und ich blieben an der Sperre zurück. Er lief allein zum Flugzeug. Pendler nach San Francisco überholten ihn. Geschäftsleute im maßgeschneiderten dunklen Anzug mit Aktenkoffer, in ihre eigenen Sorgen versunken, nahmen ihn gar nicht wahr. Niemand fand es komisch, dass ein Mann in weißem Seidengewand, mit schwarzem, im Winde wehendem langem Haar und Bart, den Arm voller Blumen, barfuß in hölzernen Sandalen den frühen Pendlerflug nach San Francisco nahm.

Mit schwerem Herzen, weil wir ihn – wenn auch nur für ein paar Tage – gehen lassen mussten, genossen wir doch den Anblick, wie er anmutig durch den hektischen Menschenstrom schritt. Sein Gang war so königlich, so würdevoll. Am Eingang des Flugzeugs winkte er uns bis zum letzten Moment mit den Blumen zu. Theresas Augen waren voller Tränen.

Zu Hause angekommen, kam uns 433 still und verlassen vor, ein Gefühl, wie nach einer großen Party oder Hochzeit. Wenigstens waren wir mit unserer Einsamkeit nicht allein. Eine Weile saßen wir mit den anderen nur so herum, dann schlug jemand vor: »Warum streichen wir nicht Maharishis Schlafzimmer?«

Dieser Vorschlag begeisterte alle. Als wir uns über die Farbe unterhielten, schlug jemand vor, Tina zu fragen, welche Farbe ihr wohl gefallen würde. Tina machte ihre Meditation, ohne viel darüber zu reden, und hatte sich inzwischen einigermaßen mit dem vorderen Schlafzimmer abgefunden. »Jede Farbe, die Maharishi gefallen könnte, ist mir recht, außer pink. Bloß kein rosa.«

Wir besprachen die Farbe mit Sheela und einem jungen Mann namens Ron Sheridan, der wie Sheela gekommen war, um für alles, was Maharishi brauchte, da zu sein. Sheela meinte: »Apricot ist die Farbe mit der besten Schwingung.« Ron stimmte zu. Der Gedanke an ein hübsches, sanftes Apricot gefiel allen.

Auf der Suche nach Helfern zum Streichen fiel uns Maharishis Bemerkung vor seiner Abreise ein, dass der Umbau des Gartenhäuschens zum Meditationsraum bei seiner Rückkehr doch sicher fertig wäre. Wer mit dem Umbau bisher nichts zu tun hatte, sah darin kein Problem. Wer aber selber Hand anlegte, fragte sich heimlich, wie das gehen sollte. Soweit ich es überblicken konnte, war ihr größter Erfolg bisher gewesen, den Boden aufzureißen und beim Sägen einen Heidenlärm zu machen.

»Er braucht sechzehn Kabinen, ein Einführungszimmer und eine Dunkelkammer, wo Forscher das Licht messen können, das nach der

Meditation vom Gesicht der Meditierenden ausgesendet wird. Aber das Fundament ist nur 3,50 mal 5,50 Meter. Wie soll man daraus so viele Kammern machen?«

Während alle das Problem diskutierten und nach einer Lösung suchten, zogen sich Ron, Sheela und ich in Maharishis Schlafzimmer zurück. Ron räumte das Zimmer aus, nahm Vorhänge und Jalousien ab, schaffte die Möbel weg und arbeitete so flink und ruhig, dass es eine Freude war, ihn dabei zu haben.

Wir fanden einen befreundeten jungen Tänzer, der Geld brauchte, und ließen ihn die Wände abwaschen und streichen. Roland, Tina, Theresa und ich kümmerten uns um die Schreinerarbeiten.

Sheela behielt recht mit der Farbe. Das sanfte Apricot war perfekt. Renovierte Jalousien und neue weiße Vorhänge gaben dem Raum ein schlichtes, geschmackvolles Aussehen. Die Kosten waren kaum der Rede wert.

Tina war mit allem einverstanden, teilte uns mit, dass Melinda sie für ein paar Wochen zu sich nach Las Vegas eingeladen hätte – und weg war sie.

Obwohl ich am Theater von Tag zu Tag mehr zu tun hatte, fand ich doch Zeit, einen gründlichen Hausputz zu organisieren. Seit Maharishis Einzug hatten wir keine Haushaltshilfe mehr bekommen können. Die gebotene Ruhe im ganzen Haus, die vor den Türen verstreuten Schuhe, die Unmengen Blumen und das ständige Waschen und Kochen hatten alle Putzfrauen vergrault.

Wie jeden Sommer kam Grammie, Rolands Mutter, mehrmals vorbei und sorgte für Ordnung. Sie verehrte Maharishi und war eine der wenigen Personen, die offensichtlich überhaupt keine Scheu vor ihm hatten. Sie war von kleiner Statur und bewegte sich flink wie ein Wiesel. Wenn Maharishi ihr ab und zu begegnete, bat er sie: »Komm, setz dich zu mir.« Doch Grammie erwiderte: »Ich habe keine Zeit, den ganzen Tag rumzusitzen.«

Maharishi lehnte sich dann zurück und lachte. Er schaffte es, dass sie lange genug stillsaß, um mit der Meditation zu beginnen. Als wir ihr das vorgeschlagen hatten, war ihre erste Reaktion: »Ich sehe keinen Sinn darin, mit geschlossenen Augen rumzusitzen. Ich will was tun, was erledigen.«

Nachdem sie aber erfahren hatte, welchen Frieden ihr das regelmäßige Meditieren brachte, ließ sie keine einzige Morgen- und Abendmeditation mehr aus.

Anfangs hatte ich öfter versucht, früher aufzustehen, um ein bisschen »Glanz in die Bude« zu bringen. Doch Maharishi kam jedes Mal aus seinem Zimmer und hielt mich auf: »Lass das ruhig, du brauchst nicht zu putzen.«

»Das wäre schön, Maharishi, aber wer soll es sonst tun?«

Ohne zu antworten ging er zurück auf sein Zimmer. Wenn ich dann abends nach Hause kam, war alles blitzblank. Denn tagsüber hatte er neuen Leuten das Meditieren beigebracht, und wenn sie ihm als Dank ihre Dienste anboten, schickte er sie zu Ron und Sheela, die ihnen prompt einen Putzlappen in die Hand drückten.

Jetzt schwirrten nur wenige Leute herum, und wir konnten endlich einmal wieder gründlich aufräumen.

Als sich die Woche dem Ende zuneigte, konnten Theresa und ich es kaum erwarten, zum Flughafen zu fahren und Maharishi abzuholen. Inzwischen hatten wir erfahren, dass es in Indien zum guten Ton gehörte, einem Ehrengast mit Blumen zu empfangen. Wir waren spät dran und steckten daher in der Zwickmühle: Entweder wir besorgen Blumen und kommen zu spät, oder wir pfeifen auf die Blumen und kommen rechtzeitig an. Wir entschieden uns, auf Blumen zu verzichten und lieber rechtzeitig da zu sein, damit Maharishi nicht alleine am Flughafen steht und auf uns warten muss.

Während wir die Flugzeugtür im Auge behielten, kam eine Gruppe aus Hawaii herein und streute Blütenblätter über ein sehr attraktives chinesisches Paar, das Dutzende von Blumengirlanden im Arm hielt.

In der Not warf ich alle Hemmungen über Bord, ging zu der reizenden chinesischen Dame, entschuldigte mich und sagte: »Ich erwarte gerade einen heiligen Mann aus Indien, habe aber keine Blumen, um ihn standesgemäß zu begrüßen. Könnte ich Ihnen vielleicht eine Girlande abkaufen?«

Die Lady verstand kein Wort, der Gentleman aber lächelte breit und legte mir eine Girlande nach der anderen in die Arme, bis ich seiner Großzügigkeit Einhalt gebot. Ich wünschte ihm Gottes Segen, bedankte mich für die wunderbaren Blumen für unseren Yogi und rannte zu Maharishi, um sie ihm zu überreichen. Später erfuhr ich aus der Zeitung, dass dieser freundliche Herr ein wichtiger Politiker seines Landes war.

»I never worry for money. Someone will be there.«

Wir gingen zur Gepäckausgabe, und dort – zwischen glänzenden, metallbeschlagenen Gepäckstücken – lächelte uns auch schon der kleine, zusammengerollte Läufer wieder an. Mit dem Läufer im Arm und einem mit Girlanden übersäten Maharishi machten wir uns auf den Heimweg.

Die Begrüßung bei der Heimkehr war sehr herzlich. Die Meditierenden standen an der Eingangstreppe Spalier, und einer nach dem anderen reichte Maharishi eine Blume, bis ihm die Arme vor lauter Blumen und Girlanden überquollen. Maharishi war froh, wieder da zu sein, und entzückt über sein hübsches, apricotfarbenes Zimmer. Bald fand das Haus wieder zu seiner üblichen Routine zurück, mit persönlichen Gesprächen, individuellen Unterweisungen in Meditation, Vortragsabenden und dem Schmieden von Plänen zur Verbreitung der Meditation.

Ich ging immer mit dem Gefühl zur Arbeit, zu Hause sei alles in bester Ordnung. Doch eines schönen Nachmittags kam ein Anruf, ich solle so schnell wie möglich nach Hause kommen. »Nothing to worry about«, sagte eine mir fremde Stimme. »Ein Mann ist hier, der Sie sprechen will. Er sagt, er kann warten.«

Die Beteuerung »Nothing to worry about« veranlasste mich, wie von der Tarantel gestochen nach Hause zu eilen. Worüber sollte ich mir keine Sorgen machen? Als ich in unsere Einfahrt einbog, sah ich einen Streifenwagen vor unserem Haus parken. Des Rätsels Lösung saß drinnen in einem Sessel und blätterte in einer unserer neuen Broschüren. »Mrs. Olson?« Ein gutaussehender Hüne in Uniform stand auf und grüßte mich.

»Ja. Um was geht es?«

»Wir fragen uns, was in diesem Haus eigentlich vor sich geht. Aus der Nachbarschaft sind Beschwerden eingegangen, dass Ihre Leutchen hier den Frieden stören.«

»Tatsächlich?«

Ich traute meinen Ohren nicht. Welche Ironie des Schicksals! Wir setzten alles daran, eine Meditationstechnik zu verbreiten, die der ganzen Welt Frieden bringen sollte. Als ich aber dem Blick des Inspektors folgte und mit seinen Augen die Berge von Schuhen und die im ganzen Haus angebrachten Schilder mit der Aufschrift »Ruhe« »No Smoking«, »Büro« und »Bitte Schuhe ausziehen« sah, konnte ich seine Skepsis nachvollziehen.

»Ist das Ihr Zuhause?« fragte er.

»Ja«, antwortete ich so unbefangen wie möglich.

Er zog seine Unterlagen hervor. »Ihre Nachbarn haben offenbar den Eindruck, dass Ihre Leutchen vom frühen Morgen bis spät in die Nacht alle Parkplätze an der Straße belegen. Sie halten in einem Wohnviertel größere Versammlungen ab. Und Sie stören die nächtliche Ruhe.«

Ich nickte und dachte an die glückliche Schar, die jede Nacht gegen zwei Uhr morgens in gehobener Stimmung aus dem Haus strömte.

»Haben Sie dazu etwas zu sagen?«

Einen Augenblick lang wiederholte ich innerlich das kleine Wort, das Mantra, das mir Maharishi gegeben hatte und das mir, wenn es brenzlig wurde, immer half, die Fassung zu bewahren.

»Herr Inspektor, das war mir bisher gar nicht bewusst, aber all diese Vorwürfe sind durchaus berechtigt. Selbstverständlich wollen wir niemanden stören oder belästigen.«

Ich erzählte ihm kurz, wie wir Maharishi begegnet waren, was er lehrte und wie es schließlich dazu gekommen war, dass immer mehr Leute zu uns strömten. »Er bleibt nur für kurze Zeit hier, und ich werde ab sofort dafür sorgen, dass sich in Zukunft niemand mehr in seiner Ruhe gestört fühlt.«

Der Beamte war ein wohlmeinender Mensch. Er hielt die Broschüre hoch, in der er geblättert hatte. »Glauben Sie wirklich an diesen ganzen Schmarren?«

»Ja, doch, doch! Es ist zwar alles noch recht neu für mich, aber es interessiert mich, und bis jetzt hat es gehalten, was es verspricht.«

Sobald ich sicher war, dass er wieder in seinem Wagen saß, eilte ich zu Maharishi.

»Was gibt's?«

Ich ging die Liste der Beschwerden durch.

Er blickte von mir zu den anderen Damen im Raum. Sie nickten bestätigend. »Da ist was Wahres dran.«

»What to do?«

Von allen Seiten kamen Vorschläge: Für die nächsten Vorträge sollte ein Saal gemietet werden. Die Damen am Telefon sollten die Besucher bitten, weiter weg in den Seitenstraßen zu parken. Und die nächtlichen Gäste sollten ermahnt werden, beim Verlassen des Grundstücks leise zu sein.

»Eine Bekannte von mir gibt Ballettstunden und hat neben ihrem Studio einen größeren Raum. Falls der frei ist, können wir ihn vielleicht mieten. Soll ich mal fragen?«

Maharishi nickte, und ich rief meine Freundin an, die Ballettlehrerin Miss Frey. Ja, der Raum stand leer, und sie würde sich freuen, wenn er von einer netten Gruppe benutzt würde. Ich wollte ihr 100 Dollar im Monat bieten, da kam sie mir schon zuvor und sagte, sie könne keinen Cent unter 75 Dollar gehen. Die liebe Miss Frey! Das werde ich ihr nie vergessen.

Maharishi machte sich sofort auf, den Raum zu besichtigen. Er lag im ersten Stock eines stattlichen Gebäudes, war ziemlich groß, und die kahlen Wände brauchten dringend einen Anstrich. Durch ein riesiges Panoramafenster blickte man auf die 6. Straße und den Wilshire Boulevard. Trotz der unüberhörbaren Straßengeräusche meinte Maharishi, der Raum sei okay, zumindest für den Augenblick. Ungewohnt hohe Wände, eine holzvertäfelte Decke und Eingangstüren aus massivem Holz gaben dem Raum ein gotisches Aussehen.

Die letzten 25 Jahren hatte der Raum einem bekannten Stimmbildner und Gesangslehrer als Studio gedient. Eine Dame, die auf der Suche nach einem geeigneten Vortragsraum viele Örtlichkeiten besichtigt hatte, meinte, dies sei der einzige Raum, der nicht nach abgestandenem Zigarettenrauch rieche.

Gleich am Nachmittag wurden die Klappstühle hergebracht und das Mikrophon aufgebaut, und am selben Abend fand der Vortrag bereits im neuen Saal statt.

Als gegen 20.30 Uhr in unserer Straße ein Streifenwagen aufkreuzte, fand er »433« sittsam hinter dem Eichenbaum liegen ... ganz die ehrwürdige alte Dame, wie es sich für ein Anwesen in einem ruhigen Wohnviertel geziemt.

Den neuen Vortragsraum herzurichten wurde ein Projekt, das alle Meditierenden begeisterte. Alle waren eifrig bemüht, ihr neues Zuhause so liebevoll wie möglich zu gestalten. Die Männer zimmerten ein Podest für Maharishis Sitz. Für die Wand dahinter nähten die Damen einen wunderschönen Samtvorhang. Der blanke Boden wurde mit Teppichboden ausgelegt.

Am Abend freute sich Maharishi über jede kleine Verbesserung. Nur als er die blechernen Klappstühle sah, schüttelte er den Kopf. »Wir brauchen bessere Stühle. Weich und bequem, mit Polsterung und Armlehnen zum entspannten Ausruhen. In einer schönen Farbe. Keiner sollte für das Göttliche leiden.«

Er selbst liebte eine entspannte, behagliche Atmosphäre und wünschte sich das gleiche für seine geliebten Schüler.

Die Idee, auf einem bequemen Polsterstuhl zu sitzen, fand jeder gut, aber keiner konnte sich vorstellen, woher wir Polsterstühle für weniger als dreißig, vierzig Dollar pro Stück bekommen sollten.

So was konnten wir uns einfach nicht leisten.

Da überraschte uns Ron im Büro mit einer guten Nachricht: »Soeben wurden fünfzig bequeme, blaue Polsterstühle mit Armlehnen im Vortragssaal angeliefert.«

Alle schnappten nach Luft und wollten wissen: »Quanto costa?«

Ron strahlte übers ganze Gesicht. »Vier Dollar pro Stück! Ich habe mich ein bisschen umgehört und erfuhr, dass eine Schuhladenkette ihre Ausstattung geändert hat. Sie waren froh, ihre alten Stühle loszuwerden.«

Nach einer Woche war der Raum neu gestrichen, dekoriert und eingerichtet, die Wände erstrahlten in einem sanften hellen Blauton, und mit einem großen Bild von Maharishis Meister Swami Brahmananda Saraswati (den wir meist einfach »Guru Dev« nannten) konnte der Raum seiner neuen Bestimmung entgegengehen.

Fast hundert Leute waren am Abend anwesend und überreichten Maharishi ein Geschenk: einen großen, leichten Flugkoffer, den er gerne entgegennahm. Voller Liebe schaute er mit seinen braunen Augen jeden Einzelnen an, der sich im Raum befand. Jeder Tag hatte neue Veränderungen gebracht, alle waren notwendig und gut, aber diese eine gab meinem Herzen einen Stich, und sicher vielen anderen auch.

Theresa überreicht Maharishi im neuen Raum eine Girlande.

Natürlich half ein stabiler metallbeschlagener Koffer unserem Heiligen, auf seinen Jet-Flügen zur Verbreitung der Meditation schneller voran zu kommen. Aber wir konnten uns einfach noch nicht trennen von diesem einzigartigen Symbol seiner außergewöhnlichen Persönlichkeit.

Keiner hat je erfahren, was aus dem wunderlichen Läufer geworden ist, aber er wird immer seinen Platz in unseren Herzen behalten. Denn er begleitete unseren geliebten Heiligen aus dem fernen Himalaya auf seiner allerersten Reise zu uns in die betriebsame Welt des Westens.

Ich liebte den kleinen Läufer ganz besonders. Vielleicht, weil ich ihn nie besiegen konnte … oder vielleicht auch, weil ich mich an seine Weichheit erinnerte, die ich an jenem ersten Tag spürte, an dem ich ihn zu uns nach Hause trug. Wer würde schon einen Koffer aus Leder und Metall zärtlich in den Armen durch die Welt tragen?

7

Familienzuwachs

Mitte Juni herrschte im Theater Hochbetrieb, gleichzeitig ging es auch zu Hause immer geschäftiger zu. Mitten in diesem Gewühl und Gewusel nutzten Roland und ich jede freie Minute, mehr über die Meditation zu erfahren, obwohl der Reiz des Neuen inzwischen abebbte. Der täglichen Meditationsroutine erging es wie jeder anderen Gewohnheit. Routinetätigkeit hatte mich nie besonders gereizt, aber wenn mir etwas half, die Hektik des Alltags besser zu überstehen, dann hatte es natürlich einen besonderen Wert, den ich auch zu schätzen wusste.

Was uns die Meditation damals wirklich brachte, war, dass sie uns genügend Kraft gab, unsere seltsame Situation gut zu überstehen. Die Philosophie dahinter war sicher interessant, aber entscheidend war schließlich für jeden Einzelnen, was ihm die Meditation im praktischen Leben brachte. Wir spürten, wie wir uns allmählich veränderten, obwohl wir nicht genau sagen konnten, was mit uns eigentlich geschah.

Es waren eher unsere engen Freunde, die uns immer wieder mit der Bemerkung überraschten, wie erstaunlich schnell wir uns verändert hätten. Wir sähen jünger aus, glücklicher, entspannter. Meine Stimme sei voller geworden. Roland sehe weniger angespannt und besorgt aus, obwohl es doch gerade jetzt in 433 zuginge wie in einem Bienenstock. Wie er nur bei all dem Trubel die Ruhe bewahren könne. Jemand sagte zu mir: »Wenn ich bei dir und Roland bin, fühle ich mich richtig wohl.«

Wie ich mich durch die Meditation entwickelt hatte, merkte ich vor allem daran, dass ich mich auch über ein offenes Wort freute und amüsierte, bei dem ich mich früher eher verletzt gefühlt hätte. Was mir selbst am deutlichsten bewusst wurde, war meine neue Sicht des Theaters. Ich verstand auf einmal, dass es sein Zweck war, die wahre Natur der Dinge ans Licht zu bringen, damit wir die vielen Welten unterschiedlichster

Menschen besser verstehen lernen. Gute Unterhaltung sollte auf subtile Weise etwas über die bleibenden Werte aussagen. Sie sollte die wahre Natur der Dinge aufzeigen. Die Meditation weckte in mir eine Suche nach der Wirklichkeit und bot gleichzeitig einen direkten Weg zu ihr. Und während ich das Theaters begriff, begriff ich auch den Wert meines Zuhauses.

Die einfache Sprache unseres Yogis, sein heiteres und natürliches Lachen und der Fluss göttlicher Weisheit, die sich in den Gesichtern der ständig wachsenden Schar von Meditierenden widerspiegelte, das alles lockte mich aus dem Bereich des Schau-Spiels und des erfundenen Vergnügens zurück zu der einfachen Freude meines eigenen Zuhauses. Und dort hielt es mich, weil die Freude mit genügend Überraschungen gewürzt war.

Im Theater konnte ich jede Wendung im Handlungsfaden meist schon voraussehen, aber die Überraschungen, die in 433 auf mich warteten, gingen weit über mein Vorstellungsvermögen hinaus. Also verschwendete ich keine überflüssige Minute mehr im Theater. Sobald ich meine Arbeit erledigt hatte, machte ich mich schnurstracks auf den Heimweg.

Eines Abends, als wir nach Hause kamen, schlug uns aus dem Arbeitszimmer eine unerwartet heitere Stimmung mit viel Gelächter entgegen, das abrupt abbrach, als wir eintraten. Nachdem sich das Haus gegen zwei Uhr morgens geleert hatte, winkte uns Maharishi zu sich und sagte glücklich: »Meine Freunde aus Indien kommen bald.«

»Wie schön! Sie kommen dich kurz besuchen?« fragte Roland.

»Ja, kurz besuchen.«

Etwas in Maharishis Gesichtsausdruck, verbunden mit der ausgelassenen Heiterkeit bei unserer Ankunft, kam mir nicht ganz geheuer vor und ließ mich etwas ahnen. »Was sind das für Freunde, Maharishi?«

»Oh, sehr nette Leute, Schüler von mir aus Indien.«

»Sind sie auf Weltreise?«

»Sie wollen vor allem sehen, wie es mir geht. In Indien zeigen Schüler viel Hingabe zu ihrem Meister.« Er lachte leicht. »Sie kümmern sich die ganze Zeit um ihn und dienen ihm.«

»Wie schön. Dann wollen sie sicher möglichst in deiner Nähe wohnen.«

»Richtig, völlig richtig.« Er sah mir in die Augen.

»Hat sich schon jemand um Hotelzimmer gekümmert?«

»Heute Abend meinten alle, sie sollten hier wohnen.«

Roland und mir verschlug es die Sprache. In einer Art seligem Schock saßen wir ein oder zwei Minuten reglos da und fühlten überhaupt nichts. Dann sprangen wir auf die Füße. »Wir würden sie wirklich gern hier aufnehmen, aber …«

»Fein, sehr gut.« Maharishi gähnte sein großes Gähnen, das besagte: »Ich gehe jetzt zu Bett.«

»Aber wirklich, Maharishi …« Ich war entschlossen, meinen Satz zu Ende zu bringen. »Ich glaube nicht, dass wir es ihnen besonders bequem machen können.«

»Was gibt es da groß zu machen? Jeder kümmert sich um sie. Haben wir genug Platz?« Binnen einer Minute war er die Treppe hoch und inspizierte die Zimmer.

Wir boten unsere eigene Schlafzimmersuite an, doch das lehnte er ab. Seit Tina weg war, diente das vordere Schlafzimmer ab und zu als Gästezimmer für Meditierende aus San Francisco. Außerdem zogen sich dort die Helfer und Arbeiter von 433 während der Mittagspause für ihre »Siesta« zurück.

»Sind es nur Männer oder ein Ehepaar oder was?« fragte ich.

»Eine junge Lady, ihr Bruder und der Präsident eines Centers in Indien.«

Nach einigem Hin und Her entschieden wir uns, Theresa aus ihrem Kinderzimmer am oberen Ende der Treppe umzuquartieren in unseren Ankleideraum, der früher einmal ihr Kinderzimmer gewesen war. Dann konnte die Lady in Theresas Zimmer ziehen und die beiden Männer zusammen ins vordere Schlafzimmer.

Wir hatten Maharishi noch nie glücklicher gesehen. Nach und nach wurde uns bewusst, wie einsam er sich die ganze Zeit ohne seine Landsleute gefühlt haben musste, ohne ihre Sitten, ihre Sprache und ihre vertrauten Gesichter. Aus dieser Sicht betrachtet wurden uns die Gäste gleich viel sympathischer.

»Maharishi, ich freue mich so, dass deine Freunde kommen und dass wir Platz für sie haben.«

Sein Lächeln machte die extra Last und Arbeit gleich wieder wett.

»Wann kommen sie?«

»In zwei Tagen.«

»Zwei Tage!« riefen Roland und ich wie aus einem Munde. Nach zwei Minuten Schweigen kapitulierte ich schließlich mit einem Seufzer. »Oh, well.«

Für ihn mochten zwei Tage lange genug sein, alles Nötige in Gang zu bringen, während ich normalerweise zwei Tage brauchte, um mich überhaupt mit dem Gedanken anzufreunden. Aber langsam färbte Maharishis schnelles Denken auf uns ab, und ich sagte mir, vielleicht war es besser so – weniger Zeit, sich Sorgen zu machen.

Aber das war noch nicht alles.

»Die Lady kommt aus einer der reichsten Familien Indiens.«

»Oh je! Dann können wir sie auf keinen Fall in dieser alten Sommerveranda unterbringen. Das wäre nicht standesgemäß. Und wie das Schlafzimmer aussieht! Die Fenster müssen geputzt, die Bettvorleger gereinigt, die Decken ausgewechselt werden. Das können wir unmöglich schaffen.«

Er schob alle Einwände mit einem Wort beiseite: »Was kümmert sie das alles? Sie werden Mother Olson so dankbar sein für ihre Gastfreundschaft.«

Die Art, wie er »Mother Olson« sagte, ging mir mit einem warmen, sanften Gefühl zu Herzen. Es beruhigte mich und ließ alle Sorgen verschwinden. Er zog sich zurück in sein Zimmer, wir gingen in unseres.

In unserem Refugium hielten Roland und ich eine Lagebesprechung ab. Roland, ruhig wie immer, meinte, es würde schon alles gut gehen, und nahm die Sache nicht weiter tragisch.

»Schließlich schwirren hier den ganzen Tag genug Leute herum, die sich um sie kümmern können, und Maharishi freut sich bestimmt riesig. Er sitzt ja den ganzen Tag auf seinem Sofa. Es kann sicher nicht schaden, wenn er mal rauskommt. Und schließlich konnten wir nicht wissen, dass sie kommen. Also kann keiner erwarten, dass alles tipptopp ist. Wir hatten ja auch schon andere Gäste hier. Warum nicht Leute aus Indien? Mal was anderes.«

Ich wollte noch ein bisschen meditieren, rückte dabei aber im Geist die ganze Zeit Möbel hin und her und bezog die Betten neu. Schließlich gab ich es auf und erlag der Müdigkeit, die mir in die Glieder gekrochen war. Schon bald weckte uns das muntere Zwitschern kleiner Vögel, mit denen Mutter Natur den neuen vielversprechenden Sommertag willkommen hieß.

Dass es tatsächlich ein schöner Tag werden konnte, ist allerdings einzig und allein Martha Zweibel zu verdanken. Erst vor einer Woche hatte sie mit der Meditation begonnen und Maharishi ihre Hilfe angeboten. Jetzt war sie bereits für das Büro verantwortlich.

Martha, eine attraktive und tüchtige Frau, war unermüdlich und auf vielen Gebieten bewandert. Sie kam immer um acht Uhr morgens, adrett herausgeputzt und zu allem bereit, was der Tag bringen mochte. Als sie die Neuigkeiten erfuhr, stürzte sie sich mit Freude in die Arbeit und verwandelte alle scheinbaren Probleme in leicht zu bewältigende Herausforderungen.

»Bestellen Sie einen Reinigungsdienst, Martha! Ich besorge inzwischen neue Bettwäsche und Handtücher.«

Emily Lee hatte meine Bemerkung gehört und erbot sich, nach Hause zu laufen und ihre eigene Bettwäsche zu holen. Dankbar nahm ich ihr Angebot an.

Noch nie war es vorgekommen, dass es mich schon morgens halb neun zur Arbeit zog, aber jetzt war der Job meine Zuflucht geworden, mein Asyl. Ich konnte es kaum erwarten, aus dem Haus zu kommen. Auf dem Weg zur Arbeit gingen mir seltsame Gedanken durch den Kopf. Würde irgendein vernünftiger Mensch, der seine fünf Sinne beisammen hatte, so handeln wie mein Mann und ich? Niemals! Wir hatten beide keine Ahnung von Yoga oder Metaphysik, und trotzdem stürzten wir uns dafür in die unmöglichsten Situationen.

Wir schätzten Maharishi und alles, was er sagte, ohne es eigentlich richtig zu verstehen. Und die vielen verwirrenden Standpunkte und Meinungen, die jetzt im Hause zirkulierten! Jeder, der hier ein und aus ging, kam aus einem anderen Milieu mit einem anderen Hintergrund.

Was wussten wir eigentlich über den Yogi in unserem Haus, außer, dass wir ihn mochten? Während wir uns selbst im eigenen Haus fast wie Fremde fühlten, machte er sich hier mit dutzenden Anderen breit, die Tag und Nacht alle Räume bevölkerten, aßen, schliefen und kamen und gingen, wie es ihnen gefiel.

Für Roland, der mir immer wieder den Tag rettete, war das alles keine Frage. Wer konnte schon etwas Genaues über diese tiefe Meditation sagen: Ein Klang im Kopf wurde immer feiner, bis man das Feld der Seligkeit erreichte, den Bereich des Absoluten, der jenseits von Raum und Zeit lag, jenseits dieses Lebens im Relativen. Da das Feld des Absoluten jenseits des Bereichs der Relativität lag, ließ sich sowieso nichts beweisen ...

Und wohin führte das alles?

Drei weitere Gäste!

Die bloße Vorstellung ließ mich lachen. Keine zehn Pferde konnten mich dazu bringen, mich von meiner neuen Gesellschaft zu trennen!

Im Theater traf ich Coleen Potter, eine Kollegin, die fast so lange beim Theater war wie ich. Sie überraschte mich mit der Bemerkung: »Was machst du eigentlich? Das muss was Tolles sein. Alle schwärmen davon, wie gut du aussiehst und wie toll du deinen Job machst. Das sollte ich auch mal probieren.«

»Coleen, ist das dein Ernst? Dann komm heute Abend zum Vortrag. Ich weiß, du wirst Maharishi mögen, und ich bin sicher, er mag dich auch.«

Coleen war eine ausgezeichnete Autorin und eine der attraktivsten Frauen, die mir je begegnet war. Sie hatte eine wunderschöne Singstimme und viel Sinn für Humor. Dass von der ganzen Theatertruppe gerade sie mehr über die Meditation wissen wollte, bedeutete mir sehr viel.

Nachdem ich mich durch Berge von Arbeit gewühlt hatte, fuhr ich gegen zwei Uhr nachmittags wieder nach Hause. Die Eingangstür von 433 stand offen, aber niemand war zu sehen. Ich schlenderte auf das Wohnzimmer zu und blieb auf der Schwelle wie angewurzelt stehen.

Es war nicht wiederzuerkennen!

Kreuz und quer durchs Wohnzimmer waren Leinen gespannt, an denen jeweils drei oder vier Laken hingen und die Sicht blockierten. Ich hatte keine Ahnung, was das sollte. Die einzige Erklärung schien mir: Sie trocknen die Wäsche.

Emily Lee kam aufgeregt auf mich zu: »Maharishi sah mich mit den Laken kommen und ließ die Männer daraus Meditationszellen bauen. Ist doch clever, oder?«

»Sehr clever. Was ist mit den Laken für die Gäste? Heute Abend kommen doch drei Gäste an.«

»Don't worry! Mach dir darüber keine Gedanken. Bei Maharishi ergibt sich immer alles wie von selbst. Just take it easy. Nimm's leicht und meditiere!«

Und fort war sie. Ich war ziemlich genervt. Oben traf ich Martha, die das vordere Schlafzimmer putzte. Sie hatte so schnell keinen Reinigungsdienst gefunden. Da Sheela voll damit ausgelastet war, für Maharishi und die Gäste, die er zum Essen einlud, zu kochen, hatte Martha neben der Büroarbeit auch noch das Putzen übernommen. Ich versuchte, einen Witz zu machen, aber sie war nicht zum Scherzen aufgelegt. »Die Dhotis müssen noch gewaschen und gebügelt werden«, stöhnte sie. »Mir langt's für heute. Ich bin todmüde und gehe jetzt nach Hause.«

»Dafür werde ich schon jemanden finden. Oder ich mache es selbst. Gehen Sie ruhig, Martha, Sie haben tolle Arbeit geleistet. Wir können Ihnen gar nicht genug danken.«

»Maharishi dankt mir auf seine Art«, war ihre rätselhafte Antwort.

Das Gelächter aus dem Arbeitszimmer machte mich neugierig. Ein paar Frauen hatten sich um Maharishi versammelt und genossen mit ihm den herrlichen Nachmittag.

»Oh, Mother Olson, wirst du nicht bei der Arbeit gebraucht?«

»Hier zu Hause gibt's auch genug Arbeit, Maharishi. Überall werden noch dringend Helfer gebraucht.«

In Null-Komma-Nichts verteilte er die anfallenden Aufgaben an die anwesenden Damen. Seine gute Laune war ansteckend. Es war unmöglich, längere Zeit in seiner Gegenwart zu sein, ohne sich angehoben und beschwingt zu fühlen.

»Könntest du mir erklären, wozu die Laken im Wohnzimmer hängen? Das sieht nicht besonders fein aus. Was sollen bloß deine Gäste von uns denken?«

»Don't worry, das stört niemanden«, sagte Maharishi. Dann erklärte er mir behutsam und sorgfältig, was das Problem beim Unterrichten hier im Haus war. »Es geht so viel verloren«, sagte er. »Die Leute können unmöglich mit anderen zusammensitzen und zum allerersten Mal meditieren.« Er führte es mir anschaulich vor: Jemand öffnet langsam die Augen, um zu sehen, was die anderen machen, und sieht, wie sich ein anderes Augenpaar ebenfalls öffnet und ihn anschaut. Wie er das vorführte, brachte mich zum

Lachen. Wieder einmal hatte der Yogi gewonnen. »Dann macht jeder die Augen wieder zu, aber die Meditation ist dahin. So what to do? Wir hängen Laken dazwischen, und keiner kann den anderen sehen.«

Seine Erklärung klang einfach und plausibel. Sein ganzes Leben war der Meditation und dem Ziel gewidmet, dass wir sie alle richtig praktizierten.

»Wie geht es mit dem Gartenhäuschen voran?«

»Sehr langsam«, meinte er bedrückt. »Da muss noch viel gemacht werden.«

Das Flugzeug aus Indien sollte um 22:30 Uhr ankommen. Da Maharishi jeden Abend im Vortragssaal sprach und uns beschäftigt hielt, verlief der Empfang unserer Gäste nicht ganz so wie geplant. Die Ladys hatten ihr Bestes getan. Das ganze Haus glänzte. Überall standen frische Blumen. Der Esstisch im Büro war abgeräumt worden und stand voller Schälchen mit Minzen, Nüssen, Früchten und Keksen. Jede Menge Eiscreme stand bereit.

Maharishi hatte ihre Vorliebe für Eisspezialitäten erwähnt, da es so etwas in Indien selbst in den reichsten Familien selten gab.

Vom Vortragssaal fuhren Roland und ich so schnell wie möglich nach Hause und wir kamen nur Sekunden vor unseren Gästen an. Ein Auto fuhr vor und drei Personen stiegen aus, die auf mich wie Kinder wirkten.

Mata-ji war eine anmutige, zurückhaltende junge Lady in edlem weißen Sari. Sie trug einfache, braune Sandalen. Ihr langes schwarzes Haar fiel bis zum Rücken herab. Sie war ungeschminkt. Der attraktive junge Mann in makellosem weißen Anzug musste ihr Bruder Lachsman sein. Beide waren ziemlich klein und schlank. Der bei weitem Schlankeste aber war die dritte Person, Ram Rao. Er hatte wie selbstverständlich das Ausladen des Gepäcks übernommen.

Er war mit so vielen Koffern überladen – selbst auf dem Kopf –, dass man ihn kaum sehen konnte. Jeder stürzte herbei, um ihm etwas abzunehmen, aber es machte ihm anscheinend Freude, die ganze Ladung allein zu tragen. Er war ein feiner Mensch, der zum Glück Englisch sprach. Mata-ji und ihr Bruder sprachen nur Hindi.

Niemals zuvor hatten wir Maharishi so glücklich gesehen. Die wechselnde Tonlage seiner Stimme hatte uns immer bezaubert, aber jetzt, da wir kein Wort verstehen konnten, versuchten wir aus dem Tonfall den Sinn zu erahnen. Oft warf er seinen Kopf zurück und lachte, und aus purer Freude stimmten alle ein und lachten mit.

Maharishi mit Ram Rao, Lachsman und Mata-ji aus Indien.

Roland zeigte Ram Rao die Zimmer. Wie sehr hätten wir uns gewünscht, ihnen eleganter eingerichtete Suiten anbieten zu können. Unsere abgewohnten Möbel und Teppiche verbreiteten zwar eine wohnliche Behaglichkeit, aber das war auch alles, was man von ihnen sagen konnte.

Ram Rao beaufsichtigte die Gepäckverteilung, und die Frauen lächelten verständnisvoll, als ein geschmackvolles Gepäckstück nach dem anderen in Mata-jis Zimmer verschwand und für die Männer nur je ein Koffer übrigblieb.

Nach einem kurzen Empfang mit Erfrischungen gingen die meisten nach Hause, und Maharishi begab sich mit den neuen Gästen und einigen anderen ins Arbeitszimmer. Während wir die kleine Gruppe betrachteten, wie sie Maharishi mit ihren Augen verschlang, dessen Blick voller Liebe und Freude war, wurde uns erst der wahre Status unseres Yogi bewusst: Er war in Wirklichkeit nicht »unser Yogi«, er gehörte allen. Und besonders gehörte er der bezaubernden Gruppe, die um die halbe Welt gereist war, um in seiner Nähe zu sitzen und seine kostbare Gegenwart genießen zu können.

Roland und ich hielten uns etwas im Hintergrund, aber Mata-ji verließ den Raum, kam mit einem Tablett voller indischer Süßigkeiten zurück, bat Roland und mich, uns neben Maharishi zu setzen, und bediente uns ebenfalls.

Als Antwort auf unsere erstaunten Blicke erklärte Maharishi, dass Mata-jis Familie ihre Köche mit Sicherheit angewiesen hatte, genug Proviant für die lange Reise zu bereiten.

Später zeigte uns Mata-ji den Inhalt eines ihrer Koffer. Er war ausgestattet wie ein Picknickkorb, aber mit kostbarem Porzellan anstelle von Plastik. Kleine fest verschließbare Gefäße enthielten exotische Speisen.

Die meisten Süßigkeiten waren sehr lecker, aber eines überraschte mich mit einer Füllung aus Peperoni! Ich hatte den scharfen Geschmack von Chili nie vertragen und wäre daran fast erstickt. Als ich nach einem Hustenanfall wieder ins Zimmer kam, blickte mich Mata-ji konsterniert an. Maharishi sagte: »Sie versteht es nicht.«

»We don't understand« wurde zum Leitmotiv der nächsten Tage. Ost und West waren schnell aufeinandergetroffen, und die Sitten beider Seiten mussten erst behutsam erkundet werden.

Ram Rao erklärte uns, dass Mata-ji ein Titel sei, der in Indien »kleine Mutter« bedeutete. Es war eine Ehrenbezeichnung, denn Mata-ji wurde von vielen als weise oder heilige Frau angesehen. Auf jeden Fall wusste sie sehr genau, wie man einem Meister dient. Es war eine Augenweide, Mata-ji Maharishi bedienen zu sehen. Die Anmut einer Frau, die gewöhnt ist, einen Sari zu tragen, ist beneidenswert. Die reine Liebe ihres Herzens floss in die Gaben ein, die ihre zarten Hände reichten.

Sie stand früh auf, badete und kleidete sich in hübsche Saris, meditierte und bereitete dann frisch gepressten Traubensaft für Maharishi.

Dazu suchte sie die frischesten und reifsten Trauben aus, wusch sie mehrfach, entkernte sie mit ihren feinen Fingern, gab sie in ein Leinentuch und presste sie von Hand aus. Da der ganze Vorgang recht zeitaufwendig war, hockte sie dabei gewöhnlich auf dem Boden und breitete alles auf einem sauberen Handtuch vor sich aus. Dauernd stolperten wir über sie, während sie ständig den Platz wechselte, um uns auszuweichen.

Auch Ram Rao konnte uns da nicht helfen. Er erklärte kurz, Mata-ji verhalte sich eben auf ihre Art und habe ihre eigenen Gründe dafür. Sie war nicht an technische Küchengeräte gewöhnt, dafür aber an Diener. Sie konnte nicht verstehen, warum wir kein Dienstpersonal hatten. Unsere Helferinnen waren oft sehr wohlhabende Frauen. Trotzdem kamen sie, um Staub zu wischen, zu waschen, zu bügeln, zu kochen, Geschirr zu spülen oder zu tun, was gerade anlag. Es dauerte eine ganze Weile, bis Mata-ji unsere Mittelstands-Gesellschaft verstand.

Alle Arbeiten wurden gerne und mit einem Lachen verrichtet. Keine der zusätzlichen Belastungen wurde einem der Olson-Familie aufgebürdet. Vielmehr bekamen wir oft neue, exotische Gerichte zu kosten, und wir verfolgten mit Spannung, wie in diesem Schauspiel immer wieder neue schillernde Charaktere auftraten.

Jetzt, da seine Freunde gekommen waren, begann Maharishi, den Sommer richtig zu genießen. Jeden Tag wurde unsere Familie größer. Neue Meditierende aus allen Lebensbereichen gesellten sich dazu und verbrachten jede freie Minute mit Maharishi, ließen sich beraten, besuchten seine Vorträge, lachten mit ihm und machten ab und zu Ausflüge mit ihm.

Ein Sightseeing mit Maharishi war wie ein altmodisches Picknick einer Sonntagsschule, nur dass es nie geplant wurde – es ergab sich einfach.

Viele ergebene Meditierende waren ständig um Maharishi herum. Vom Zauber seiner Persönlichkeit angezogen, stellten Männer ihre Geschäfte und Frauen ihre sozialen Aktivitäten zurück. Sie schwärmten wie Bienen zum Honig nach 433, zufrieden, in seiner Nähe zu sein, selbst wenn sie ihn nicht sehen konnten.

Immer wieder baten sie Maharishi, sich für eine Stadtrundfahrt etwas Zeit zu nehmen. Schließlich verriet uns Mata-ji, wie wir das anstellen sollten. Jemand sollte zur Tür des Arbeitszimmers gehen und mit strenger Miene sagen: »Maharishi, heute stehen keine Termine mehr an. Willst du dich nicht in dein Zimmer zurückziehen und ausruhen?«

Anscheinend brauchte er nachts nur rund zwei Stunden Schlaf. Also machte er dann ein Gesicht wie ein kleiner Junge, der ins Bett geschickt wird, und entgegnete trotzig: »Wollen wir nicht lieber irgendwo hinfahren?«

»Ja, wenn du meinst.«

Dann lief er sofort durchs ganze Haus und rief: »Come, come!« Das Bügeleisen zwischen den Stapeln von Seide stand still, der Abwasch blieb liegen, die Schreibmaschine verstummte und das Haus leerte sich.

Fünf oder sechs Wagenladungen glücklicher »Kinder« fuhren los, um den Bauernmarkt, Disneyland, Marineland, Chinatown zu erkunden oder den herrlichen Blick auf die Hügel von Hollywood zu genießen, am Strand entlang zu fahren und bisweilen eine Strandfahrt um Mitternacht zu unternehmen. Maharishi genoss die frische Meeresluft und bot ein wunderschönes Bild, wenn er im Sand stand und der Wind sanft durch seine Haare und Gewänder wehte.

Obwohl mein Mann und ich meistens bei der Arbeit waren und diese Ausflüge nicht mitmachen konnten, konnten wir doch den Spaß daran durch die Berichte von Maharishi und Theresa genießen. Mata-ji bekam allmählich einen leichten Sonnenbrand, eignete sich in unglaublich kurzer Zeit Englisch an, lernte, in einem Drive-in essen zu gehen und machte sich auf zum Shopping für ihre riesige Familie in Kalkutta.

Als sich immer mehr Leute unserem Kreis anschlossen und die unterschiedlichsten Ideen und Ziele einbrachten, wurde uns bald klar, dass eine Familie mit Hunderten von Mitgliedern eine Organisation brauchte. Obwohl niemand besonders erpicht darauf war, schien die

Gründung einer Organisation der einzige Weg zu sein, die innere Verbundenheit und Einheit zu festigen, und bald nahm das Internationale Meditationszentrum des »Spiritual Regeneration Movements« der »Geistigen Erneuerungsbewegung« Gestalt an. Genau genommen erblickte es am dreizehnten Juni, Rolands fünfzigstem Geburtstag, das Licht der Welt.

Maharishi genoss die frische Meeresluft, wenn er im Sand stand und der Wind sanft durch seine Haare und Gewänder wehte.

In diesen Tagen konnte man Maharishi immer seltener allein antreffen. Bei einer dieser seltenen Gelegenheit stellte ich ihm ein paar Fragen über die Organisation. »Das ist eine gute Sache«, sagte er. »So kann ich mich ganz meiner spirituellen Aufgabe widmen. Geld und Regeln und all diese Dinge, um so was soll sich lieber ein Kuratorium kümmern.«

Ein Sprecher dieses Gremiums stellte Maharishi die Pläne vor: »Unsere Aufgabe wird es sein, deine Reisen zu organisieren, Geldmittel zu besorgen, Vortragssäle zu mieten und Material für die Öffentlichkeit bereitzustellen. Dann hast du den Kopf völlig frei für deine eigentliche Arbeit.«

In Indien, Malaysia, Burma, Hongkong und San Francisco war immer jemand aufgetaucht, der diese Aufgaben für Maharishi erledigt hatte, aber jetzt war es kein »Ein-Mann-Unternehmen« mehr, und durch die Organisation hatten viele Menschen Gelegenheit, auf koordinierte Weise mitzuhelfen. Der Name »Spiritual Regeneration Movement« (Geistige Erneuerungsbewegung) erforderte eine längere Erklärung.

»Spiritual« bedeutete in Maharishis Sinn die höchste Entfaltung des Bewusstseins. »Regeneration« bedeutet die Wiederherstellung der Kraft, Verjüngung, Erholung, »RE-creation«. Kein Name brachte die leicht erreichbaren Vorteile von Maharishis Meditationssystem, das dem einzelnen gleichzeitig Frieden und Kraft gab, so genau auf den Punkt.

Die meisten Frauen hörten sich die Entwürfe der geplanten Satzung mit Paragraphen über Mitgliedschaft etc. mit einem leisen Stich im Herzen an, und doch wussten sie, dass kein Weg daran vorbeiging. Jede wollte die glücklichen Augenblicke der ersten Tage am liebsten unverändert bewahren und nie vergehen lassen, aber das ging leider nicht.

Die Internationalen Meditationszentren sollten als Treffpunkt dienen, wo sich Meditierende die vielen Tonbänder von Maharishis Vorträgen anhören konnten, während Maharishi durch die Welt reiste, und wohin sich Menschen wenden konnten, die mehr über tiefe Meditation wissen wollten.

Dr. Hislop, ein Geschäftsmann und ehemaliger Englischprofessor, wurde zum Präsidenten gewählt. Vize-Präsident wurde Charlie Lutes, ein Mann, auf den stets Verlass war, wenn eine Arbeit anlag – sei es, Maharishi zu chauffieren oder beim Ausbau des Gartenhäuschens zum Meditationsraum zu helfen. Später, als Dr. Hislop aus beruflichen Gründen von Los Angeles fortzog, wurde er zum Präsidenten ernannt.

Roland, mit seiner Berufserfahrung als Rechnungsprüfer bei der Telefongesellschaft, wurde Schatzmeister.

Viele feine Menschen halfen eine Zeit lang mit, verloren dann wieder das Interesse oder wurden von anderen Geschäften in Beschlag genommen. Jeder Einsatz der großen »Familie« wurde von Maharishi hoch geschätzt, der sich nie darüber wunderte, dass Menschen so fern seiner Heimat Indien – mit völlig anderem Hintergrund und anderem Weltbild – so viel Einsatz zeigten, ihm zu helfen.

Maharishi besucht mit Meditierenden Disneyland.

Maharishi mit Mata-ji sowie Helen und Charlie Lutes, die ständig um ihn waren und ihn auf seinen Reisen begleiteten.

Ein Band der Liebe floss durch 433. »Alle Menschen sind Brüder« und »universelle Liebe« sind zwar bekannte und schöne Gedanken, aber was die Menschen erlebten, die Maharishis Botschaft hörten und bei ihm blieben, übertraf jede Erwartung, und das Wort »Familienbande« bekam eine neue Bedeutung.

Wieder einmal klangen mir Worte aus dem Neuen Testament im Ohr.

»Wer aber ist meine Familie?
Die meine Worte hören
und nach ihnen handeln.«

Viele von uns hörten seine Worte und handelten danach, und das Band zwischen uns wurde stark und vereinte uns in einer großen, liebevollen und ausgesprochen glücklichen Familie.

8

Stille und Sturm

Nachdem 433 wie eine gute Mutterhenne ihre Flügel ausgebreitet und die ständig wachsende Familie unter ihre Fittiche genommen hatte, hätte das Leben ruhig seinen gewohnten Gang nehmen können, aber nicht mit einem Yogi im Haus!

Seine Gegenwart vertrieb jegliche Trägheit wie Licht die Dunkelheit, und dennoch kannten wir ihn nur als eine scheinbar tatenlos in sich ruhende Person, die heiter und gelassen mitten im Trubel saß.

Die Sommertage konnten es kaum erwarten, loszulegen. Das morgendliche Trällern der Singvögel in Allegro und Andante bildete die Ouvertüre zur Symphonie des Tages, eines Tages, der heiter und ruhig beginnen mochte, aber nicht selten in wirbelnden Tänzen endete!

Schon früh am Morgen gegen halb acht kamen die ersten Menschen auf leisen Füßen den von Bäumen beschatteten Weg herauf und warteten auf ihre Einführung. Von der Straße, die zum Wilshire Boulevard führte, drang der Autolärm herüber, aber die Männer und Frauen mit duftenden, frisch gepflückten Blumensträußen und Körben voller reifer Früchte nahmen ihn gar nicht wahr. Unter den Menschen, die nach 433 strömten, als folgten sie einem Ruf, waren Geschäftsleute, die ihre Termine abgesagt hatten, Arbeiter, die riskierten, zu spät zur Arbeit zu kommen, Akademiker, Hausfrauen, Betriebsleiter, Angestellte. Sie alle waren gebeten worden, vorher nichts zu frühstücken, ein paar Früchte, Blumen und ein weißes Taschentuch sowie eine Spende in beliebiger Höhe mitzubringen.

Die Einführung stand allen offen, unabhängig davon, ob sie etwas spendeten oder nicht, aber jeder hatte die Möglichkeit, seinen Beitrag zu leisten, der ausschließlich dazu diente, Maharishi zu seinem nächsten Treffen zu bringen, seine Broschüren zu drucken und für seinen Unterhalt zu sorgen, bis eine andere Gruppe diese Aufgaben übernehmen konnte.

Von allen Aktivitäten im Sommer 1959 liebten wir die Einführung am meisten. Dabei wurden die Stimmen gedämpft, und jeder bewegte sich auf Zehenspitzen. Friedliche Stille senkte sich auf alles und jeden. Die große Eingangstür von 433 wurde zu einem Tor zwischen zwei Welten. Die Straßengeräusche mit Hupen und Autolärm, ja sogar das Lachen der spielenden Kinder blieben draußen zurück, wenn ein Aspirant 433 betrat und sich darauf vorbereitete, »the bliss within«, die Seligkeit im Innern zu erfahren.

Jeder legte seine Blumen, Früchte und das Taschentuch für die persönliche Unterweisung in eine Schale oder ein Körbchen, wobei sich die Männer mit dem Arrangement ebenso viel Mühe gaben wie die Frauen. Die Ausstrahlung jeder Schale spiegelte die Schönheit und Freude der Seele wider, die sie gestaltet hatte. In einem kurzen Augenblick der Erfüllung vereinten sich Natur und Mensch. Die Blumen, ob als Knospe oder voll erblüht, sprachen von Schönheit, von Duft, Freude und Liebe, während sie den Wahrheitssucher zu seinem persönlichen Treffen mit dem Meister begleiteten.

Am Nachmittag des 1. August fand im Gartenhäuschen die erste Einführung im Meditationsraum statt. Am Morgen fanden die Unterweisungen noch wie gewohnt im Haus statt, und alles ging zügig voran. Martha bewegte sich ruhig und sicher und wurde von vielen Helfern tatkräftig unterstützt. Um die Mittagszeit hatten die neuen Meditierenden ihre erste Meditationserfahrung hinter sich, waren tief nach innen getaucht, überprüft worden und hatten das Haus mit einem beschwingten Gefühl verlassen, das sich in ihren strahlenden Augen widerspiegelte.

Die Hausgäste und Mitarbeiter im Büro wurden in die Stadt zum Essen eingeladen und wollten den Tag dort verbringen. Und Maharishi zog sich nach den Einführungen in die Stille zurück.

Der Frieden, der die Atmosphäre erfüllte, war zum Greifen nahe. Es kam mir vor, als könne ich ihn einatmen und durch den ganzen Körper strömen lassen. Und irgendetwas lag in der Luft, das auf uns wartete …

In diesen Tagen war die Eingangstür von 433 fast immer weit geöffnet, aber heute erschien es aus irgendeinem Grund angebracht, sie zu schließen. Vielleicht, weil niemand mehr im Haus war, um die Besucher zu empfangen, die für gewöhnlich ständig hereinspazierten.

Diesen Tag hatte ich mir vorgenommen, zu Hause zu arbeiten, und war überrascht, als die Türglocke läutete, die ich schon lange nicht mehr gehört hatte.

Ich öffnete und stand vor Mr. H. und seinem Sekretär. einem jungen Mann, der Mr. H. und sich vorstellte. Damals war ich mit den Veröffentlichungen und Vorträgen von Mr. H. nicht vertraut, und ich wusste auch nicht, dass er für diesen Nachmittag einen Termin hatte, aber Maharishi schien ihn zu erwarten.

Ihre Begrüßung zeugte von liebevoller Wertschätzung, und sie zogen sich zu einem Plausch ins Arbeitszimmer zurück. Der Sekretär entschuldigte sich und verließ das Haus, das jetzt ganz Maharishi und Mr. H. gehörte. Eine Stunde war ihnen in Ruhe vergönnt, dann klingelte das Telefon, und ein dringender Anruf für Maharishi zwang mich, sie zu stören.

Nachdem Maharishi den Anruf beantwortet hatte, sagte er: »Mr. H. ist der Erste, der im neuen Meditationshaus eingeführt wird.«

Ich merkte, dass er jetzt gleich meinte. In wenigen Minuten hatte ich die einfachen Utensilien für die Einführungszeremonie zusammengetragen und den Meditationsraum vorbereitet. Der Fußboden des Gartenhäuschens war mit einem preiswerten, aber hübschen, apricotfarbenen Teppichboden ausgelegt. Der Raum für die Einführung lag in der Mitte, umgeben von vielen kleinen Kabinen, die durch Glasscheiben abgetrennt waren.

Wir hatten oft von einer angemessenen Einweihungszeremonie für das Meditationshaus gesprochen. Es sollte ein festlicher Anlass sein, begleitet von einer schönen Feier, aber die augenblickliche Wirklichkeit war viel schöner. Der kleine Raum war ruhig und still wie bei Tagesanbruch und bereit, einen Aspiranten zu empfangen, der sein eigenes Licht in sich trug.

Das hagere, asketische Gesicht von Mr. H, das Gesicht eines Gelehrten und Lehrers, in dem viele Lebensjahre eingezeichnet waren, trug den Ausdruck spiritueller Erfüllung, dennoch wirkte sein Blick müde. Viel Tiefe lag in dem ernsten Gesicht, aber es fehlte die kindliche Freude, die Seligkeit, die wir ständig vor Augen hatten.

Während der Rauch von Räucherstäbchen in feinen Spiralen aufstieg, sah ich, wie Maharishi Mr. H. durch den Garten begleitete, eine Geste, die ich vorher noch nie bei ihm gesehen hatte. Der Aspirant wartete immer auf den Meister, und die Zeit, die er mit Warten verbrachte, hatte ihren Sinn. Mr. H. wurde nicht gebeten zu warten.

Gerade, als die persönliche Unterweisung mitten im Gange war, klingelte es erneut. Diesmal war es ein Fotograf, der offenbar einen Termin hatte, um für die Zeitung Aufnahmen vom Meditationshaus zu machen. Fotografen machten mich immer leicht nervös. Vielleicht lag das daran, dass sie den »Augenblick der Wahrheit« auf ihren Film bannten. Das Meditationshaus war bestimmt noch nicht fotogen genug, und da ich ähnliche Situationen schon öfters erlebt hatte, überlegte ich, was er stattdessen fotografieren könnte. Aber alles, was mir in den Sinn kam war, dass Maharishi Mr. H. nach der Einführung sicher gern ein paar Erfrischungen anbieten würde.

»Würde es Ihnen etwas ausmachen, ihre Ausrüstung abzulegen und mir kurz zu helfen? Statt Fotos vom Meditationshaus können Sie Schnappschüsse von zwei Herren im Garten einfangen. Wenn wir einen Teetisch aufstellen, haben wir einen hübschen Hintergrund, an dem sich die beiden niederlassen können.«

Der Fotograf war einverstanden und half mit. Im Esszimmer konnte ich die Erfrischungen nicht servieren, da dieses zur Zeit als Büro diente und der Esstisch buchstäblich mit Schreibmaschine, Akten, Terminkalender und Schreibsachen übersät war. Ein großer Klapptisch für Picknick war ein guter Ersatz und genau das Richtige für den Garten. Der Fotograf hatte anscheinend Übung im Aufbau eines Settings und trug Karaffen mit Fruchtsaft und ein Tablett mit Gläsern und Silberbesteck hinaus. Ich folgte mit Tischtuch und Obstteller aus Meißener Porzellan. Obwohl Maharishis eigener Geschmack schlicht war, hatte er doch einen Blick für den Liebreiz von Ideen, Menschen und Dingen. Ich war mir sicher, er würde sich für Mr. H. etwas Schönes wünschen.

In wenigen Minuten bauten wir ein hübsches Blumenarrangement auf. Das ganze Haus stand ja voller Vasen mit Rosen, Orchideen, Kamelien, Nelken, Astern und vielen anderen Blumen. Auch hatten wir immer Körbchen mit Früchten, Keksen, Nüssen, Bonbons und Süßigkeiten im Haus, da keiner mit leeren Händen zu Maharishi kam. Bald strahlte der Tisch eine warme Gastlichkeit aus.

Der Fotograf staunte nur so, wie schnell das alles ging, und meinte: »Ich hätte nie geglaubt, dass man so was so schnell zusammensuchen und aufbauen kann.«

Maharishi im Meditationshaus.

»Das ging mir bis vor kurzem genauso. Da muss erst ein Yogi aus einer Höhle im Himalaya kommen und das Feuer in einem entfachen, bevor man etwas so flink auf die Beine stellt.«

Als er gerade eine Aufnahme vom Tisch machen wollte, traten Maharishi und Mr. H aus dem Meditationshaus. Maharishis Augen waren voller Freude. Und auch das Gesicht von Mr. H. leuchtete. Seine blauen Augen strahlten jetzt das gleiche Licht aus, das wir so oft bei den neuen Meditierenden gesehen hatten. In weniger als einer halben Stunde sah sein Gesicht jünger und weniger faltig aus. Ein Lächeln ersetzte die vormals ernste Miene.

Maharishis Blick glitt anerkennend über den Tisch. Er hatte Mr. H. in Meditation eingeführt, ohne dass dieser wie üblich Früchte, Blumen und ein weißes Tuch mitgebracht hatte. Jetzt griff Maharishi nach der schönsten Blume und der reifsten Frucht und legte sie Mr. H. in die Hände. Mir wurde bewusst, dass dies ein höchst ungewöhnlicher Augenblick war, und ich bat den Fotografen leise, einen Schnappschuss zu machen. Die beiden sprachen miteinander und achteten nicht auf uns, aber als das Blitzlicht aufflammte, blickten sie auf, und Maharishi schaute etwas verstimmt.

»Das Foto ist – glaube ich – nichts geworden, Maharishi, könnten wir noch eins machen?«

Ganz sanft sagte Maharishi: »Ich glaube nicht, dass Rischi H. Wert darauf legt, fotografiert zu werden.«

Vielleicht etwas spät, aber erst jetzt merkte ich, dass Mr. H. wohl die Abgeschiedenheit vorzog, und ich entschuldigte mich. Während die beiden ins Haus zurückgingen, trat ich mit dem Fotografen ins Meditationshaus, um Aufnahmen zu machen. Der kleine Raum in der Mitte blieb zugesperrt, aber er fotografierte die einzelnen Kabinen, in denen von nun an viele Schüler ruhig und ungestört sitzen sollten. Nach den betriebsamen Tagen mit fröhlichem Gehämmer, Sägen und Anstreichen war das Häuschen nun von einer sanften Stille erfüllt. In wenigen Minuten hatte es sich gewandelt – zu einem Hafen der Ruhe, einem Zufluchtsort vor der Welt.

Nachdem der Fotograf gegangen war, blieb ich noch eine Weile im Gartenhäuschen. Erst hier wurde mir plötzlich bewusst, dass Maharishi Mr. H. »Rischi« genannt hatte. Als wir einmal über die Bedeutung von Maharishis Namen sprachen, hatte ich erfahren, dass ein Rischi so was wie ein Heiliger oder sehr weiser Mensch sei. Irgendwie passte es zu diesem Gentleman mit dem hageren, asketischen Gesicht und den nun strahlenden, blauen Augen, »Rischi« genannt zu werden.

Was aus dem Herrn geworden ist, habe ich nie erfahren, denn ich habe Mr. H. seitdem nie wiedergesehen, aber ich empfand es immer als ein besonderes Privileg, dass ich diesen seltenen Augenblick miterleben durfte.

Dies sollte in mehr als einer Beziehung ein ungewöhnlicher Tag werden. Die Stille war am Nachmittag mit der Ankunft von Mr. H. eingetreten. Am Abend aber kam der Sturm.

An einem Premierenabend herrscht am Theater immer große Aufregung und Trubel. Alle Routinearbeiten sind abgeschlossen (oder sollten es zumindest sein), der Grundstein ist gelegt, und nun liegt es allein an den Darstellern, zu zeigen, ob ihre Kunst überzeugen und den Geschmack des Publikums treffen kann. Jetzt ist die Zeit gekommen, sich im Zuschauersessel zurückzulehnen und sich am reinen Kunstgenuss zu erfreuen, der auf unterhaltsame Weise das Bewusstsein des Zuschauers anheben und beflügeln soll.

Neben meiner Aufgabe der Verkaufsförderung war eines meiner Projekte die »Kantine«. Eines Tages hatte ich im Theater eine knarrende Tür geöffnet und dahinter eine staubüberdeckte Küche mit einem alten Herd, Kühlschrank und so weiter vorgefunden. Daraufhin begann ich, Sandwiches für die hungrigen Tänzer zu bereiten, die das Theater nach den Proben nicht verlassen konnten und deswegen normalerweise die Abendvorstellung mit leerem Bauch tanzen mussten. Das dankten sie mir, indem sie riesige Mengen Sandwiches, Käse, Kaffee, Fruchtsaft, Eiscreme und was wir sonst noch anbieten konnten, konsumierten. Sie bedienten sich selbst und legten Geld in die Kasse, aber die Kunde verbreitete sich so schnell, dass wir bald Musiker, Platzanweiser und viele Mitarbeiter samt ihren Freunden zu bewirten hatten.

Die Wärme und Freundlichkeit der improvisierten Kantine zog alle Darsteller an und führte oft zu geselligen Abenden mit spannenden Gesprächen. Die Künstler eilten die langen Flure entlang, um zwischen ihren Auftritten kurz einen Kaffee zu schlürfen, und die Stars machten keine Ausnahme.

An diesem Abend stand Harry Belafonte im Scheinwerferlicht. Die Möglichkeit, ihn persönlich kennenzulernen, brachte uns haufenweise freiwillige Helfer. Auch Roland und Theresa waren wie immer zur Stelle.

Die winzige Kantine war bis in die letzte Ecke proppenvoll. Weil ich so häufig in der Kantine war, hatte der Direktor einen Telefonanschluss hineinlegen lassen, und oft nahm ich mit der einen Hand Kartenbestellungen für Gruppen entgegen, während die andere Brote belegte. Der Direktor kam auch gerne in die Kantine und war froh, einen Ort zu haben, wo jeder sich kurz ausruhen und fachsimpeln konnte.

An diesem Abend ging es hoch her. Nebenan stimmten die Musiker ihre Instrumente, alle mussten schreien, um gehört zu werden, jeder war angeblich kurz vorm Verhungern, und zum ersten Mal, seit ich denken kann, war mir der ganze Trubel zu viel und ich konnte ihm doch nicht entfliehen. Ich sehnte mich nach der friedlichen Stille im Meditationshaus.

Mitten in diesem Chaos klingelte das Telefon. Ich war zu beschäftigt dranzugehen. Es kam nicht selten vor, dass einer der Darsteller für mich ans Telefon ging und Kartenbestellungen für seine eigene Vorstellung entgegennahm. Der Kunde hätte sich nie träumen lassen, dass er gerade mit seinem Lieblingsstar telefoniert hatte.

Heute Abend nahm ein älterer Musiker das Gespräch entgegen. Manche hatten inzwischen genug Erfahrung im Kartenverkaufen oder im Abwimmeln von Leuten, die Freikarten wollten. Er bahnte sich mit Ellbogen einen Weg zu uns durch und sagte nervös: »Mr. Olson, ein Anruf von Ihnen zu Hause. Sie sollten besser rangehen.«

Ich sah, wie Roland beim Telefonieren blass wurde und seine Hände anfingen zu zittern. Zum Glück schellte die Glocke zum ersten Auftritt, und die Kantine leerte sich langsam. »Wir müssen schleunigst nach Hause. An der Waschmaschine ist ein Schlauch geplatzt und hat das Haus unter Wasser gestellt. Die Heizkessel gehen ständig an und aus und drohen zu explodieren.«

Er rang förmlich nach Worten, um mir klarzumachen, welche Gefahr uns drohte.

Ich veranlasste alles Nötige für den sofortigen Aufbruch. Roland rief den Notdienst der Feuerwehr, der Gaswerke und der Wasserwerke an. Der Mann, der uns angerufen hatte, war vom Vortragssaal zurück ins Haus gefahren, weil er seine Unterlagen für den Abendvortrag vergessen hatte. Er wollte warten, bis der Hilfsdienst kam. Der Notdienst der Wasserwerke sollte den Haupthahn beim Hydranten auf der Straße abstellen, die Gaswerke sollten das Gas für die Heizkessel zudrehen und die Feuerwehr war für den Notfall, falls die anderen nicht rechtzeitig eingreifen konnten.

Wir hatten reservierte Parkplätze, sonst hätten wir das Gelände überhaupt nicht verlassen können. Die Autos standen kreuz und quer über dem Parkplatz verstreut. Es kam mir wie eine Ewigkeit vor, bis wir 433 erreichten. Das Haus sah aus wie ein Katastrophengebiet. Männer mit Helmen liefen hin und her, über den Rasen verliefen dicke Schläuche, Notdienstwagen mit plärrenden Funkmeldungen säumten die ganze Straße. Dutzende von Leuten gingen im Haus ein und aus. Roland lief hinein und kam so schnell er konnte wieder heraus.

»Alles unter Kontrolle. Die Heizkessel sind aus und das Wasser ist abgedreht.«

Alle Notdienste, die er angerufen hatte, waren innerhalb von Minuten angerückt. Trotzdem war das Wasser in die Teppiche gesickert, und die drei großen Heizkessel waren außer Betrieb, ebenso die Waschmaschine, mit der alles begonnen hatte. Als die Notdienste, denen wir unseren tiefsten Dank sagten, wieder weg waren, fühlten wir uns zu erschlagen, um mehr zu tun, als die Lage zu begutachten.

Das Unglück war zu groß, um weinen zu können. Wir besahen uns die überschwemmten Räume und wussten nicht, was wir tun sollten. Das Linoleum in der Küche und der hinteren Veranda bestand aus selbstverlegten Quadraten, die sich nun an den Ecken nach oben bogen. Im Flur vor Maharishis Arbeitszimmer war Teppichboden verlegt. Wir traten darauf und das Wasser schwappte heraus. Das Wohnzimmer war Gott sei Dank verschont geblieben.

Roland und ich setzten uns und fanden keine Worte.

»What to do?« fragte ich schließlich.

»Am besten das Nächstliegende. Fangen wir erst mal an, das Wasser aufzuwischen.«

Unsere Finanzen hatten nie schlimmer ausgesehen. Wir hatten ein Haus voller Gäste, die für ihre umfangreiche Wäsche eine Waschmaschine brauchten. Manchmal dachten wir im Stillen, warum wir lauter völlig fremde Leute im Haus hatten, die sich hier mehr zu Hause fühlten als wir selbst. Aber wir nahmen das alles in Kauf wegen eines Mannes, der all unsere Ansprüche an Vollkommenheit erfüllte, wegen eines Yogi, der uns zeigte, wie wir Antworten auf unsere Fragen und Wünsche finden konnten, noch bevor sie uns überhaupt bewusst wurden. Unterschwellig wussten wir, dass wir für den Segen, den wir erhielten, auch viel geben mussten. Im Augenblick waren wir allerdings voller Sorge und zu geschafft, um viel über Segen nachzudenken. Die praktische Seite des Lebens forderte ihren Tribut. Wir fingen an, das Wasser aufzuwischen.

Die lachenden Stimmen vor dem Haus verkündeten uns, dass das Treffen vorüber war und das Haus gleich wieder voller Leute sein würde. Bestimmt waren – wie jeden Abend – wieder Fremde zur Gruppe gestoßen, die sich über das Durcheinander wundern würden. Roland und ich gingen zur Tür und leiteten alle über die Bibliothek zum Arbeitszimmer. Die Gruppe war fröhlich wie immer und beachtete das Unglück kaum. Ein Geist voller göttlicher Inspiration bleibt unberührt von derart weltlichen Dingen. Jemand bemerkte nur: »Oh, Sie hatten einen Wasserschaden. Was für ein Pech!«

Maharishi ging schnurstracks durch die Bibliothek ins Arbeitszimmer, aber für einen Moment sah er in unsere Richtung und schickte uns einen Blick voller Mitgefühl. Im Augenblick konnte ja wirklich niemand etwas tun. Wir waren immer noch beim Aufwischen und Auswringen unserer Putzlappen, als jemand in die Küche kam und sagte: »Maharishi möchte, dass ihr zur Gruppe ins Arbeitszimmer kommt.«

Warum eigentlich nicht, dachten wir. Das Aufwischen brachte jetzt auch nichts. Auf dem Weg kam uns Mata-ji entgegen und fragte leise: »Maharishis Traubensaft?«

Ich stellte mir vor, wie sie jetzt auf dem nassen Küchenboden saß und Trauben presste und musste unwillkürlich lachen. »Nein, Mata-ji, kein Traubensaft heute. Vielleicht ist der Naturkostladen noch offen. Wir schicken jemanden und kaufen Saft in Flaschen.«

Im Arbeitszimmer wurde angeregt diskutiert. Einige junge Wissenschaftler waren zur Gruppe gestoßen und erklärten, warum sie Meditation eher für eine mystische Erfahrung als für eine wissenschaftliche hielten.

Maharishi meinte, seine Meditationstechnik sei rein wissenschaftlich und das wollte er beweisen. Sie vereinbarten, ein Arzt sollte von einer Versuchsperson, während sie meditierte, ein Elektrokardiogramm machen und feststellen, ob sich der Herzschlag wie erwartet verlangsamte. Roland und ich waren begeistert und vergaßen für einen Augenblick unsere Sorgen. (Tatsächlich zeigte später das Elektrokardiogramm, dass sich die Herztätigkeit während der Meditation normalisierte).

In einer kurzen Gesprächspause sah Maharishi zu uns und fragte: »What it is?«

Ich brauchte nur diese für Maharishi typische Ausdrucksweise »What it is?« zu hören und fühlte mich getröstet wie ein Kind mit einer dicken Beule. Er sagte niemals »What is it?« und so wird es hoffentlich auch bleiben. Roland schilderte kurz den Schaden, aber sein Tonfall sagte mir, dass sein Ärger schon fast verflogen war. Wir besprachen die Lage, und jeder drückte sein Mitgefühl aus, das wir schon gar nicht mehr brauchten.

Später suchte Roland im Schlafzimmer ein paar Unterlagen heraus und blätterte durch den Ordner. »Du wirst es nicht glauben!« sagte er. »Die Versicherung deckt alle Wasserschäden. Stell dir das vor! Nach so vielen Jahren Beitragszahlung kriegen wir von der Versicherung etwas zurück. Da bin ich aber erleichtert!«

In dieser Nacht schliefen wir sehr gut.

Unser Versicherungsvertreter war super. Er kam sofort, als wir anriefen und nahm die Sache in die Hand. Jetzt merkten wir erst, wie froh wir über den Schaden sein konnten. Die Heizungsinstallateure sagten uns, der Zustand der alten Heizkessel sei so katastrophal, sie hätten jederzeit in die Luft gehen können. Wir hatten sie alljährlich überprüfen aber nie auseinandernehmen lassen. Das Linoleum auf dem Küchenboden hatten wir unter der Spüle nicht fest genug verlegt, so dass der Boden nie ganz austrocknen konnte. Und der Teppichboden in der Diele erhielt endlich die seit langem nötige gründliche Reinigung.

Was uns zunächst wie die Hölle erschienen war, entpuppte sich langsam als der reinste Segen. Es machte einen Riesenspaß, aus den Linoleummustern die auszuwählen, die mir gefielen, und nicht die nehmen zu müssen, die wir uns leisten konnten. Ich hatte Dinge wie Heizkessel und Fundament immer ignoriert, aber da sie unser Leben hätten ruinieren können, war es wohl an der Zeit, sich damit zu beschäftigen. Die Installateure liefen herum und wirkten wie Ärzte in einem Krankenhaus. Sie informierten uns über den Fortschritt, und am Ende waren wir froh zu hören, dass die dreißig

Jahre alten Heizkessel sich von der Operation erholt hatten und für weitere zehn Jahre außer Gefahr seien. Nach ein paar Handwerkstagen hatten wir wunderschönes neues Linoleum in der Küche und der hinteren Veranda, der Teppichboden sah aus wie neu, und die Heizkessel funktionierten besser als je zuvor. Und was die treue, alte Waschmaschine anging, so waren die schuldigen Schläuche schnell ersetzt, und bald gurgelte sie wieder mit Dhotis und Saris aus kostbarer Seide gefüllt vor sich hin.

Auch für Maharishi war etwas Gutes dabei. Er hatte den Traubensaft schon lange satt, brachte es aber nie übers Herz, ihn abzulehnen, wenn ihn Mata-ji brachte. Da sie eine Zeitlang nicht in die Küche konnte, war sie auf abgefüllten Apfelsaft und andere Säfte ausgewichen, die sie bisher nicht gekannt hatte. Sobald sie merkte, dass sie Maharishi gut bekamen, freute sie sich über die Abwechslung, und wir brauchten nicht mehr ständig über sie zu stolpern, wenn sie auf dem Fußboden hockte.

Und 433 fand wieder zurück zu den Tagen der Stille, nachdem der Sturm gewütet und uns bewusst gemacht hatte, wie viel Gelassenheit und Gleichmut wir inzwischen gewonnen hatten. Erst jetzt wussten wir das richtig zu schätzen.

Maharishi am Eingang zum Meditationshaus im Garten.

9

Von Zehen und Rosen

Das Walross sprach:
Die Zeit ist reif,
nun sprecht von all den Dingen,
von Schuhen, Schiffen, Siegelwachs,
von Kohl und Königinnen.
– Alice im Wunderland

Von all den Dingen zu sprechen, die wir im Sommer 1959 in unserem Alltag erleben durften, bedeutet, vor allem die »Zehen und Rosen« des Meisters besonders zu erwähnen.

Wenn er einen Raum betrat, ließ er seine Sandalen draußen stehen und setzte sich im Schneidersitz auf seinen Platz, wodurch seine schönen Füße ins Blickfeld rückten. Wer sich die Zeit nahm, sich etwas näher mit Maharishis Persönlichkeit zu befassen, wurde immer wieder von seinem Charme und seiner Natürlichkeit bezaubert.

In der Tat wurde Maharishi schnell zu einer gefragten Prominenz. Er erinnerte kaum noch an den zurückhaltenden, ruhigen, kleinen Mann, der fast im Flüsterton gesprochen hatte. Der Einsiedler aus dem Himalaya, der scheinbar reglos Stunde um Stunde, Tag für Tag auf dem Sofa im Arbeitszimmer gesessen und sich geduldig das Leid der Menschheit angehört hatte, begann in der Wärme der kalifornischen Sonne aufzublühen.

Er gewöhnte sich allmählich an die Sitten und die Sprache der zwanglosen Westler, fühlte sich offensichtlich wohl damit und übernahm so manchen Ausdruck. Immer häufiger hörten wir ein »Okay« im formellen britisch-indischen Akzent, was den Zuhörern immer ein Lächeln entlockte. Gebadet im ständigen Strom der Liebe aller Menschen aus seinem näheren Umkreis, lachte und plauderte er mit allen. Besonders gefiel es ihm, sich mit Studenten, Akademikern und Wissenschaftlern zu messen und die verschiedensten Denkmodelle zu erforschen. Bekümmert sahen wir zu, wie ihn ältere Damen aufsuchten und ihm ihre langen Leidensgeschichten aufbürdeten, oder kranke und haltlose Seelen, die von einem Meister zum nächsten wanderten und ihm nur seine Zeit stahlen.

Wenn er ihnen eine ganze Stunde oder länger gewidmet hatte, fragten wir ihn oft: »Maharishi, wie hältst du das nur aus, dir so viele Probleme anzuhören?«

Er sagte ganz einfach: »Sie brauchen das.«

Jeden Tag verbrachte er mit unzähligen Menschen, die beim Betreten des Arbeitszimmers die Schuhe auszogen, ohne zu verstehen, warum. Manche Geschäftsleute waren etwas erstaunt, aber niemand weigerte sich.

Meistens saßen rund zwanzig oder mehr Leute (zusammen mit anderen, die sie noch nie gesehen hatten und die nun keine Fremde mehr waren) auf Stühlen und rückten zusammen, um denen Platz zu machten, die lieber auf dem Fußboden saßen, wie beispielsweise unsere Familie. Über alles Mögliche wurde geredet. Meist kreisten die Gespräche um Transzendentale Meditation und wem man alles davon erzählen sollte.

Einige störten sich daran, dass wir die Weisheit eines Mannes aus Indien aufsaugten, obwohl doch aus unserer Sicht Amerika viel fortschrittlicher war als Indien.

»Maharishi, wir wissen so wenig über Indien«, sagte eines Tages Arthur Granville, ein praktisch veranlagter Mann mit analytischem Verstand. »Ist Bildung dort weit verbreitet?«

»Nein«, antwortete Maharishi, »sie ist in Indien genauso rar wie in jedem anderen Teil der Welt.« Er richtete sich auf und lächelte. Im Raum brach schallendes Gelächter aus. Alle möglichen Gedanken gingen den Anwesenden durch den Kopf. Jeder erahnte den wahren Sinn von Bildung. Als das Gelächter abebbte und wieder Ruhe einkehrte, sagte Maharishi: »Unsere Technik der Transzendentalen Meditation wird der Erziehung in der ganzen Welt wieder einen Sinn geben.«

Jemand fragte: »Ist unsere Erziehung denn sinnlos, Maharishi?«

»Sie ist nicht sinnlos. Sie ist nur noch nicht vollständig. Eine Erziehung sollte den ganzen Menschen entwickeln. Die heutige Erziehung ist nicht*

in der Lage, das volle Potenzial des Menschen zu entfalten. Sie füllt den bewussten Geist mit Informationen über wichtige Themen, aber sie erschließt nicht die unbewussten und wahren inneren Werte, die in der Tiefe unseres Bewusstseins liegen.«

Fast täglich saß Maharishi, sobald die persönlichen Unterweisungen, Überprüfungen und Gespräche vorüber waren, nach dem Mittagessen mit allen zusammen, die seine Nähe suchten.

Er hörte jedem aufmerksam zu, stellte ein paar einfache Fragen und bezog den Zuhörer allmählich in den magischen Kreis seines natürlichen Charmes mit ein. Dann führte er den Studenten, die Hausfrau, den Geschäftsmann, den Künstler, den Arbeiter Stück für Stück in die Thematik der Transzendentalen Meditation ein.

Da ich in der Welt des Theaters zu Hause war, konnte ich hervorragende, professionelle Darbietungen sehr gut erkennen, und nachdem ich Maharishis Auftreten erlebt hatte, stand für mich fest, dass er keineswegs nur ein einfacher unkundiger Mensch sein konnte. Sein Auftreten war das eines geschliffenen, professionellen Darstellers, wie ich noch keinen vorher erlebt hatte.

Immer wieder wurde er nach seiner Herkunft gefragt, nach seiner Kindheit und seinem Werdegang bis in die Gegenwart. Manche wollten mehr über sein Zuhause wissen, und seine Antworten waren im Allgemeinen schlicht und einfach. Er kam aus gutem Hause und war in einem kultivierten Milieu aufgewachsen, was sich in jeder seiner Gesten zeigte.

Als er erst kurze Zeit bei uns war, fragte ich ihn einmal: »Maharishi, sollte ich nicht mal deiner Mutter eine Nachricht schicken? Ich würde ihr gerne schreiben, wie sehr wir uns freuen, dich bei uns zu haben, und dass es dir gut geht.«

Ohne aufzublicken sagte er: »Mother knows son is doing well.«

»Doing well indeed!« dachte ich. Fünfzig bis sechzig Leute besuchten seine Vorträge unter der Woche, und an Wochenenden waren es hundert oder mehr. Wenn wir bei ihm im Arbeitszimmer saßen, schauten wir uns immer öfter das Publikum an und stellten mit Freude fest, dass unter all den steifen Gepflogenheiten, Konventionen und Förmlichkeiten, die sich die Menschen im Gesellschaftsleben mit der Zeit angeeignet hatten, wieder ihre natürliche Schönheit zum Vorschein kam. Eine wunderbare Veränderung wurde sichtbar.

433 war nicht nur durch die Gegenwart eines Meisters gesegnet, sondern durch hunderte von Menschen, die in ihrem Denken und Handeln Liebe, Freude und Bescheidenheit ausdrückten. Lachen war unsere Sprache, und Liebe war das universale Band, das alle im Haus vereinte. Die Themen der Welt wurden hin und her geworfen wie Gummibälle. Jeder brachte sich mit seinen eigenen Ideen und Fähigkeiten ein.

Die unzähligen Meditierenden, die jede freie Minute des Sommers 1959 in unserem Haus verbrachten, hatten nur einen Fokus, ein Ziel im Auge: Maharishi. Sie wollten ihn sehen, bei ihm sein, über ihn sprechen und ihm Fragen stellen. Ab und zu fragte uns jemand nach seinem Alter. Ich hatte keine Ahnung und wollte es auch nicht wissen. Für mich war er immer weit jenseits von Zeit und Alter. Aber um eine Antwort auf solche Fragen zu finden, nahm ich ihn genauer in Augenschein.

Maharishi war von kleiner Statur, ungefähr etwas über 1,60. Das Erste, was einem auffiel, waren seine großen, leuchtenden braunen Augen. Seine Züge waren weich, faltenlos und jugendlich und drückten gleichzeitig Autorität aus. Sein Gesicht war von allen Seiten umrahmt von schwarzem, lockigem Haar. Das Haar fiel in natürlichen Wellen um sein Gesicht und verband sich mit seinem Bart. Sein Körper, in wallende weiße Seide gehüllt, bot eine majestätische Erscheinung. Besonders auffallend waren seine schönen Hände und Füße. Er hatte starke, ausdrucksvolle Hände und kleine, wohlgeformte Füße.

Kein Bild von Maharishi wäre vollständig ohne Blumen, die immer zu ihm gehörten. Jeder, der zu ihm kam, vom frühen Morgen bis spät in die Nacht, überreichte ihm Blumen, sei es eine einzelne Rose oder auch einen ganzen Strauß. Niemand verließ ihn, ohne von ihm eine Blume zum Mitnehmen zu bekommen. Sie wurden mit Freude gegeben und empfangen, aber in seinen Händen verwelkten sie nicht, sondern blühten auf. Es war, als würden sie in seiner Nähe lebendiger. Sie erinnerten uns an glückliche Kinder.

Immer wieder freuten wir uns, wenn wir Neuankömmlinge staunend sagen hörten: »Es sieht so aus, als würden die Blumen in seiner Hand immer frischer und ihre Farben immer leuchtender, je länger er sie hält.«

Jemand anderes bemerkte: »Es klingt vielleicht komisch, aber die Blumen sehen aus, als ob sie sich freuten, in seiner Hand zu sein.«

Jeden Abend um acht Uhr fuhr er zum Vortrag ins Center für Transzendentale Meditation. Die Blumen in 433 wurden eingesammelt und zum Vortragssaal gebracht, und Maharishi betrat den Saal immer mit einem dicken Blumenstrauß im Arm. Er bot einen völlig anderen Anblick als gewöhnliche Redner, viel reizvoller, anmutiger. Mit Freude erinnere ich mich an seine Vorträge und das Spiel mit den Blumen in seinen Händen.

In seinen Händen blühten Blumen auf.

Er benutzte oft eine Blume, um in seinem Vortrag einen bestimmten Sachverhalt zu veranschaulichen. Häufig hielt er eine langstielige Rose in der Hand und tippte damit an die Tafel, um auf einen bestimmten Punkt hinzuweisen.

Manchmal, wenn er einen wichtigen Aspekt der TM-Technik besonders hervorheben wollte, fiel diese Berührung nicht gerade sanft aus. Während die Zuschauer im Geist seinen Gedanken folgten, folgten ihre Augen den reizvollen Bewegungen der Blumen in seiner Hand.

Oft wurde Maharishi gefragt, welchen Wert es habe, über etwas Bestimmtes zu meditieren. Viele meditierten doch über ein Symbol, eine

Affirmation, einen Vers aus der Bibel oder einen Gedanken. Maharishi erklärte dazu.

»Transzendentale Meditation führt von den groben Ebenen der Schöpfung zu den subtilen Ebenen. Ein Mensch, der mit dem richtigen Medium meditiert, erzeugt durch die richtige Schwingung lebensfördernde Einflüsse in der gesamten Schöpfung. Wenn wir diese Blume gegen etwas schlagen, dann kann das – wie wir wissen – weh tun.«

Dabei schlug er mit der Rose gegen das Mikrophon. *»Könnten wir aber die Atome der Blume aktivieren, wäre die Wirkung viel stärker. In den feineren Bereichen der Schöpfung liegt eine viel größere Macht.«*

Zur Bekräftigung schlug er die Rose immer wieder gegen das Mikrophon und fuhr fort. *»Wenn wir in feinere Phasen der Schwingungen eindringen, nimmt ihre Macht zu, und die Schwingungen haben eine reinigende Kraft, die die Lebensqualität anhebt und verbessert.«*

Er hielt die Rose in der Hand und teilte die Blütenblätter mit sanften Fingern auseinander, bis das Herz der Rose sichtbar wurde.

»Wenn wir zu feineren und feineren Ebenen der Schöpfung gelangen, wird die Macht der Schwingungen immer größer. Tauchen wir schließlich in den Bereich des Absoluten ein, dann erzeugen wir einen sehr machtvollen Einfluss, der das Leben in der gesamten Schöpfung bereichert.«

Dieses »Leben in der gesamten Schöpfung« mündete also im Herzen dieser Rose.

Wer nicht an derart tiefe Ausführungen in einem einfachen Vortrag gewöhnt war, dem half die Schönheit der Blumen, die geistige Anspannung in erträglichen Grenzen zu halten.

Das ganze Spiel der Blumen – davon bin ich überzeugt – diente allein der Erbauung der Zuschauer. Eine unschuldige Blume half dem Zuhörer auf diese Weise, den abstrakten Bereich des Absoluten besser zu verstehen. Die Augen sahen, was die Ohren hörten.

Und der Vortrag ging weiter: *»Was meinen wir, wenn wir vom Kampf zwischen Geist und Materie sprechen?«*

Maharishi sah die Rose an.

»Nehmen wir ein Beispiel. Wir sehen diese Blume. Wir sehen, wie schön sie ist. Sobald sich der Betrachter vollständig in der Betrachtung des Objekts verliert, dann hat das Objekt sozusagen die Existenz des Subjektes vernichtet.

Das Subjekt vergisst die Herrlichkeit seiner eigenen, essentiellen Natur, wenn es von der Erscheinung des Objektes überschattet ist.«

Mit der Rose in der Hand bedeckte er ein Auge und hielt seine gewölbte Hand darüber. Wir sahen einen Yogi mit einem braunen Auge und einer roten Rose. Ein Auge wurde von der Rose überschattet.

»Vom Eindruck des Objektes überschattet, hat das Subjekt die Glorie seiner eigenen, essentiellen Natur verloren. Während es die Schönheit der Blume bewundert, ist nur noch die Blume im Bewusstsein. Nur das Objekt ist da, die Existenz des Subjekts ist ausgelöscht. Nur das Objekt bleibt im Bewusstsein zurück. Das ist der Sieg der Materie über den Geist, die Niederlage des inneren Spirits.«

»Wir sehen diese Blume. Wir sehen, wie schön sie ist.«

Während die starken Worte sanft ins Ohr drangen, blieb die Bedeutung dieser geschliffenen Rede an den Blütenblättern der Rose haften. Die Aufmerksamkeit richtete sich nicht auf die hochkommenden Gefühle, sondern auf den gesunden Menschenverstand, um die Aussagen nüchtern zu erfassen.

Hier war ein Meister am Werk und lenkte unser Augenmerk bewusst auf die Bewegung der strahlenden Blume, damit unser Unterbewusstsein die tiefere Bedeutung eines jeden Wortes auf feineren Ebenen des Geistes aufnehmen konnte. *»Die Materie hat den Beobachter in den Hintergrund gedrängt, hat den Geist, den Spirit verdrängt. Es bleibt nur die Materie. Während der Geist denkt: Oh, wie schön ist diese Blume, bemerkt er gar nicht, wie seine eigene, essentielle, wonnevolle Natur dabei ausgelöscht wird. Wenn nur noch die Blume im Bewusstsein bleibt, ist vom Beobachter nichts mehr zu finden.«*

Und nun kam die Antwort auf das Problem.

»Wie lässt sich das ändern? Der Wahrnehmende sollte sich an der Blume erfreuen, ohne seine Identität zu verlieren. Dann bleibt die Freude an der Schönheit der Blume bestehen, während die Existenz des Wahrnehmenden nicht verloren geht.«

Diese beiden Punkte waren für uns entscheidend. Niemand im Vortragssaal verspürte den geringsten Wunsch, Einsiedler zu werden und der Welt zu entsagen. Und hier kam einer und verkündete, dass es gar nicht nötig sei, sich von der Welt zurückzuziehen, sondern nur ein Leben zu führen, in dem sich Geist und Materie nicht gegenseitig überschatten. Jeder Bereich des Lebens – der geistige, körperliche und spirituelle – sollte gelebt werden und gleichzeitig seinen eigenen Status bewahren. Das Leben sollte ganzheitlich sein.

In diesem Augenblick merkten wir, dass wir genau das erlebten. Wir waren uns unseres inneren Selbst, das von Natur aus heiter, göttlich und glücklich ist, voll bewusst, und zur gleichen Zeit nahmen wir die Schönheit der langstieligen Rose wahr. Während Maharishi sprach, hatte er mit der Rose leicht und spielerisch zwischen den Zehen gewedelt, so dass das Herz der Rose nun seinen Fuß schmückte.

Ich sah mich vorsichtig um und fand um fast jeden Mundwinkel ein Lächeln spielen. Nur ein paar Männer waren vollkommen in Gedanken versunken und hatten die Rose gar nicht beachtet. Das Wissen über das Absolute wurde von uns so natürlich und unschuldig aufgenommen wie Sonnenlicht und Atemluft. Während sich unsere Blicke trafen und wieder zu dem blumengeschmückten Fuß zurückwanderten, spürten wir unser gemeinsames Glück, und aus dem Lächeln wurde Lachen, ein leises, sanftes Lachen, das die Atmosphäre im Raum nicht störte und den ganzen Vortrag untermalte.

Maharishi, der die These vertrat »*Life is essentially bliss*«, freute sich über unsere Fröhlichkeit und lächelte ebenfalls, ohne offenbar den harmlosen Anlass unserer Freude zu bemerken. Wir beäugten neugierig die Rose zwischen seinen Zehen, die dort glücklich und ergeben ihres Schicksals harrte. Maharishi nahm eine andere Rose in die Hand und fuhr fort.

»Wenn die materiellen Freuden des Lebens durch das Licht des inneren Selbst noch herrlicher werden können, dann ist jeder dafür. Und hier ist die Technik dazu, der Weg, das zu verwirklichen. Wenn sich aber eine Stimme erhebt und mahnt: ›Oh, ihr könnt göttlich und erhaben sein und Meister über die Natur, aber ihr müsst aufhören, Blumen zu betrachten, aufhören, das Lebens zu genießen, müsst den Sinnesgenüssen entsagen. Zieht euch zurück, seid still, führt ein Leben in Abgeschiedenheit, um Meister über die Natur zu werden‹, dann will das niemand hören.«

Wir lauschten jedem seiner Worte und spürten die Sehnsucht nach dem inneren Sein mit all unseren Sinnen und feineren Empfindungen. Er brachte uns das Himmelreich im Innern so nahe, dass wir es sehen, fühlen, hören und das »Bliss«, von dem er sprach, fast auf der Zunge schmecken konnten.

Und wir waren froh, dass wir, um dieses Glück zu erfahren, nicht aufhören mussten, das Schauspiel der Rosen an diesem Abend zu genießen. Was würde als nächstes mit ihnen geschehen? Während der Vortrag weiterging, wurde die Rose immer mehr entblättert.

»Nun stellt sich die Frage: Wenn Gott allgegenwärtig ist, und gnädig und die reine Herrlichkeit und Vater aller Dinge, und wenn Er die ewige Seligkeit allgegenwärtig machte, damit wir sie genießen sollen, warum erfahren wir dann nicht die ganze Zeit die Herrlichkeit Gottes?«

Als die Frage zu Ende war, verbarg die Rose ihren Kopf in seiner braunen, sanften Hand, die ihre Blüte vollkommen umhüllte.

»Wir müssen das Sein nur aus seinem transzendentalen Zustand herausholen, um unser Leben mit seiner Gegenwart zu verherrlichen. Das tun wir durch Transzendentale Meditation.«

Ich spürte den heißen Wunsch, immer mehr über das Sein zu erfahren, aber vor allem wollte ich diese rote Rose für meine Souvenirsammlung haben – als Erinnerung an den wundervollen Augenblick, in dem die Seele das Wasser des Lebens empfängt, das sie zum Erblühen bringt. Ich wollte die Rose und es war mir klar, dass ich mit diesem Wunsch nicht allein war. Wieder klangen seine Worte durch den Raum.

»Der Geist dürstet nach tiefem Glück, aber das Glück, das uns die weltlichen Freuden verschaffen können, ist so klein und winzig und dürftig, so unbedeutend, dass es die Suche des Geistes nach Glück nicht befriedigen kann. Und weil der Geist das Meer der Wonne in der äußeren Welt nirgends findet, wird er immerzu von Ort zu Ort getrieben.«

Bei den Worten »von Ort zu Ort« waren von der Rose alle Blütenblätter abgefallen und lagen nun als rubinrotes Häufchen zu seinen Füßen. Hätte Salomon mit all seiner Weisheit es besser machen können? Nun gab es genügend Blütenblätter für alle, die welche wollten.

Als der Vortrag vorüber war, kannte die Begeisterung keine Grenzen. Alles drängte sich um Maharishi. Manche wollten ihm Blumen überreichen. Andere stellten private Fragen, wieder andere suchten einen persönlichen Kontakt herzustellen.

Manche waren gekommen, um ihn zu Vorträgen an anderen Orten vor anderen Gruppen einzuladen, und wieder andere luden ihn zu einem Besuch interessanter Sehenswürdigkeiten der Stadt ein. Jedem, der zu ihm kam, reichte er eine Blume. Ich saß still da und freute mich über ihre strahlenden Gesichter, wenn sie sich mit ihrer Blume in der Hand entfernten.

Während wir noch eine Weile im Center für Transzendentale Meditation blieben, hörten wir durch die geöffneten Fenster das Hupkonzert von der Straße. Doch das Auf und Ab des Abendverkehrs, das schrille Pfeifen der Sirenen, das die Nacht durchstach, selbst die Lichter des Wilshire Boulevard, die durch unser großes Fenster fielen, konnten den stillen Zauber des Abends nicht zerstören. Im Fenster der Seele war ein Stück Vorhang sanft beiseite geschoben worden, um das Licht einzulassen.

Roland und ich fuhren nach Hause und besprachen in der Ungestörtheit unseres Schlafzimmers – wie so oft vorm Schlafengehen – die Ereignisse des Tages und des Abends.

»Well«, sagte ich, »wir haben schon viele Vorträge und gute Bühnenstücke gesehen, aber ich kann mich an keinen Abend erinnern, der mir so gefallen hat wie heute. Hast du je so etwas Schönes erlebt?«

»Kein anderer als ein Yogi hätte so mit der Rose spielen können, ohne sich lächerlich zu machen.« Roland schmunzelte. »Und ich bin mir nicht einmal sicher, ob das jeder Yogi könnte.«

Ich war noch nicht müde und griff zu einer Taschenbuchausgabe von William James über »Die Vielfalt religiöser Erfahrungen«. Im Kapitel »Conversion« fand ich eine Fußnote mit einem Zitat von Ralph Waldo Emerson.

»Wenn wir eine Seele sehen,
die sich anmutig königlich
und schön wie Rosen bewegt,
sollten wir Gott danken,
dass es solche Dinge
geben kann
und gibt.«

Ich legte meine eingesammelten Rosenblätter in einen Umschlag und schrieb darauf: Von Zehen und Rosen.

10

Der große Automatismus

Obwohl auch Menschen zu Maharishi kamen, die man »Fanatiker« nennen könnte, bestand doch die überwiegende Mehrheit aus rational denkenden Männern und Frauen, die durch diese einfache Technik nur ihre Spannungen loswerden wollten. Die meisten waren aus irgendeinem Grund mit ihrem Glauben unzufrieden und suchten – was genau wussten sie selbst nicht.

»Meditation ist ein Beruhigungsmittel ohne Medikament«, sagte Maharishi manchmal, *»aber das ist nur einer der Nebeneffekte. Wenn wir einen Apfelbaum pflanzen, dann wollen wir vor allem Äpfel ernten, aber schon lange vor der ersten Ernte spendet uns der Baum Schatten. Der Schatten ist ein Nebeneffekt. Die Auflösung von Verspannungen ist ein Nebeneffekt der Meditation. Das geschieht ganz automatisch.«*

Immer häufiger gebrauchte er das Wort »automatisch«, um die positiven Wirkungen der Meditation zu beschreiben.

Yogaschüler und Anhänger der Metaphysik oder der Exerzitien religiöser Orden brachten oft das Argument, Maharishis Weg zum Himmel klinge viel zu einfach.

Dann wiegte Maharishi seinen Kopf hin und her, lächelte und sagte: *»Für das Göttliche braucht niemand zu leiden. Unser Weg ist der Pfad des Glücks. Wir tauchen nur ein paar Minuten morgens und abends nach innen und fühlen uns frisch und wohl. Dann geht alles automatisch. Es ist nur die Unzufriedenheit, das fehlende Glück, das den Menschen falsch handeln lässt. Wer den Weg zum Glück nicht kennt, der muss auf die Kirchen hören, die sagen: Das ist falsch, tue es nicht, das ist richtig, tue das! Und das müssen wir tun.«*

»Wenn wir deine Technik ausüben, Maharishi, brauchen wir dann keine Kirchen mehr?«

Maharishi blickte in seiner unnachahmlichen Art auf, sah den Fragesteller an und sagte: »*Was wäre die Welt ohne Kirchen? Du kannst die Kirchen viel mehr schätzen, wenn du ihre Lehren besser verstehst. Wer keiner Kirche folgt, wird durch Meditation besser verstehen, was richtig und falsch ist. Wenn wir in das innere Selbst eintauchen und den vollkommenen Zustand des Seins finden, wird unser Leben und Denken davon durchdrungen, und das Gute geschieht automatisch. Erinnert euch an die Worte von Jesus Christus: Trachtet zuerst nach dem Himmelreich in euch, und alles andere wird euch zufallen.*«

Während der Sommer voranschritt, hörten wir immer wieder die gleichen Fragen, und uns wurde bewusst, dass die Menschen fast immer die gleichen Bedürfnisse hatten. Eine Frage, die immer wieder auftauchte, betraf das Rauchen.

Wer zum persönlichen Gespräch kam, sah als eines der ersten Schilder, die ihn begrüßten: »No Smoking.«

»Oh nein,« stöhnte der geplagte Raucher dann, während er seine Zigarette austrat. »Auf das Rauchen kann ich nicht verzichten.«

»Maharishi verlangt von dir nie, irgendetwas aufzugeben«, versicherte dann der Helfer am Empfang.

Manche erwiderten dann: »Aber wenn wir gar nichts aufgeben müssen, kann es auch nichts Gutes sein.«

Diese Art von Leuten hielt uns eine Zeit lang zum Narren, aber da unser Verständnis »automatisch« zunahm, merkten wir bald, dass solche Personen an allem etwas auszusetzen hatten. Sie würden die Antwort weder in der Meditation noch in der Kirche noch in der Wissenschaft finden, da ihnen der tiefe Wunsch nach wahrem Wissen fehlte.

»*Wir denken nicht einmal daran, etwas aufzugeben*«, betonte Maharishi. »*Wir folgen unseren natürlichen Bedürfnissen und meditieren einfach regelmäßig. Wenn unser Leben immer mehr vom Glück des Seins erfüllt wird, verschwinden die Bedürfnisse ganz von selbst. Wir sollten keinen Gedanken daran verschwenden. Der Gedanke an etwas, das wir aufgeben wollen, lässt den Wunsch danach nur noch stärker werden und prägt ihn immer tiefer in den Geist.*«

Dem Raucher riet er gewöhnlich: »Wenn das Rauchen aufhört, halte nicht daran fest.«

Immer wieder hörten wir von denen, die regelmäßig meditierten, dass sie völlig ohne Absicht mit dem Rauchen aufgehört hatten und nicht einmal genau sagen konnten, an welchem Tag oder zu welcher Stunde sie das letzte Mal geraucht hatten. Normalerweise merkten sie einfach irgendwann, dass ihr letzter Zigarettenkauf schon eine Weile zurück lag.

Mein Mann, der gelegentlich geraucht hatte, bevor er zu meditieren begann, merkte als erster, wie vollkommen automatisch der Übergang war. Er litt nicht, er klagte nicht, er hatte keine Entzugserscheinungen, er brauchte nichts zu kompensieren oder auf andere zu projizieren, weder im Guten noch im Schlechten. Er merkte einfach eines Tages, dass das Rauchen aus seinem Leben verschwunden war.*

Aber das Rauchen war nur ein Teil des »großen Automatismus«, wie die Meditation bald schmunzelnd von allen genannt wurde, nachdem Maharishi in seinen Vorträgen diesen Ausdruck geprägt hatte. Frauen, die gerne abnehmen wollten, merkten, dass ihr übermäßiger Appetit immer mehr zurückging, seit sie meditierten. Über diesen »Automatismus« freute ich mich besonders.

Jemand fragte mal: »Werden wir alle zu Asketen?«

»Meine Technik ist für den aktiven Menschen, den Menschen in der Welt, der mehr erreichen, mehr schaffen, mehr wissen will. Er kann nur dann aktiver werden, wenn er fähig ist, zur Quelle aller Kraft zu gehen, zum Sein, zum Absoluten, zum Himmelreich im Inneren, zum Feld reiner, unbegrenzter Bewusstheit. Und die Reise nach innen ist nur der erste Teil. Der zweite besteht darin, den Zustand des absoluten Glücks herauszubringen und ins tägliche Leben zu integrieren. Dann erst ist das Leben vollkommen, voller Freude, voller Frieden, voller Glück, ein Leben voller Dynamik und Kreativität. Dann lebt er nicht nur einhundert, sondern zweihundert Prozent.

Allein durch die Welt zu gehen ist für einen Familienvater wie ein Wagen, der nur auf einem Rad fährt. Zu zweit geht es besser, die Stellung der Frau ist wichtig. Sie erfüllt das Heim mit Anmut, mit Schönheit und stellt das Gleichgewicht zwischen dem Positiven und dem Negativen her. Ein Leben ohne Kinder ist für ihn wie ein Apfelbaum ohne Äpfel. Aber jeder Weg ist anders. Wer ein zurückgezogenes Leben führen will, für den ist der Weg des Einsiedlers der richtige, und er meditiert mit einem anderen Klang als der Familienvater.«

Maharishi wurde oft gefragt: »Könnte man nicht irgendein Wort nehmen, irgendeinen Klang, ihn auf seinen subtilsten Zustand reduzieren und so Transzendentales Bewusstsein erreichen?« (Bekanntlich hat der englische Dichter Alfred Lord Tennyson immer seinen eigenen Namen wiederholt, bevor er anfing zu schreiben).

»Ja«, antwortete Maharishi. *»Jeder Klang kann wiederholt und reduziert werden, bis er bei null ankommt. Aber wir wissen nicht, welche Wirkung dieser Klang auf Körper, Geist und Seele hat. Jeder Klang bewirkt etwas im Universum. Manche Klänge machen die Menschen aggressiv, andere machen sie friedlich, manche bewirken, dass sich der Mensch zurückzieht und andere, dass er aktiv wird. Das Wissen darüber ist uns von unseren Meistern der Shankaracharya-Tradition überliefert. Wir kennen die Wirkung bestimmter Wörter auf bestimmte Menschen. Wenn diese Wörter zur regelmäßigen Meditation benutzt werden, dann treten gute und schöne Wirkungen ein, und der Mensch wird glücklich, zufrieden und gleichzeitig sehr produktiv.«*

»Aber Maharishi, dann müssten doch die Menschen in Indien kreativer und produktiver sein, oder nicht?«

»Ganz recht! Wenn dieses Wissen in Indien bekannt wäre, wären sie kreativer und in jeder Beziehung besser. Leider ist der feine Unterschied zwischen einem Klang, der für einen Sannyasi oder Einsiedler geeignet ist, und den Klängen für den Hausvater in Vergessenheit geraten, und dieser Verlust durchzieht die ganze Gesellschaft. Viele wollen auch keine Veränderung, aber die Zeit kommt, in der viele zuhören und Indien wieder aus seinem Schlummer erwacht. Es müssen nur die richtigen Klänge benutzt werden. Schon jetzt meditieren Leute in Indien regelmäßig und zeigen viel Hingabe an Gott.«

Maharishi hielt gerne Vorträge an Universitäten. Bei einer Veranstaltung an der Universität von Südkalifornien (siehe Anhang) wurden interessante Fragen gestellt. Besonders eine brachte Maharishi zum Lachen, und er zitierte sie oft: »Warum sollte ich mir jetzt Zeit zum Meditieren nehmen? Ich bin bereits glücklich und kreativ. Das brauche ich doch eher, wenn ich alt bin.«

Maharishis Antwort: *»Meditation ist keine Vorbereitung auf den Tod, sondern der Weg zu einem erfolgreichen Leben. Das Meditieren auf später zu verschieben heißt, größere Intelligenz, größere Kreativität, größere Macht* *und größeres Glück aufzuschieben. Warum das alles nicht nutzen, solange wir jung sind? Warum den Reiz des Lebens auf das Alter verschieben?«*

Bald bemerkten wir, dass viele Leute einen Weisen oder Meister nur aufsuchten, damit er sie von einem körperlichen Leiden heilen sollte. Immer wieder versuchten sie, Maharishi zu überreden, an ihnen eine Wunderheilung zu vollbringen. Dann lachte er nur und schüttelte den Kopf.

»Nein. Es würde nicht bei einer Heilung bleiben, immer neue und größere Heilungen müssten folgen, und keiner würde mehr ans Meditieren denken. Wenn ich anfangen würde zu heilen, hätte ich keine Zeit mehr für die Geistige Erneuerungsbewegung. Meine Aufgabe ist es, eine einfache Meditationstechnik zu verbreiten. Ich will weitsichtige Männer und Frauen ansprechen, die regelmäßig meditieren. Dann findet ihre Heilung automatisch statt.

Alles Angenehme in der Natur hat heilende Kraft. Wenn ein Kind verletzt ist, liegt die Kraft der Heilung im Schoß der Mutter. Ein guter, spannender Film wirkt heilend gegen Müdigkeit. Alles Reizvolle der Natur hat heilende Kraft. Aber die Meditation hat die größte Heilkraft. Sie heilt Geist, Körper und Seele. Das ganze Leben muss heil werden, nicht nur ein Teil. Alles sollte wohltuend, harmonisch sein.«

Manchmal brachten Leute, die sich sozial engagierten, die Sprache auf die Kriminalität in der Gesellschaft.

Dazu sagte Maharishi: *»Um Verbrechen auszurotten, muss im gesellschaftlichen Leben Zufriedenheit herrschen. Menschen und Nationen leben immer so, wie sie es für richtig halten. Wenn ein Volk eine höhere Stufe der Evolution erreicht, ändern sich automatisch die Gesetze des Landes. Wenn die Inhaftierten im Gefängnis meditieren lernen könnten, würden sie automatisch bessere Menschen werden.* * *Sobald sie in den Bereich reiner kreativer Intelligenz geführt werden, verlieren sie ihre kriminellen Neigungen. Sie werden ganz von selbst gute, friedliche Menschen.«*

Dann kam unweigerlich die Frage: »Wie wirkt sich Meditation auf die Jugendkriminalität aus?«

Maharishi antwortete: *»Vergehen beruhen auf Unsicherheit, mangelnder Ausgeglichenheit. Meditation beseitigt diesen Mangel. Unheil verhindert man am besten, bevor es entsteht. Kinder brauchen naturgemäß Liebe und* *eine Richtung. Kinder richten nur Unheil an, wenn sie nicht genug Liebe bekommen.«*

Sie fragten dann weiter: »Wenn Transzendentale Meditation soziale Reformen bewirken kann, friedliche Beziehungen zwischen Nationen und Kreativität in allen Bereichen, müsste es dann nicht möglich sein, eine ideale Gesellschaft zu erschaffen, ein Utopia?* Vielleicht sogar ein Goldenes Zeitalter, vergleichbar mit dem in Griechenland oder Rom? Wäre das möglich?«

Maharishi sagte schlicht: »Ja, das ist möglich.«

Eine Frage, die ihn als weisen Mann offenbarte, wurde von einem Kind gestellt: »Wer hat Gott, den Vater, gemacht?«

Maharishi wiegte sanft den Kopf, lächelte und sagte: *»Gott, der Sohn, hat Gott, den Vater, gemacht. Niemand kann Vater sein, bevor er einen Sohn hat. Der Vater erschafft den Sohn, und der Sohn erschafft den Vater.«*

»Warum hungern die Menschen in Indien?« war eine andere, häufig gestellte Frage.

»Wenn die hungernden Menschen in Indien meditieren, dann ist es Karma (Gesetz von Ursache und Wirkung), aber das bedeutet nicht, dass sie unglücklich sind. Es ist möglich, wenig zu essen zu haben und dennoch glücklich zu sein. Hier in Amerika haben die Menschen viel und sind doch oft unglücklich. Es ist schlimmer, mitten in Überfluss und Reichtum unglücklich zu sein, als inmitten von Armut.«

Und religiöse Menschen fragten: »Werden wir durch Leiden nicht geläutert?«

»Meditation ist der größte Läuterer,« antwortete Maharishi. *»Und Meditation ist der Weg zum Glück. Der Geist will immer größeres Glück erfahren, das ist seine natürliche Tendenz, und darum ist es einfach zu erreichen. Zu leiden ist dagegen viel schwieriger. Ein Mensch, der gerne Musik hört, wendet sich automatisch immer der schöneren Melodie zu. Das braucht ihm niemand zu sagen. Er ist nicht eher zufrieden, bis er die schönste Melodie hört. Der Mensch gibt sich nicht mit Tautropfen zufrieden. Und das muss er auch nicht. Der allmächtige, gnädige Vater hat uns ein Meer des Glücks zugedacht. Warum sollten wir das nicht annehmen?*

Der Geist mag keine langen Übungen, in denen er stillsitzen muss. Das macht er einfach nicht. Wenn der Reiz nicht zunimmt, fühlt er sich vom

Himmelreich im Inneren nicht angezogen. Unsere Technik will den Geist nicht kontrollieren, sondern zufriedenstellen, und das geht automatisch. Wir nehmen den leichten Weg. Wir nehmen den leichten Weg, der uns automatisch zum Feld reiner Seligkeit bringt, und sind automatisch glücklich.

Wir erreichen die Quelle der Macht und sind automatisch machtvoller. Wir erreichen die Quelle der Kreativität und werden kreativer. Alles gehört uns, und es gehört uns automatisch. Transzendentale Meditation ist einfach der große Automatismus.«

Maharishi mit Meditierenden unterm sonnenbeschienenen Blätterdach (von links): Ram Rao, Lachsman, Ron Sheridan, Helen und Charlie Lutes, Mata-ji, Helena und Roland Olson, Emily Lee.

11

Mittsommernächtliche Pläne

Maharishi dachte immer nur an eines: Wie konnte er seine Aufgabe erfüllen, die Technik der Transzendentalen Meditation zu verbreiten. Die verschiedenen Ansätze dazu waren faszinierend und sprudelten vor Kreativität.

Oft saßen zehn oder zwanzig der besten Geister mit ihm in seinem Zimmer oder im Arbeitszimmer und ließen den Ideen freien Lauf. Zum Beispiel schlugen neue Teilnehmer vor, den Präsidenten der Vereinigten Staaten anzurufen. Andere nannten Namen von Prominenten, die man kontaktieren sollte. Große Zeitschriften sollten angesprochen werden. Jeder steuerte Ideen aus seinem Interessensgebiet oder Blickpunkt bei.

Geschäftsleute betonten den Wert der Meditation für die Geschäftsbeziehungen. Studenten stellten den wissenschaftlichen Zugang heraus, die Erschließung tieferer Bewusstseinsbereiche, um mehr Wissen freizulegen. Frauen liebten die Wirkung der Transzendentalen Meditation auf die Schönheit und wie sie half, das Leben angenehmer zu gestalten. Sie beschrieben den kosmetischen Wert der TM: ein reiner Teint und bessere Gesundheit, weil Verspannungen im Körper gelöst wurden. Viele hatten bemerkt, dass sie durch TM jünger und anziehender aussahen. Doch alle waren sich einig, dass der größte Wert für die Menschheit in der Möglichkeit lag, den Frieden in der Welt herbeizuführen. Maharishi freute sich sehr über diesen Aspekt.

Auf die häufige Frage: »Wie kann ein Mensch durch Eintauchen in die Stille den Frieden in der Welt beeinflussen?« antwortete er – wie auf alle Fragen – offen und einfach.

»Die Staatsoberhäupter sind nicht dafür verantwortlich, dass ein Krieg ausbricht. Sie führen nur aus, was die angeheizte Atmosphäre der Nation verlangt. Wenn die Bevölkerung voller Spannung und Unzufriedenheit ist,

*herrscht dicke Luft, die sich entladen will. Wenn jeder Mensch den Frieden in sich findet, entstehen keine Spannungen. Die Schwingungen in tieferen Ebenen des Bewusstseins sind viel mächtiger. Wenn nur ein Zehntel der Bevölkerung meditieren würde, dann wäre die Welt voller Frieden.**«

Dann kam aber auch der Einwand: »Vielleicht nennt man in Indien friedvoll, was wir in Amerika eher passiv nennen würden.«

Maharishi: »*Nein, nein, nein. In Indien meditiert man nicht richtig. Die Passivität kommt daher, dass viele Menschen den falschen Klang benutzen, das falsche Medium. Ein Hausvater braucht einen anderen Klang als ein Einsiedler. Jeder Klang erzeugt – in der richtigen Weise benutzt – seine Wirkung in der Atmosphäre. Stille ist die zugrundeliegende, motivierende Kraft der Aktivität. Wenn Meditation richtig gemacht wird, dann wird der Hausvater aktiver und gleichzeitig friedvoller, kreativer und liebevoller. Und auch der Einsiedler erreicht das, was er sich im Leben wünscht.*«

Jemand sagte: »Ost und West sind zwei verschiedene Welten. Was für den einen selbstverständlich ist, kann der andere nicht immer akzeptieren.«

Maharishi lächelte. »*Meditation ist weder eine Philosophie noch eine Religion. Sie ist ein Weg zu Transzendentalem Bewusstsein.*«

Manchmal gingen die Fragen stundenlang weiter. Die Begeisterung wuchs mit jeder seiner Antworten. Viele Prominente kamen mit Maharishi zusammen und wollten ihm gerne helfen. Durch diese Kontakte entstanden Radiosendungen, Fernsehauftritte und Vorträge an Universitäten. Viele gute Leute wurden eingeführt. Für Maharishi ging das alles noch viel zu langsam, wir dagegen staunten immer wieder über die Geschwindigkeit, mit der die Bewegung wuchs.

Zu Mittsommer verkündete Maharishi seinen Plan, eine erste internationale Versammlung abzuhalten.

Wir kannten kaum noch den Maharishi wieder, der im Mai kurz nach seiner Ankunft gerade mal zwei Personen in Los Angeles gekannt hatte. Jetzt, nur wenige Wochen später, sprach er bereits von einer internationalen Versammlung!

Die Vorbereitungen für die Versammlung gingen zügig voran. Um den Leuten entgegenzukommen, die in San Francisco und in ganz Kalifornien verstreut wohnten, wurde der Sequoia Nationalpark als Treffpunkt gewählt.

Die Versammlung sollte über ein dreitägiges Wochenende stattfinden, und die Pläne klangen verheißungsvoll.

Wir Olsons mussten arbeiten und konnten darum nicht teilnehmen, und da Maharishi und seine Gäste den Anfang der Woche in San Francisco verbringen wollten, nutzten wir die Gelegenheit, unsere älteste Tochter Melinda und ihr Baby aus Las Vegas einzuladen.

Melinda und ihr Töchterchen Kimberly kamen schon vor Maharishis Abreise. Meine beiden »Mädchen« verehrten Maharishi vom ersten Augenblick an. Melinda erlernte die Meditation, und Kimmie versuchte immer wieder, ganz nahe an Maharishi heranzukrabbeln, um mit der Perlenkette zu spielen, die er um den Hals trug. Maharishi hielt sie beschäftigt, indem er ihr Blumen gab. Die Helfer brachten sie und die Siamkatzen immer wieder »nach draußen«, doch Maharishi lud sie schweigend immer wieder ein.

War Maharishis Gegenwart an sich zu jeder Zeit bereits ein Genuss, so war sein unbefangener und natürlicher Umgang mit kleinen Kindern eine wahre Augenweide. Unschuld traf auf Unschuld, und die gegenseitige Wertschätzung fand in glücklichem Lächeln und dem Geben und Nehmen von Blumen statt. Nicht selten fanden wir zwischen der Kollektion von Schuhen vor Maharishis Zimmer ein winziges Paar. Dann öffnete sich die Tür und ein Kind kam mit leuchtenden Augen heraus, strahlend über das ganze Gesicht, die Arme voller Früchte. Dieser Anblick zauberte auch den Erwachsenen ein Lächeln ins Gesicht und Wärme in jedes Herz. Er hinterließ einen unvergesslichen Eindruck.

Als Maharishi und die anderen Gäste abgereist waren, holten wir einige Helfer zusammen und unterzogen das Haus einer gründlichen Reinigung. Die Abwesenheit unseres Yogis ließ eine schmerzende Leere zurück. Wir konnten kaum glauben, wie sehr wir alle vermissten. Wir nutzten jedoch die Zeit, um uns so einfachen Vergnügungen hinzugeben, wie morgens im Bademantel Kaffee zu trinken und unsere Wäsche zu waschen, wann immer es uns in den Sinn kam.

Bevor Melinda uns wieder verließ, nahm ich mir vor, sie ein bisschen »abzuklopfen«. »Ich habe mir überlegt, dass ich doch recht überstürzt mit der Meditation begonnen habe. Vielleicht sollte ich eine Zeit lang wieder aufhören …«

»Bloß nicht!« rief sie erschrocken. »Bitte nicht, Mutter. Du glaubst gar nicht, wie sehr ihr euch verändert habt, Daddy und du. Ihr seid so entspannt und glücklich, viel geduldiger, freundlicher und verständnisvoller geworden.«

Meine älteste Tochter war mir immer sehr lieb und nahe gewesen. Sie wusste, dass sie mit mir frei und offen über alles reden konnte, aber ich war doch ein wenig erstaunt und gleichzeitig amüsiert zu hören, wie viele Unvollkommenheiten von mir sich nun verbessert haben sollten. Wir hatten beide Sinn für Humor, und so konnte ich mir nicht verkneifen zu sagen: »Wie schön, dass die Meditation mich so positiv verändert hat. Wegen deiner schönen Karten und Geschenke zum Muttertag hatte ich mir nämlich schon eingebildet, ich sei die perfekte Mutter.«

Wir mussten beide lachen.

Ich dachte an meine andere Tochter und ihren Mann und sagte: »Könntest du nicht mal Mary und Peter überreden herzukommen? Wenn sie Maharishi kennenlernen, mögen sie ihn bestimmt auch, und vielleicht ändern sie dann ihre Meinung, dass ich nicht mehr alle Tassen im Schrank hätte.«

Melinda lachte. Sie war gerade einen Tag lang bei ihrer Schwester und ihrem Schwager gewesen. Wie es schien, hatten sie den Sommer über immer wieder versucht, bei uns anzurufen und waren es leid geworden, fremde Stimmen am Telefon zu hören, die manchmal, wenn sie nach Mr. und Mrs. Olson gefragt wurden, geantwortet hatten: »Es gibt hier niemanden mit diesem Namen.« Sie dachten wirklich, ich sei nicht mehr ganz richtig im Kopf. Ich hatte sie angerufen und versucht, ihr Interesse an Meditation zu wecken, indem ich deren Wissenschaftlichkeit hervorhob.

»Das müsste ich selbst sehen, um es glauben zu können. Es klingt für mich eher ziemlich emotional«, sagte Peter mit der Autorität eines Akademikers.

»Im Augenblick, Peter, sieht es bei uns aus wie in einem Laboratorium: Im Keller werden Versuchsreihen durchgeführt, die Herztätigkeit wird gemessen,* Veränderungen im Blutbild werden diskutiert und was weiß ich noch alles.«

Sie versprachen vorbeizukommen, sobald die Sommerschule zu Ende sein würde.

Am 25. und 26. Juli 1959 hielt Maharishi sein erstes internationales Treffen im Sequoia Nationalpark in Kalifornien ab.

Die Tage vergingen wie im Fluge, und am Sonntagabend, den 26. Juli, hingen Theresa und ich an den Fenstern zur Straße und hielten Ausschau nach »unserer anderen Familie«. Endlich kamen Autos mit lachenden, verwildert aussehenden Menschen die Straße herauf. Die Gäste belegten vier Wagen. Mata-ji wirkte recht müde, und ich stellte ihr ein Tablett mit eisgekühltem Fruchtsaft auf ihr Zimmer.

Maharishi zeigte nie Anzeichen von Müdigkeit. Die Fahrer machten sich allerdings schnell wieder auf den Weg, bevor weitere Pläne für die geistige Erneuerung der Welt im Arbeitszimmer Fuß fassen konnten. Als alle fort waren, blickte Maharishi wie ein enttäuschtes Kind, das noch spielen möchte, während alle Spielkameraden schlafen gingen.

Roland und ich waren gespannt, wie die erste Versammlung gelaufen war, und wir setzten uns zu Maharishi ins Arbeitszimmer. Bei einem Glas kühlem Apfelsaft schilderte er uns seine Freude darüber, dass er so viele seiner Familie versammeln konnte.

»Ich werde auch ein Center in London haben«, sagte er.

London schien so weit entfernt. Wie sollte dieser kleine Mann jemanden in London finden, der ihm zuhörte? Andererseits, wie kam es, dass er in Los Angeles jemanden gefunden hatte?

»Das Beste von allem ist der Dreijahresplan, den wir verabschiedet haben«, fuhr Maharishi fort. »Da die Technik der Meditation nur persönlich weitergegeben werden kann, würde es für mich alleine viel zu lange dauern, meine Botschaft zu verbreiten. Aber ich kann einige Personen gründlich ausbilden, das gleiche zu tun wie ich.* Ich kann Hunderte von ›*Guides*‹ ausbilden, die unterrichten und Erfahrungen überprüfen können. Wenn wir in allen Teilen der Welt ›*Spiritual Guides*‹ für die Einführungen haben, und ›*Meditation Guides*‹, die den Wert der Transzendentalen Meditation bekannt machen, dann geht alles sehr schnell, und die Welt kann bald vollkommen in Frieden leben.«

Die Größe dieses Plans raubte mir den Atem. Es war einzusehen, dass sogar eine so starke Persönlichkeit wie Maharishi mehr Unterstützung gebrauchen konnte.

Roland fragte interessiert: »Wie stellst du dir die Durchführung vor?«

»Am besten gründen wir ein Hauptquartier und laden die Leute dann zu einem dreimonatigen Trainingskurs ein«, sagte Maharishi.

»Etwa in Indien?« fragte Roland. »Oder lieber in Los Angeles?«

Charlie Lutes war gerade zurückgekommen, um Unterlagen zu holen, und lieferte den entscheidenden Hinweis: »Stellt euch das Gesicht vor, wenn jemand auf die Frage, wo wir ausgebildet wurden, Meditation zu lehren, die Antwort hört: ›Siebte Straße, Broadway, in Los Angeles‹.«

Maharishi lachte. »Indien wird das Beste sein.«

Von Mata-jis Bruder Lachsman hatten wir erfahren, wie billig das Bauen in Indien war und wie wenig das Essen im Vergleich zu Los Angeles kostete.

Die Pläne für eine Internationale Meditationsakademie kamen ins Rollen und wurden von Tag zu Tag lawinenartig größer. Ein Künstler skizzierte einen Entwurf, ein Architekt zeichnete mehrere Pläne, das Grundstück sollte in einem Hochtal von Uttar Kashi am Fuße des Himalaya liegen.

»Hier«, sagte Maharishi, »ist die Luft rein. Außer wandernden Sannyasis, die ständig meditieren, hat hier noch niemand gelebt. Die Quelle des Ganges liegt in der Nähe, und der kristallklare Fluss, der durchs Tal fließt, wird zu Indiens berühmtem Strom. Rauchen, Alkohol oder Gewalt gab es dort nie.«

Wir kamen uns vor wie Kinder, denen vom Gelobten Land erzählt wurde.

Die Pläne der Geistigen Erneuerungsbewegung hörten sich harmlos an im Vergleich zu dem, was sich die Meditierenden alles ausdachten, um zur Meditationsakademie in Indien zu gelangen, einer Akademie, die es zu diesem Zeitpunkt noch gar nicht gab. Ich selbst hatte hunderte von unpraktischen Ideen, die Roland alle sehr praktisch mit »No!« beantwortete

»Maharishi«, bat ich, »ich würde gern nach Indien gehen und in diesem herrlichen Tal leben, darf ich?«

Maharishi schwieg einen Augenblick. Dann lächelte er. »Du kannst kommen, sobald es für Ladys geeignet ist.« Er zwinkerte mir zu. »Wenn du deine elektrische Heizdecke mitbringen kannst. Denn nachts ist es dort sehr kalt. Aber du wirst kommen.« (Zu unserer großen Freude konnten Roland und ich 1966 drei Monate in der Akademie in Rishikesh verbringen).

»Was wirst du tun?« fragten wir ihn.

»Was gibt es da zu tun? Ich gehe einfach hin. Der Rest wird sich regeln.«

»Aber Maharishi«, sagten die Ladys mit glänzenden Augen, »du bist dann ganz alleine.«

»Ich bin nie allein.«

Oft saß Lois Hague mit Maharishi zusammen. Lois sah aus wie zwanzig, aber aus ihren klugen Kommentaren schlossen wir, dass sie älter sein musste. Im Gespräch erfuhr ich ihre interessante Herkunft. Sie war als einziges Kind in einer behüteten, religiösen Atmosphäre im Mittleren Westen aufgewachsen. Sie hatte immer starke religiöse Neigungen und hatte sich in ihren Teenagerjahren einer Gruppe angeschlossen, die predigend übers Land zog und evangelikalische Lieder sang. »Und doch hatte ich das Gefühl«, sagte Lois, »dass es noch mehr geben müsste.«

Lois war wie unsere Familie im Neuen Testament recht gut bewandert. Wir zitierten beide oft daraus und staunten, wie viel klarer uns die Bedeutung und der Glaube Christi geworden waren. Obwohl Maharishi gesagt hatte, dass er das Neue Testament nicht gelesen habe, drückte er oft genau das aus, was darin geschrieben stand. Er bezog sich immer wieder auf das Himmelreich im Inneren, auf Christus den Herrn und so weiter.

Viele der Fragen nach den Vorträgen betrafen die Göttlichkeit von Christus. Hatte er überhaupt gelebt? War es nicht möglich, dass nur das Christus-Bewusstsein existierte?

Auf jede dieser Fragen antwortete Maharishi – manchmal ziemlich entrüstet –, an der Existenz Jesu Christi gebe es keinen Zweifel, er sei fraglos eine göttliche Inkarnation gewesen und man könne die Person nicht von ihrem Bewusstseinszustand trennen. »Christus hat der Welt Erlösung gebracht, aber seine Botschaft wurde nicht verstanden!«

Dann kündigte Maharishi der Gruppe an, er wolle eine Broschüre herausgeben, die all die Ideen, die während der Versammlung in Sequoia aufgekommen waren, enthalten sollte. Er schilderte Pläne für jeweils drei Jahre. Drei solcher Dreijahrespläne sollten ausgearbeitet werden.

Eine Schreibmaschine allein reichte nicht aus, all die neuen, kreativen Aktivitäten zu bewältigen. Der Esstisch stöhnte unter dem zusätzlichen Gewicht. Frauen eilten nach einem langen Arbeitstag zu uns, überreichten Maharishi Blumen und tippten die halbe Nacht.

Das Formulieren und Neu-Formulieren des ersten Dreijahresplans war aufregend. Ein Satz wurde in den Raum gestellt. Fünf, sechs Leute gaben ihre Kommentare oder Verbesserungsvorschläge dazu, bis vom ursprünglichen Gedanken nicht mehr viel übrig war. Wer etwas Erfahrung im Schreiben hatte, hielt tapfer durch.

Dann meinte Maharishi: »Sollten wir nicht lieber sagen …« und das Feilen der Idee begann aufs Neue.

Mir kam der Verdacht, dass wir alle eine Art von Training erhalten sollten. Dr. Hislop bewies die größte Flexibilität, da er für das Schreiben zuständig war. Er schrieb zum Beispiel eine ausgezeichnete Passage. Während sie vorgelesen wurde, kamen Fremde ins Arbeitszimmer, und Maharishi fragte sie: »Was meint ihr dazu?«

Wir knirschten mit den Zähnen, wenn sie zwar sorgfältig durchdachte Ideen vorschlugen, die aber leider mit dem Thema gar nichts zu tun hatten.

Maharishi dagegen strahlte Dr. Hislop an und sagte: »Prima. Nimm das mit rein.« Der ohnehin rote Kopf von Dr. Hislop wurde noch röter, während er in ruhigem, gesetzten Ton sagte: »Ganz wie du wünschst, Maharishi.«

Obwohl er genau wusste, dass Kritik zu erwarten war, wenn der Text keinen Sinn ergab, sagte er dazu kein Sterbenswörtchen. Die Selbstbeherrschung unserer Führungskräfte war beeindruckend.

Ebenso beeindruckend war unser zweiter Vorsitzende Charles Lutes, ein hochgewachsener, attraktiver Mann, der Spitzenverkäufer einer großen Zementfirma war. »Charlie«, wie ihn Maharishi liebevoll nannte, war jeden Abend zur Stelle, um Maharishi zum Vortrag oder wo anders hinzufahren. Seine Kommentare waren meistens wohldurchdacht und hatten Hand und Fuß. Maharishi schätzte sein klares Denken und seine praktische Seite sehr und hatte offensichtlich eine tiefe Zuneigung für Charlie entwickelt.

Charlie war es auch, der die Lage rettete und den Dreijahresplan schließlich zum Abschluss brachte. Nach einer zermürbenden Sitzung mit immer neuen Kommentaren sammelte er alle getippten Blätter ein, nahm Dr. Hislop beim Arm und verkündete mit Nachdruck: »Das bringe ich jetzt zum Drucker.« Maharishi lächelte nur.

Irgendwie haben die beiden es dann doch noch geschafft, den Text in eine verständliche und vorzeigbare Form zu bringen, der als Broschüre gedruckt wurde.

Die Anzahl der *Guides* und der Meditationszentren in der Broschüre waren zwar etwas zu hochgegriffen, aber die Grundidee verwirklichte sich tatsächlich, noch bevor die drei Jahre vergangen waren.

Die Menschen um Maharishi herum hätten sich nicht gewundert, wenn am Ende des letzten Dreijahresplans tatsächlich alles so geworden wäre, wie er es gesagt hatte.

Maharishi bei einem Spaziergang mit Dr. Hislop und Gründungsmitgliedern der Geistigen Erneuerungsbewegung (SRM).

12

Jai Guru Dev

Ende August drängte sich ein ganzer Schwarm Meditierender um Maharishi, und alle waren nur durch die schiere Notwendigkeit ihres Broterwerbs von 433 fortzureißen. Immer wieder hörte ich die Bemerkung: »Bei mir zu Hause sieht es furchtbar aus. Aber was soll's, ich möchte jede freie Minute in seiner Nähe sein.«

Uns ging es genauso, und doch sahen wir ihn immer seltener. Die meisten begnügten sich damit, den ganzen Tag im Wohnzimmer oder im Garten zu sitzen und ihn nur im Vorbeigehen zu sehen, wenn er zum Vortrag aufbrach. Meine Arbeit im Theater war inzwischen erledigt und ich musste mich nur noch ab und zu dort blicken lassen. Ich konnte also mehr Zeit zu Hause sein, verbrachte sie aber meistens mit Mata-ji.

Dann aber kam ein strahlender Sonntag in der letzten Augustwoche. Nach einem Sommer voller Kochen, Waschen und Bügeln genossen die meisten Frauen eine kurze Verschnaufpause. Sheela hatte ihren Dienst schon lange an Mata-ji übergeben, und Mata-ji drückte jeder, die sich in der Küche blicken ließ, einen großen Wäschekorb zum Bügeln mit der Frage in die Arme: »Blessings?«

In Indien wird der Dienst am Meister als ein großer Segen, als ein »Blessing« angesehen. Den Frauen hier war weniger an irgendwelchen »Blessings« gelegen als an der persönlichen Freude, die sie beim Dienst für Maharishi empfanden. Sobald Maharishi allerdings zu einer Sightseeing-Tour aufbrach, blieb alles Bügeln, Kochen und Waschen stehen und liegen und alle eilten zur Tür, um mitzukommen. Und Maharishi enttäuschte niemanden. Überall erklang sein »Come, come!«, und alles strömte ins Freie und drängte sich in die Autos wie unbeschwert glückliche Kinder.

Einen solchen Ausflug hatten wir gerade am Samstag hinter uns gebracht, daher sah die Küche am Sonntagmorgen verheerend aus. Helen

Lutes, Christine Granville und andere riefen mich an und wollten zum Aufräumen kommen, aber ich lehnte ab, gönnte jeder ihre verdiente Ruhepause und freute mich, das Haus und Maharishi einmal ganz für mich allein zu haben. Mata-ji und ihr Bruder waren inzwischen so beliebt, dass sie täglich zwei bis drei Einladungen erhielten, Ram Rao war geschäftlich nach Indien zurückgerufen worden, und die meisten aus unserer Gruppe kümmerten sich, da es Sonntag war, um ihre häuslichen Pflichten.

Bald hatte ich die Küche aufgeräumt und machte mich daran, Maharishis Mittagessen vorzubereiten. Es war das erste Mal, dass ich für ihn kochte, und ich wollte es besonders gut machen. Ich konnte mich kaum noch bremsen. In jedem Topf, der im Haus war, köchelte oder brutzelte irgendein Gemüse. Falls die Qualität nicht gut genug war, dann zumindest die Quantität. Ich hoffte auf beides.

Ich erinnerte mich an ein Rezept für Mandelplätzchen, die er sicher gerne essen würde, und rührte den Teig an. Die vielen leckeren Früchte, die seine Schüler mitgebracht hatten, riefen geradezu nach einem Fruchtsalat. Als ich mich vom Spülbecken umwandte, saß Maharishi am Küchentisch, seine großen, braunen Augen strahlten vor Lachen mit der Miene eines kleinen Jungen, der sagte: »Ich habe Hunger.«

»Oh, Maharishi, das Essen kommt gleich. Ich habe gar nicht gemerkt, wie spät es ist.«

Da er nie frühstückte, aß er gewöhnlich zwischen zwölf und eins im Arbeitszimmer zu Mittag. Jetzt war es halb zwei.

Er lachte und meinte locker: »Ich bleibe gleich hier.«

Zum Glück war Mata-ji nicht da. Sie hätte diesen Verstoß gegen die Etikette nie erlaubt, aber ich freute mich darüber. Während Maharishi aß, stellte ich ihm ein paar Fragen über Mata-ji.

»Mata-ji hat in eine der ältesten und reichsten Familien Kalkuttas eingeheiratet. Sie leben strikt nach alter Tradition. Die ganze Sippe wohnt zusammen in einem großen Appartementhaus, und die Ältesten haben das Sagen. Mata-ji darf beispielsweise nicht ohne Schleier vor dem Gesicht auf die Straße gehen. Es ist eine große Ausnahme, dass sie herkommen durfte.«

Jetzt verstand ich, warum sie so oft verstört blickte. Sie hatte einen Riesensprung aus einem derart behüteten Leben in die Freizügigkeit

Hollywoods gemacht. Es war bewundernswert, wie still und ausgeglichen sie sich an das Leben bei uns angepasst hatte.

»Maharishi, Ram Rao sagte uns, Mata-ji werde in Indien als eine Heilige betrachtet. Wie definierst du heilig?«

»A saint is said to do no harm in the world.«

Inzwischen waren ein paar Leute angekommen, saßen mit in der Küche und diskutierten über die Antwort, dass jemand als heilig gelte, der niemandem in der Welt ein Leid zufügt. Mich befriedigte sie, obwohl ich Heilige gewöhnlich mit Wundertaten in Verbindung brachte. Ein Mensch, der niemandem in der Welt körperlich, geistig oder spirituell ein Leid zufügte, müsste wohl göttlich sein. Einem Menschen war das ja kaum möglich. Zweifellos war Mata-ji in der Welt tätig, und wir konnten nichts Schlechtes an ihr entdecken. Maharishi betonte oft, dass sich Spiritualität in der Welt beweisen müsse, um Bestand zu haben.

Nach dem Essen zog sich Maharishi in sein Zimmer zurück, und ich nahm mir den Berg Bügelwäsche vor. Die Seide fühlte sich wunderbar an, und während der Stapel sorgfältig gefalteter Dhotis und Saris anwuchs, fühlte ich mich immer zufriedener und kein bisschen müde. Wenn ich mich mit Rolands Mutter, unserer lieben »Grammie« verglich, die eine lausige Büglerin war, konnte Mata-ji mit meiner Arbeit durchaus zufrieden sein.

Ich war noch nicht fertig mit Bügeln, als Mata-ji mit einer Gruppe von Frauen, die sie zum Essen eingeladen hatten, nach Hause kam.

Als sie mich beim Bügeln entdeckte und den fertigen Wäschestapel sah, war sie gleichzeitig erfreut und verärgert. »Du ruhst dich jetzt aus«, sagte sie im Ton einer kleinen Mutter, delegierte das Bügeln an eine andere und winkte mich heran. »Come, come!« Sie hörte sich an wie Maharishi.

Ich folgte ihr nach oben in ihr kleines Zimmer. Auf ihrem Bett waren Dutzende von Saris ausgebreitet, exquisite Kreationen mit kunstvoll verschlungenen Mustern, in wunderschönen Farben aus wertvoller Seide. Sie lud mich mit einer Geste ein, mir einen auszusuchen.

»Oh, Mata-ji, das geht doch nicht.«

»Nimm einen!« befahl sie gebieterisch.

Wir hatten von Ram Rao gehört, dass ein Sari zwischen fünfzig und vierhundert Dollar kostete. Nachdem ich mir alle angesehen hatte, wählte ich einen mit feinem Muster und grüner Borte aus. Mata-ji zog einen hübsch bestickten Baumwollunterrock hervor, der von der Taille bis zum Boden reichte. Eine Schnur hielt ihn in der Taille zusammen. Alles hing von dieser Schnur ab. Sie wurde stramm gebunden und hielt den Sari an der Taille fest.

Mata-ji führte mir vor, wie man den Sari anlegt und wie ihr eigener Sari festhielt. Es sah ganz einfach aus. Ich ging in mein Zimmer, um ihn anzuprobieren. Fröhliches Lachen verriet mir, dass nach mir noch andere einen Sari erhielten.

Aber das Binden des Sari sah leichter aus, als es war. Fünf Meter Seide sind eine Menge Stoff, und wie ich es auch legte, immer quollen irgendwo ein paar Zentimeter heraus. Das helle Lachen der Frauen lockte Maharishi aus seinem Zimmer. Zwei, drei Frauen, denen das Binden des Sari gelungen war und die darin wunderschön aussahen, luden ihn in den Garten ein, um Fotos zu machen.

Er freute sich über ihre Erscheinung und sagte: »Ah, nice, very graceful. Sehr anmutig.«

Einige Frauen kamen mit mir in mein Schlafzimmer, um mir zu helfen, den Sari mit Nadeln festzustecken. Die Frauen in Indien benutzen niemals Nadeln, und auch wir fanden es schade, diese durch die kostbare Seide zu stecken. Emily hatte ein gutes Händchen und daher mit ihrem Sari keine Probleme. Jetzt gab sie all denen Nachhilfe, die mit ihrem Sari nicht zurechtkamen. Wir sprachen viel darüber, wie gut ein Sari die Figur betonte. »Schade, dass wir im Westen so was Elegantes nicht tragen und stattdessen in Shorts und Caprihosen herumlaufen.«

»Fragt sich nur«, meinte eine junge Frau, »wie man damit den Haushalt führen und auf Kinder aufpassen soll.«

»Mata-ji macht alles im Sari und sieht darin blendend aus«, sagte ich. »Ich finde einen Sari viel eleganter als Shorts und Arbeitshosen. Genau genommen ist unsere westliche Kleidung gar nicht so bequem. Ich will mich jetzt immer so kleiden.« Das sagte ich zwar, meinte es aber nicht ernst. Die Idee gefiel mir schon – wenn ich den Sari nur dazu bringen könnte, an meinem Körper zu bleiben.

In diesem Augenblick rief eine Stimme von unten die Treppe herauf: »Jemand fragt nach Ihnen, Mrs. Olson.«

Ich dachte, jemand von den Neulingen hätte wie so oft etwas vergessen, schwirrte die Treppe hinunter mit den Händen voller Sari, den ich nirgends hinstecken konnte – und prallte beinahe gegen meine Tochter Mary und ihren Mann Peter, beide in extra kurzen Shorts. Mir blieb fast das Herz stehen.

Mary umarmte mich kurz, hob einen Zipfel meines Saris hoch und fragte: »Mein Gott, wie siehst du denn aus?«

Am liebsten hätte ich ihr den Zipfel umgebunden.

Bevor ich antworten konnte, kam ein Rudel kichernder Ladys hinter Emily die Treppe herunter. Wir standen immer noch in der Diele. Emily hatte ihr schönes, langes Haar nach indischer Art heruntergelassen und eine rote Hibiskusblüte über dem Ohr ins Haar gesteckt. Sie hatte die Hand voll Blüten und gab mir eine auf dem Weg zum Garten.

Jemand fragte: »Wer ist DAS denn?«

Darauf Emily: »Mrs. Olsons Familie.«

Peter nahm mir die Hibiskusblüte ab und meinte zwinkernd: »Komm, ich stecke sie dir ins Haar. Sind das die Wissenschaftler, von denen du gesprochen hast?«

»Vergiss es. Lasst uns ins Esszimmer gehen und reden.«

Dort konnten wir die Tür hinter uns zumachen und unter uns sein.

Ich betrachtete meine Kinder mit den Augen eines Außenstehenden. Ein schöneres Paar konnte man sich kaum wünschen. Peter war gut gebaut, ein Meter achtzig, dunkles, lockiges Haar. Mary ein reizendes Mädchen von heiterer Gelassenheit trug die blonden, skandinavischen Merkmale ihres Vaters. Wenn sie nur anders gekleidet wären!

»Wir kommen nur auf einen Sprung vorbei, um dir und Daddy Hallo zu sagen,« meinte Mary. »Wir sind zum Tennis verabredet, und ich habe meinen Schläger in der Garage liegen lassen.«

In diesem Augenblick wünschte ich mir nichts sehnlicher, als dass mich Mary und Peter mit einer Gruppe solider, bodenständiger Menschen angetroffen hätten und dass ich Maharishi meine Tochter und ihren Mann in einer Kleidung vorstellen könnte, die für die Augen eines Yogi aus dem Himalaya angemessener wäre. »Bleibt hier. Ich rufe Daddy. Der weiß sicher, wo dein Schläger ist.« Roland sah sonntags gewöhnlich im Haus nach dem Rechten und machte kleine Reparaturen.

Ich hörte ihn im Keller werkeln, der in ein wissenschaftliches Labor umgewandelt worden war, um die Zunahme des Lichts festzustellen, das während der Meditation vom Gesicht ausgeht. Er wollte den Keller etwas bequemer gestalten.

»Nein, nein, lass Daddy in Ruhe. Wir gehen mit ihm mal essen, sobald die Sommerschule vorbei ist. Ich finde meinen Schläger schon selbst.«

Und schon liefen sie in den Garten, wo Frauen im Sari mit Hibiskusblüten im Haar überall umherschwebten und sich mit Maharishi, Mata-ji und Lachsman fotografieren ließen.

Wenn es je einen Moment gab, in dem sich Ost und West völlig verfehlten, so war das jetzt! Den Leuten verschlug es den Atem, als sich die beiden jungen Leute mit nackten Beinen der Gruppe näherten. Mata-ji hatte sicher noch nie einen Mann oder gar eine Frau in so kurzen Shorts gesehen. Hoffentlich fiel sie nicht in Ohnmacht!

Ich stellte die beiden Maharishi vor: »Meine Tochter und mein Schwiegersohn auf dem Weg zum Tennis. Sie holen hier nur ihren Schläger.«

»Perfectly natural«, sagte er und ließ sich beim Fotografieren nicht weiter stören.

Peters Gedanken standen ihm deutlich ins Gesicht geschrieben. Er hatte schon immer gewusst, dass ich nicht ganz richtig im Kopf war. Weil er ein kluger Kopf mit feinem Sinn für Humor war, hatte ich irgendwie gehofft, ich könnte ihn für die Gruppe begeistern.

Jetzt aber ließ ich alle Hoffnung fahren. Die Situation war vollkommen aus dem Ruder gelaufen.

Peter sah sich im Garten um und bemerkte einen Draht, der sich von Maharishis Schlafzimmerfenster zum Meditationshaus zog. Als Antwort auf seinen fragenden Blick sagte ich nur: »Ach das …«

Das wollte ich nun wirklich nicht breittreten. Einer der Ingenieure hatte sich nämlich ein Kommunikationssystem ausgedacht, durch das sich Maharishi von seinem Schlafzimmer aus per Knopfdruck mit den neuen Meditierenden in ihren Kabinen unterhalten konnte. Das war sehr praktisch und gefiel Maharishi sehr. Aber Peter konnte das sicher nicht beeindrucken. Außerdem wollte ich nicht, dass die beiden in diesem Aufzug lange im Garten blieben.

Mary spürte meine Verlegenheit und half mir: »Komm Peter, es wird Zeit.«

Als wir ins Haus zurückgingen, schlug plötzlich die Tür zu, klemmte meinen Sari ein und riss ihn mir völlig vom Leibe. Gott sei Dank hatte ich noch den Unterrock drunter. Jetzt mussten wir alle laut lachen. Und nichts konnte die gespannte Atmosphäre besser lösen als ein herzliches Lachen. Mary hob den Sari auf und befühlte verliebt die kostbare Seide. Wahrscheinlich hätte sie den Sari anprobiert, wenn Peter sie nicht fortgezogen hätte.

Mit gemischten Gefühlen sah ich sie wegfahren. Meditation bedeutete mir inzwischen sehr viel. Sie hatte mir in der kurzen Zeit ein Gefühl der inneren Sicherheit und Ausgeglichenheit gegeben. Sie hatte mich zielgerichteter gemacht, und gleichzeitig konnte ich das Leben leichter nehmen. Meine schon immer etwas anfällige Gesundheit wurde trotz der stärkeren Belastungen von Tag zu Tag besser.

Das alles hätte ich gerne mit meinen Kindern geteilt, aber ich wusste auch, dass sich dazu jeder persönlich entscheiden musste. Meditation ließ sich nicht aufdrängen oder erzwingen, sondern nur anbieten. Wir hatten sie angeboten, aber die Zeit, sie anzunehmen, war für die beiden wohl noch nicht gekommen.

Während der letzten Abende, an denen Maharishi bei uns war, wurde das mittsommerliche Pläneschmieden durch konkrete Reisepläne für Maharishis nächste Station abgelöst: New York. Ron Sheridan sollte vorausfahren, ein Hotelzimmer reservieren und Vorträge und Öffentlichkeitsarbeit in die Wege leiten. Die Botschaft der geistigen Erneuerung musste weitergetragen werden.

Alle bettelten Maharishi an, in Los Angeles zu bleiben und die Welt herkommen zu lassen. Dafür brachte Roland stichhaltige Argumente vor, und Maharishi schaute ihn amüsiert und liebevoll an, als er die praktischen Gründe aufzählte, warum Maharishi in Los Angeles bleiben sollte.

»Ich muss weiter, aber ich komme wieder«, sagte Maharishi sanft.

Die Vorstellung, noch mehr glückliche Tage mit unserem heißgeliebten Yogi verbringen zu können, machte den Abschied erträglicher. Ständig waren dreißig, vierzig Leute in unserem Haus, aber ihre Anwesenheit vergrößerte nur unsere Freude. Gemeinsam so viele schöne Dinge zu erleben, hatte ein starkes Band der Liebe und Freundschaft zwischen uns gewoben. Alle sonnten sich in der Wärme von Maharishis Gegenwart.

Jeder zeigte ihm seine Wertschätzung und Zuneigung, indem er bei der Verwirklichung seines Herzenswunsches half, seiner Mission für die Welt.

Sie boten ihm ihre Zeit, Ideen, Liebe und Geld. Das Geld aus den Einführungen diente der Bewegung. Es wurde nicht für Maharishis persönlichen Bedarf benutzt, sondern dafür, dass immer mehr Menschen mit ihm in Kontakt kommen und seine einfache Botschaft hören, die Meditation erlernen und ihren Weg finden konnten. Für sich persönlich nahm er nichts an. Wenn ihm Geschenke gebracht wurden, nahm er nur die Geste an und gab die Geschenke weiter.

»Was schenken wir ihm zum Abschied?« fragten wir uns immer wieder. Wir besprachen das ausführlich (sogar mithilfe eines Dolmetschers) mit Mata-ji und fanden die Lösung: »Maharishi würde sich über eine Puja freuen.«

Das Wort »Puja« sagte mir nichts, und so gingen wir zu Lois Hague, die etwas über Pujas wusste und die Vorbereitungen übernahm. Wir erfuhren, dass eine Puja eine Dankbarkeitszeremonie für ein glückliches Ereignis war. In Indien ist es sowohl eine religiöse Zeremonie als auch eine Feier. In dieser Puja sollten Guru Dev und die Meister, die das reine Wissen über die Zeiten hinweg weitergegeben haben, auf traditionelle Weise geehrt werden. Früchte und Blumen sollten dargebracht, kleine Lichter aus Butterfett mit Wattedocht von jedem als Symbol des eigenen Lichtes entzündet werden, und jeder einzelne würde ein Gebet vortragen.

»Meditation ist stilles Gebet«, sagte Maharishi. »Auch hörbare Gebete haben ihren Wert. Lasst uns Gebete in allen Sprachen hören.«

Im Vortragssaal gingen umfangreiche Vorbereitungen los. Über hundert Teilnehmer wurden erwartet. Nicht alle Meditierenden wurden benachrichtigt, da manche viel zu weit weg wohnten. Die Stühle wurden an die Wand gerückt und große, flache Tische aufgestellt und mit weißen Tüchern bedeckt (Laken, um ehrlich zu sein). Überall wurden Kerzen, Räucherstäbchen und Bilder von Maharishis geliebtem Meister aufgestellt. Schalen und Körbchen voller Plätzchen, Obst und Nüssen sorgten für eine festliche, bunte, wohlduftende Atmosphäre.

Wir zogen uns rechtzeitig für die Puja um. Alle Ladys, die einen Sari hatten, wollten ihn tragen. Fast alle konnten sich darin elegant und natürlich bewegen – außer mir. Ich musste ständig darauf achten, ihn nicht zu verlieren!

Bei der Puja: Christine Granville, Helen Lutes, Jessamine und David Verrill, Emily Lee, auf dem Fußboden vor dem Podest.

Maharishi und sein Gefolge aus 433 kamen ziemlich früh im Vortragssaal an. Jeder bekam einen Pappteller mit Blütenblättern und einem Licht. Von meinem Sitzplatz auf dem Boden vor dem Podest sah ich die prächtig geschmückten Tische und die im Kerzenlicht glänzenden Augen der

Männer und Frauen und sog den würzigen Duft der Räucherstäbchen und den feinen der im ganzen Raum verteilten Rosen ein. Die Ladys in farbenprächtigen Saris bewegten sich wie große bunte Tupfer durch den Raum.

Die Zeremonie begann mit Stille. Alle meditierten gemeinsam mit dem Meister.

»*Wenn zwei oder drei in meinem Namen versammelt sind*«, ging es mir durch den Kopf, und ich spürte wahrhaftig die Gegenwart Gottes. Das Gefühl lag deutlich im Raum, jeder konnte spüren, wie die Stille der Meditation uns alle in Gott vereinte.

Leise begann Maharishi, die heiligen Namen Gottes in Sanskrit zu rezitieren. Wir folgten dem Beispiel von Mata-ji und Lois, die bei jedem Namen einige Blütenblätter vor sich streuten.

Schließlich wurden alle Lichter auf den Papptellern entzündet, und Mata-ji und ihr Bruder Lachsman sangen Lieder in ihrer Muttersprache.

Maharishi nickte in unsere Richtung und lud uns ein, Gebete zu sprechen. Roland und ich begannen mit dem Vaterunser. Alle fielen mit ein. Es füllte den Raum wie Meeresrauschen und gab allen, die christlich erzogen waren, ein tiefes Gefühl der Erfüllung.

Dann folgten die verschiedensten Gebete. Wir waren überrascht, wie viele Männer schöne, einfache Gebete wussten. Einige sprachen bekannte Gebete aus dem Gottesdienst, andere erinnerten sich an Gebete aus der Kindheit oder ließen der Stimme ihres Herzens freien Lauf. Die Luft war erfüllt mit Liebe und Hingabe, die Gegenwart Gottes war greifbar, das Herz öffnete sich ganz von selbst und brachte die tiefsten und aufrichtigsten Gedanken zum Ausdruck.

Lois sang ein einfaches, wunderschönes Lied aus den Tagen ihrer evangelikalischen Mission. Das Ave-Maria wurde auf Lateinisch, Spanisch, Deutsch und Portugiesisch gesungen. Die Anhänger der *Religious Science* zitierten Affirmationen aus ihrem Glaubensbekenntnis. Ein langes Schweigen markierte das Ende der Gebete.

Jetzt begann der gesellige Teil des Abends, und die Schalen und Körbchen mit Erfrischungen wurden herumgereicht. Mata-ji hatte Goldmedaillen mit glasiertem Bild von Guru Dev mitgebracht und bat Theresa, sie an alle zu verteilen, die eine haben wollten.

Dann löste sie aus einer Armkette an ihrem Handgelenk ein ungewöhnlich schönes Medaillon mit einem Guru-Dev-Bild auf goldenem Lotus und überreichte es mir. Maharishi erklärte mir später, die Maharani der Provinz, in der Mata-ji lebte, habe es ihr überreicht und es habe ihr sehr viel bedeutet. Gesegnete Mata-ji! Jeden Tag bewies sie mir den wahren Wert der Meditation. Durch ihr kostbares Geschenk schloss ich sie noch tiefer in mein Herz.

Schließlich wurden alle Lichter auf den Tellern entzündet.

Wir feierten bis tief in die Nacht hinein. Meditierende zeigten Dias und Filme, die sie aufgenommen hatten. Maharishi lachte, wenn er sich selber auf der Leinwand sah, und wenn ein Bild besonders gelungen war, meinte er: »Show it again.«

Alle waren glücklich, und der Morgen schien in weiter Ferne. Einmal aber musste auch diese Feier ein Ende haben, und der letzte Tag vom Besuch unseres Yogis dämmerte langsam herauf.

Da er noch einmal in San Francisco Station machen wollte, bevor es nach New York weiterging, nahm er das Angebot eines Gruppenmitglieds an, ihn in den Norden zu fahren. Die Abfahrt war für acht Uhr morgens geplant.

Alle waren früh auf den Beinen und hielten sich in der Nähe der Einfahrt auf, während im ganzen Haus gepackt wurde. Mata-ji hatte viele Geschenke erhalten, ihre großen Koffer waren randvoll mit Dingen, die sie an Leute in Indien verschenken wollte.

»Mata-ji, gib das bitte nicht weg«, sagte ich und reichte ihr fünf Meter feinen Nylonstoff mit eingearbeiteten weißen Blumen. »Das kannst du als Sari benutzen, den du nicht zu bügeln brauchst.«

Mata-ji war angenehm überrascht und versprach, ihn zu behalten.

Lachsman musste sein zusätzliches Gepäck in Kartons verstauen. Niemand hatte bemerkt, dass er Kassettenrekorder, Polaroid-Kameras und andere Waren eingekauft hatte, die es in Indien nicht gab. Auch ihn hatten seine neuen amerikanischen Freunde großzügig bedacht.

Maharishis neuer Koffer war zum Platzen voll, er brauchte eine weitere Kiste für Tonbänder mit Vorträgen, die in anderen Städten gespielt werden sollten, und hatte auch Broschüren dabei, damit er in New York nicht erst neue drucken musste. Das alles sollte mitgehen. Und dann kam der Gentleman, der Maharishi chauffieren wollte – in einem VW-Käfer!

Er hatte wohl nur mit Maharishi und seiner kleinen Teppichrolle gerechnet. Glücklicherweise besaß er auch noch einen Opel Kombi und fuhr sogleich wieder nach Hause, um diesen zu holen. Als er ihn beladen hatte, brauchten die Reifen mehr Luft. Trotzdem senkte sich der Wagen tiefer und tiefer auf die Straße.

Leute mit Blumen säumten den Bürgersteig. Einige hatten Fotoapparate mitgebracht. Kurz bevor Maharishi ins Auto stieg, lud er Roland, Theresa und mich zu einem gemeinsamen Foto ein. Wir waren den ganzen Morgen herumgehastet und nicht auf ein Foto vorbereitet, aber Maharishi gab Lou Lee ein Zeichen, und er machte eine Farbaufnahme, obwohl der Morgen bewölkt und eine gelungene Aufnahme zweifelhaft war. Aber das Bild gelang nicht nur, es wurde sogar eine wunderschöne Erinnerung an einen ungewöhnlichen Sommer.

Ein Meditierender nach dem anderen trat ans Autofenster, um von Maharishi eine Blume und seinen Segen zu empfangen. Dieser ungewöhnliche Mensch, diese bezaubernde und heitere Persönlichkeit, war mit seiner natürlichen, liebevollen Art in unser Leben getreten – und nun mussten wir uns von ihm trennen.

Maharishi mit Helena, Roland und Theresa Olson.
Eine wunderschöne Erinnerung an einen ungewöhnlichen Sommer.

Die Gesichter waren gefasst, aber in aller Augen standen Tränen, die nicht frei fließen durften. Es war gut, die Blumen zum Winken zu haben, damit die Hände etwas zu tun hatten und sich das Gesicht dahinter verbergen konnte Während ich in der Schlange stand und darauf wartete, ans Autofenster treten zu können, wusste ich, dass ich keine Worte finden würde. Es gab so vieles, wofür ich dankbar war. Seine Gegenwart in unserem Haus, das Lachen in unseren Räumen, der verwunderte Ausdruck auf seinem Gesicht, wenn er versuchte, uns zu verstehen, die lustigen, komischen und aufregenden Begebenheiten, die er mit uns geteilt hatte, sein Gesang im Badezimmer; sein Spiel mit den Kindern und den Siamkatzen, die herrlichen, blumengefüllten Tage, die große, glückliche Familie, die sich um ihn geschart hatte. Das alles hatte er uns gebracht. Und das Wichtigste von allem – den heiligen, stillen Frieden der Seele. Nein, mir fehlten die Worte. Ich gab ihm still meine Blume und lächelte nur.

Die Menge drängte sich um den Wagen, als er sich langsam in Bewegung setzte und den Harvard Boulevard herunterrollte, fort von 433.

Maharishi, begleitet von Mata-ji und Lachsman, verlässt 433.

Nach einem herzerfrischenden Witz, dass das vollgepackte Auto womöglich nicht weit käme, winkten wir alle mit unseren Blumen und flüsterten den Segensspruch, den unser geliebter Meister uns beigebracht hatte: »Jai Guru Dev, Maharishi …«

Jai Guru Dev

»I must go, but I will come back again.«

Anhang

Maharishis Vortrag vom 25. Mai 1959 an der Universität von Südkalifornien

Ich freue mich, heute Morgen mit Studenten von Südkalifornien zusammen zu sein. Das Studentenleben ist die Zeit der Vorbereitung auf ein erfolgreiches Leben. Wir brauchen einen gesunden Körper, einen klaren Geist und eine gute Seele, um alle Bereiche zu entfalten und das Leben genießen zu können, damit es auch künftig bergauf geht. Die Studentenzeit ist die große Vorbereitung auf das Leben.

Der ganze Bereich der Aktivität ist bekanntlich nichts als ein Spiel des Geistes. Ein Mensch mit starkem Geist hat mehr Erfolg im Leben. Er erreicht mehr, erwirbt mehr, genießt mehr. Alles hängt von der Stärke des Geistes ab. Ihr studiert verschiedene Wissensgebiete, damit ihr in allem, was ihr tut, erfolgreich sein könnt. Das ist der Sinn des Studiums.

Ich habe gehört, dass ihr vergleichende Religionswissenschaft studiert. Ihr vergleicht die Weltreligionen und versucht, dadurch eine klare Vorstellung über den Weg zu erlangen, der zu einem Leben in der Herrlichkeit Gottes führt. Religion ist der Weg zur vollen Entfaltung des Lebens, zu einem Leben in Herrlichkeit. Sie führt letztendlich zur ewigen Herrlichkeit, der eigentlichen Natur des Lebens, zu ewigem Glück – *eternal bliss*. Religion ist der direkte Pfad zur ewigen Seligkeit, zur Erlösung.

Philosophie ist mehr beschreibender Art. Die Philosophie beschreibt die Natur des Lebensziels. Religion bietet dagegen den Weg: Tue dies und lasse jenes, so dass du freien Eintritt ins Himmelreich im Inneren findest. Das Himmelreich im Inneren ist das Ziel aller Religionen.

Das Reich des Himmels, das Feld ewiger Seligkeit – *eternal bliss* – sollte im Inneren wie im Äußeren erfahren werden. Wenn es innen erfahren wird, spiegelt es sich auch im Äußeren wider. Alle Religionen zielen darauf ab, Frieden, Wohlstand und Glück jetzt und für alle Zukunft zu sichern. Es ist das moralische Ziel des Lebens, ein tugendhaftes Leben zu führen.

Die Religion sagt uns, wie wir dieses und jenes tun sollen, sie beschreibt die Tugenden, beschreibt die Sünde, ermutigt uns, die Tugenden anzunehmen, warnt uns vor den Sünden. Das ist der praktische Weg zur Erlösung, zu jeglicher Entwicklung im Leben. Was wir tun und lassen sollen und wie es getan werden soll, all das gehört in den Bereich der Religion. Und was als Folge religiösen Lebens erreicht werden soll, als Ziel des Lebens, das gehört zur Philosophie.

Bei meiner Vorstellung wurde erwähnt, dass ich aus dem Shankaracharya-Orden komme. Die Philosophie von Shankara besagt, dass diese ganze Welt »*Bliss*« ist – Wonne, Glückseligkeit: Dies alles ist *Brahman*. *Brahman* ist absolute Wonne, *eternal bliss*, die letzte Wirklichkeit, die Wahrheit des Seins. Dies alles ist Seligkeit, und DAS bin ich, und DAS allein ist. Nichts anderes existiert. Das ist die höchste Philosophie der Welt. Alles ist *Bliss*, das Himmelreich ist allgegenwärtig. Das ist Shankaras Philosophie. Wie lässt sich das im Leben verwirklichen?

Ihr habt ja Religionswissenschaft studiert und seid daher schon ein wenig an philosophischen Spagat gewöhnt. Darum wollen wir untersuchen, wieso dies alles *Bliss* sein kann, wo wir doch denken, dass Seligkeit als einziges vollkommen außer Reichweite liegt. Wir erfahren nur alles andere: Wir erfahren Unglück, wir erfahren Schmerz, auch etwas Glück … Aber das, was wir *Bliss* nennen – die höchste Stufe von Glück als Dauerzustand, höchste Glückseligkeit ohne Unterlass …?

Wenn wir sehen, wie alles vergeht und alles sich wandelt und es nichts gibt, was dauerhaft ist … Wie soll dann Glück dauerhaft sein? Wie kann diese Blüte Glück sein, wie können diese Blätter Glück sein? Was soll das bedeuten?

Betrachten wir, wie die Wissenschaft die Schlussfolgerung unterstützt, dass dies alles *Bliss* ist. Shankaras Philosophie ist keineswegs die leere Wahnvorstellung eines Verrückten. Sie beruht auf der Erfahrung der klügsten, wissenschaftlichen Köpfe. Die modernen Naturwissenschaften, die Forschungen im Bereich der Chemie, der Materie, haben bekanntlich festgestellt, dass alle Materie aus Molekülen und Atomen besteht und die Atome sich in Elektronen und Protonen aufteilen.

Elektronen und Protonen sind aber nichts als elektrische Ladungen. Alles ist also elektrische Energie; alle Formen sind nichts als formlose elektrische Energie. Darüber lässt sich nicht streiten. Das ist der gesicherte Stand der Wissenschaft.

Gemäß der heutigen Wissenschaft ist die letzte Wirklichkeit dieser Blüte und dieses Blattes nichts anderes als formlose elektrische Energie. All diese Formen, die Schönheit der Rose und das Grün des Blattes sind nur unterschiedliche Interferenzen formloser Energie. Die Erkenntnisse der Wissenschaft deuten darauf hin, dass wir durch die verschiedenen Formen und Muster und Farben in Wirklichkeit nichts anderes als Energie erfahren. Das ist die letzte Wirklichkeit der Materie: formlose Energie.

Wenn die Form aufgehoben ist, existiert nur noch Energie. Wir können also heute aufgrund naturwissenschaftlicher Erkenntnisse sagen, dass die ganze Welt nichts als formlose Energie ist, obwohl wir sehr wohl Dinge sehen. Eis ist reines Wasser. Jedes Eismolekül ist ein Wassermolekül; das Eis ist durch und durch Wasser, obwohl wir nichts als Eis sehen. Alle verschiedenen Formen und Erfahrungen der phänomenalen Welt sind lediglich formlose Energie. Wenn wir in der Lage sind, Energie als Grundlage der Existenz zu erkennen, ist alles, was existiert, Energie und nichts anderes. Das ist ein erwiesenes Faktum.

Gehen wir mit unserer Analyse noch ein Stück weiter. Materie haben wir auf Energie reduziert, alle Formen wurden zu Formlosigkeit reduziert. Diese Erkenntnisse stammen aus der Naturwissenschaft, also aus der Forschung im Bereich der Materie. Hier endet die Materie und wir verlassen den Bereich der Naturwissenschaft.

Unser Körper besteht aus Materie, und die besteht, wie wir gerade gesehen haben, aus Energie. Aber es gibt noch einen anderen Aspekt unserer Existenz, das ist ihr subjektiver Aspekt. Während der Körper den objektiven Aspekt unserer Existenz darstellt, gehören Geist, Intellekt, Ego und Seele dem subjektiven Aspekt an. Die Forschung im Bereich der Naturwissenschaft untersucht das Objektive. Aber sie bieten noch keine vollständige Analyse dessen, was im Universum alles existiert.

Wenn wir eine Methode hätten, zu feineren Phasen der Analyse vorzudringen, und herausfinden könnten, woraus der Geist und der Intellekt und das Ego gemacht sind, dann kommen wir letztlich zu der Schlussfolgerung: *Brahman*, das »*Bliss*«, ist die höchste Wirklichkeit, aus dem Ego, Intellekt und Geist und, weiter im Bereich der grobstofflichen

Manifestation, der Körper und schließlich dieses ganze, grenzenlose, weite Universum gemacht sind. So drückt sich die eine, formlose Energie in verschiedenen Formen aus.

Führen wir die Analyse des Universums weiter: Die eine, selige Wirklichkeit durchdringt das Ego, den Intellekt, den Geist, den Körper, das ganze Universum. Wir stellen fest, dass es nur EINE Wirklichkeit gibt, die sich nie wandelt: diese höchste Wirklichkeit ist unwandelbar.

Alle Wandlungen finden im Bereich der Relativität statt – der relativen Ordnung. Die höchste Wirklichkeit aller Relativität ist das Absolute. Das wandelt sich nie; es bleibt immer dasselbe, und seine wesentliche Natur ist »*Sat-Chit-Ananda*«, absolutes Seligkeits-Bewusstsein, Brahman.

»Das *allein ist*«, und »Das *bin ich*«, und »Das *bist Du*«. Das ist die Wirklichkeit des Lebens. die Wirklichkeit aller subjektiven und objektiven Aspekte, der beiden Bereiche unserer Persönlichkeit.

Die subjektive Persönlichkeit ist der Erfahrende in uns, der sich aus allen Eindrücken, die er durch die Sinne, den Geist, den Intellekt und das Ego erhält, zusammensetzt. Und die Seele liegt jenseits des subjektiven und objektiven Aspekts.

Ihr wisst, wenn der objektive Aspekt unserer Persönlichkeit sich verändert, ändert sich auch der subjektive. Der Körper ist niemals derselbe, er verändert sich ständig. Ebenso ändert sich der subjektive Aspekt: Der Geist ist immer auf der Suche, immer in Veränderung begriffen. Intellekt und Ego wandeln sich ständig.

An der Wurzel allen Wandels liegt das sich nie wandelnde Prinzip des Lebens. Und DAS bin ich. DAS ist die Wirklichkeit des Lebens. DAS wandelt sich nie. In der Terminologie der Shankaracharya-Philosophie nennen wir DAS Brahman. Die Natur von Brahman ist das, was Christus »das Himmelreich« nannte, oder »Ich und der Vater sind eins«. Das ist die Ebene der Einheit, die keine Dualität kennt, die alle Bereiche der Natur transzendiert, die subjektiven wie die objektiven.

Das ist das Feld des Absoluten, der Zustand reinen Seins. Er ist transzendent, er transzendiert die gesamte objektive und subjektive Persönlichkeit – er ist die transzendentale Wirklichkeit. Seine Natur ist Seligkeit, ein Glückszustand höchster Ordnung. Diese Seligkeit ist allgegenwärtig, da sie die höchste Wirklichkeit ist: die höchste Wirklichkeit all der Gase in der Luft und aller Dinge. Diese höchste Wirklichkeit ist die Grundsubstanz aller Dinge. Sie durchdringt alles, genauso wie Wasser das Eis vollkommen durchdringt.

Weil Brahman die letzte Wirklichkeit von allem ist, durchdringt er alles. Dieser abstrakte, formlose Stoff manifestiert sich in verschiedenen Abstufungen und wird zu all den Namen und Formen und Aspekten der subjektiven Persönlichkeit des Menschen. Hier wird er zum Ego, hier zum Intellekt, hier zum Geist und hier zu den Sinnen, hier zum Prana, dem Atem, hier zum Körper, hier zu den Fingernägeln, hier zu den Fingern, hier zur Decke, hier zur Erde, zu Steinen, Bäumen. So manifestiert er sich in verschiedenen Abstufungen.

Der ganze Kosmos ist aus nichts anderem als den Veränderungen und Kombinationen des einen, unwandelbaren Prinzips entstanden, während es sich immer wieder wandelt und wandelt. Und seine wahre Natur ist Bliss, Seligkeit, Wonne.

Wenn Seligkeit universal ist, wenn sie allgegenwärtig ist, innen wie außen, wenn alles Bliss ist, warum wird dann das Bliss nicht erfahren? Das ist die Frage. Wie kann etwas, das alles durchdringt, wie kann so etwas jemals aus der Erfahrung verschwinden?

Um dieses Wie zu beantworten, analysieren wir einmal die Funktionsweise unserer Wahrnehmung. Die Wahrnehmung läuft über die Sinne und wird vom Geist verarbeitet. Die Sinne können allerdings nur gröbere Objekte wahrnehmen. Unsere Augen können eine Blume sehen. Für sehr kleine Objekte brauchen wir dagegen ein Mikroskop. Einen lauten Ton können unsere Ohren hören. Wird der Ton aber sehr subtil, hören wir ihn nicht mehr. Einen starken Duft kann unsere Nase riechen. Wird der Geruch aber sehr fein, dann riechen wir ihn nicht mehr.

Unser Wahrnehmungsapparat kann also durch die Sinne nur die groben Aspekte des objektiven Bereichs wahrnehmen, nicht aber die feineren. Da der Geist immer gewohnt ist, Dinge durch die Sinne zu erfahren, bleibt der subtile Aspekt der Natur hinter den Kulissen. Die Augen können winzige Dinge nicht sehen. Dazu brauchen wir ein Mikroskop. Und noch größere Mikroskope, um immer feinere Dinge zu vergrößern, bis das feinste Objekt schließlich die Begrenzungen des größten Mikroskops übersteigt. Weil der Geist seit langem gewohnt ist, Dinge immer nur durch die Sinne zu erfahren, ist er so abgestumpft, dass wir die subtilen Bereiche der Natur nicht erfahren.

Unser ganzes Leben spielt sich im Erfahrungsbereich der grobstofflichen Natur ab. Macht und Schönheit aber liegen bekanntlich in der Feinheit der Natur. Zerreißen wir ein Blütenblatt, dann entsteht etwas Wärmeenergie, allerdings nicht sehr viel. Könnten wir aber ein Atom spalten, würde eine risige Energiemenge freigesetzt. Die Macht, die Glorie und die Schönheit liegen in der Feinheit der Natur.

Die feinen Ebenen der Natur sind viel faszinierender, bezaubernder, herrlicher als der grobe Bereich. Solange wir durch die Sinne nur den groben Bereich erfahren, begrenzen wir unsere Lebensfreude. Die gesamte Bandbreite umfasst den materiellen, groben, aber auch den feinen Bereich. Der materielle Bereich und unser Leben, wie wir es gewöhnlich durch unsere Sinne wahrnehmen, ist dem groben Bereich zuzuordnen.

Transzendentale Meditation ist die Technik, durch die der Geist angeleitet wird, die feineren Herrlichkeiten der Natur zu erfahren. Und bei jedem weiteren Schritt erfährt der Geist immer größere Herrlichkeit, bis er die Glorie der Transzendenz erfährt, die ewige Seligkeit – *bliss eternal.*

Da wir nur das Diesseits erfahren, sind unsere Erfahrungen nach außen gerichtet. Die Ausdrücke äußerlich und innerlich bezeichnen einfach die grobe und die feine Herrlichkeit der Natur. Wenn sich der Geist irgendwo in der Mitte zwischen diesen beiden befindet, wendet er sich dem Diesseits zu. Damit kehrt er jedoch den größeren Herrlichkeiten des Lebens, dem feineren Bereich der Natur den Rücken zu.

Wenn der Geist einen Weg fände, sich umzuwenden, ginge er automatisch in Richtung der feineren Erfahrungen weiter, da der größere Reiz, der in diesem Bereich des Lebens liegt, den Geist ganz natürlich anzieht. Mit jedem weiteren Schritt nähert er sich größerer Herrlichkeit und genießt sie mehr und mehr, bis er sich schließlich an der größten Herrlichkeit erfreut, am feinsten Klang, wo die Natur ihren Punktwert erreicht.

Der Klang ist am Punktwert, die Form ist am Punktwert, der Geruch ist am Punktwert, und schließlich transzendiert der Geist auch das und erreicht das Feld des Absoluten, jenseits des Irdischen. Der Weg nach innen ist der Weg zu den größeren Herrlichkeiten des Lebens, zur größten Herrlichkeit, zur ewigen Herrlichkeit, ewiger und absoluter Seligkeit – *bliss eternal*. Die Erfahrung des äußeren Bereichs ist unbedeutend gegenüber dem inneren, wo ihr anfangt, eure eigene Natur unmittelbar zu erfahren.

Die Erfahrung eurer eigenen Natur ist die Erfahrung der Seligkeit, die absolut ist. Das bedeutet, ihr erfahrt die allgegenwärtige, transzendentale Wirklichkeit. Es kommt nur darauf an, dem Geist zu erlauben, die inneren Herrlichkeiten eines Mediums zu erfahren – was immer es ist. Ihr nehmt eine Form und reduziert sie bis zum Nullpunkt, sodass der Geist in der Transzendenz landet.

Ihr nehmt einen Klang und reduziert ihn. Ihr kommt in den feinen Bereich des Klangs, in noch subtilere Bereiche und landet auf dieser geistigen Ebene, dem allerfeinsten Klang. Wenn ihr die Technik beherrschen würdet, diese geistige Ebene des Klanges zu reduzieren und die feineren Stadien des Gedankens zu erfahren – die geistige Empfindung des Klangs ist nur ein Gedanke –, und wenn der Gedanke allmählich leiser werden könnte, bis er auf null reduziert wird und den Geist in die Transzendenz wirft, dann ist das der Weg, die größeren Herrlichkeiten der Natur zu genießen.

Das hat mit Mystik nichts zu tun. Der ganze Vorgang basiert auf unmittelbarer Erfahrung. All das kann auf seine direkte Erfahrbarkeit hin getestet werden und ist wissenschaftlich. Der ganze Vorgang der Transzendentalen Meditation ist wissenschaftlich und führt dazu, die feineren Herrlichkeiten der Natur zu erfahren und sich letztlich an der Herrlichkeit des Allgegenwärtigen zu erfreuen.

Da der Geist immerzu Erfahrungen durch die Sinne macht, erfährt er nur den groben Bereich der Natur, als wäre seine Aufnahmefähigkeit darauf beschränkt. Sobald er jedoch feinere Bereiche der Natur erfährt, wächst seine Fähigkeit, Erfahrungen zu machen – und sie wächst und wächst immer mehr.

Das ist der Weg, den Geist zu reinigen. Der Weg, den Geist zu schärfen. Der Weg, alle latenten Anlagen, die im Meer des Geistes schlummern, zu entfalten. Der ganze Bereich der subtilen Natur ist das Reich des Geistes. Das Reich des Geistes ist ein Meer: der bewusste Geist, der unterbewusste Geist, der überbewusste Geist und endlich reines Bewusstsein.

Wenn ihr eurem Geist erlaubt, feinere Phasen eines Mediums zu erfahren, erschließt ihr immer tiefere Ebenen des Bewusstseins und erreicht schließlich reines Bewusstsein. Dieser ganze Bereich ist das Feld der Psychologie. Leider schöpft die heutige Psychologie nur die Oberfläche des geistigen Meeres ab.

Transzendentale Meditation dagegen leitet den Geist an, mit jedem Schritt immer größeren Reiz zu erfahren und alle tieferen Schichten des Unterbewusstseins zu erschließen, die Grenze des individuellen Geistes schließlich zu überschreiten, zu transzendieren und im Feld des kosmischen Geistes, des universalen Geistes, anzukommen. Der universale Geist ist kosmisches Bewusstsein, und das ist allgegenwärtig. Seine Natur ist Bliss – Seligkeit.

Ohne die Praxis der Transzendentalen Meditation wird das Leben zum Kampf. Wenn jemand ein guter Schwimmer werden will, muss er auch Tauchen lernen. Wenn er tief eintauchen kann, dann schwimmt er auch gut an der Oberfläche. Wenn du im Innern größere Herrlichkeiten und größeres Glück erfährst, dann schwimmst du auch viel besser an der Oberfläche des Lebens. Die inneren Ebenen des geistigen Meeres müssen berührt, die unterbewussten Ebenen erschlossen werden, dann kommt die ganze Kraft der latenten Fähigkeiten an die Oberfläche.

Ich möchte den Menschen eine direkte Methode zeigen, mit der sie nach innen tauchen, ihre latenten Anlagen entfalten und das Bliss, die reine Wonne im Leben erfahren können. Der Geist ist voller Wonne, wenn er wieder herauskommt, voller Energie, voller Frieden, voller Glück, und mit dieser Energie, diesem Frieden und Glück, kann er die Welt viel besser genießen.

Das Ziel des Tauchens zum Meeresgrund sind die Perlen, die wir an die Oberfläche bringen, um ihren Wert im Äußeren zu genießen. Wir tauchen nach innen ins Reich der Wonne, bis der Geist damit verschmilzt und selbst zu Wonne wird. Er saugt sich wie ein Schwamm mit Seligkeit voll und kommt dann voller Bliss wieder heraus, um zufrieden die Welt zu genießen.

Der Hinweg ist also der Pfad zum Göttlichen, zur Wonne, und der Rückweg ist der Gang der Wonne in die Welt. Wir gehen zum Göttlichen und bringen es in die Welt, damit die Welt göttlich wird. Dadurch können sich alle Anlagen des Geistes entfalten, und wenn du deine geistigen Anlagen voll entfaltet hast, kannst du die weltlichen Freuden besser genießen. Alles wird von Erfolg gekrönt. Andernfalls ist das Leben begrenzt, und ein begrenztes Leben ist nicht zufriedenstellend. Dann wird das Leben zum Kampf, wir beschreiben Leben als Kampf, während es in Wahrheit Wonne ist. *Life is Bliss.*

Ohne die Technik des Lebens – wenn wir nicht in der Lage sind, in die Wonne einzutauchen und mit dem inneren Raum des Glücks in Kontakt zu treten – stört uns alles, denn nichts in der äußeren Welt ist in der Lage, den Menschen voll zu befriedigen. Die Technik des Lebens ist einfach das Eintauchen in Wonne, den Geist mit Wonne zu füllen und mit diesem Bliss wieder herauszukommen, dann ist das Leben Wonne. Nichts ist so faszinierend, so bezaubernd, wie den Durst des Geistes nach Glück zu stillen. Nur weil der Geist nach Glück dürstet, wandert er hierhin und dorthin.

Manche sagen, der Geist sei ein Affe, er sei schlecht und unfähig, sich zu konzentrieren. Ich weise diese Vorstellung entschieden zurück. Der Geist jedes Menschen ist ein König der Könige. Ihn als Affen zu bezeichnen ist eine Verleumdung.

Jeder Mensch mit Würde braucht einen angemessenen Ruheplatz. Wenn wir sehen, dass ein König hin und her wandert, dürfen wir daraus nicht schließen, dass er von Natur aus wandern will. Das stimmt nicht. Er findet einfach keinen angemessenen Platz zum Sitzen. Wo soll er sich hinsetzen? Der Geist braucht einen geeigneten Platz, einen Platz voller Zauber, voller Schönheit, voller Freude, erst dort kommt er zur Ruhe.

Nichts in der Welt kann ihm diese große Freude bringen, die ihn wirklich zufriedenstellt.

Es gibt in der äußeren Welt keinen angemessenen Platz für den Geist, und das ist der Grund, warum er wandert, immer von hier nach da. Du glaubst, du bräuchtest Abwechslung, und die Abwechslung bringe Frieden. Das ist ein Trugschluss. Es ist nicht die Suche nach Abwechslung, sondern der Mangel an Herrlichkeit. Der Geist findet nicht genug Herrlichkeit, und darum wird er wie ein Fußball hin und her geschossen, von einem Ort zum anderen.

Wenn ein durstiger Mann nirgends Wasser findet, beginnt er die Tautropfen von den Grashalmen zu lecken. Weil der einzelne Tropfen aber nicht ausreicht, seinen Durst zu löschen, zieht es ihn zum nächsten Tropfen. Nicht weil ihn die Herrlichkeit des Tropfens anzieht, sondern weil der erste Tropfen seinen Durst nicht löschen kann. Würde der erste Tropfen den Geist zufriedenstellen, dann würde er nicht weiter wandern.

Es ist also nicht die Herrlichkeit des zweiten Tropfens, die ihn anzieht, sondern die Unzulänglichkeit des ersten Tropfens, die ihn abstößt, sodass er sich dem zweiten Tropfen zuwendet. Aber auch dieser stößt ihn ab und der nächste wieder, und darum wandert der Geist hierhin und dorthin. Nicht weil er immer größere Befriedigung findet, sondern weil die Unzufriedenheit wächst. Das ist das Leben. Der Geist wandert nur, um in der Seligkeit zur Ruhe zu kommen, im *Bliss*.

Es ist ein Trugschluss, wenn die Leute sagen, dass der Geist wandern will, und sie versuchen, ihn zu kontrollieren. Wie kontrolliert man den Geist? Er lässt sich durch nichts kontrollieren, was ihn nicht anzieht. Er kann durch nichts kontrolliert werden, was nicht hundert Prozent Seligkeit ist. Wie kann ein durstiger Mensch kontrolliert werden, außer durch Wasser, das seinen Durst stillt? Gib ihm genug Wasser zu trinken und du hast ihn unter Kontrolle.

Wenn du einem Hund nachläufst, um ihn zu fangen, läuft er dir davon, schneller und schneller, und wenn du ihn einholst, beißt er dich. Auf diese Art ist es schwierig, den Hund zu kontrollieren. Das Beste ist, ihm Futter hinzustellen, dann läuft er dir nicht weg. Stelle ihn zufrieden und du hast alle Vorteile der Kontrolle, ohne härtere Kontrollmaßnahmen ergreifen zu müssen. Das ist der Weg, den Hund unter Kontrolle zu halten. Ihm nachzulaufen ist keine gute Methode.

Der Versuch, den Geist zu kontrollieren, ohne ihm größeres Glück zu bieten, ist eine schlechte Kontrollmaßnahme, die nicht zum Ziel führt. Die beste Methode ist, ihm etwas zu bieten, das ihn zufriedenstellt.

Gib dem Hund Futter, und er läuft dir nicht weg, selbst wenn du ihn schlägst. Um den Geist zu kontrollieren, führe ihn zur Seligkeit, zum *Bliss*, und schon ist er unter Kontrolle. Deswegen biete ich eine Technik, die den Geist nicht kontrolliert, sondern zufriedenstellt. Wir führen den Geist nach innen, und dieser Weg nach innen ist ganz natürlich.

Der Geist ist der äußeren Dinge sowieso längst überdrüssig. Nur eine kleine Wendung nach innen, und schon wird der Geist von den inneren Herrlichkeiten gefesselt, und geht diesen Weg. Es drängt ihn regelrecht zu den tieferen Quellen.

Wir hören eine Melodie, und aus einer anderen Richtung erklingt plötzlich eine schönere Melodie. Sofort wendet sich der Geist der schöneren Melodie zu. Er braucht nicht erst zu lernen, der schöneren Melodie zu lauschen. Es dauert nicht lange, er braucht keine anstrengende Übung, kein langes Training, um größere Freude zu erfahren, denn das ist es, was er sowieso schon immer will. Nur eine Kehrtwendung nach innen: Kehre um, und der Geist geht beglückt diesen Weg.

Wenn du dich dem Licht näherst, nimmt das Licht mit jedem Schritt zu. Wenn du den Geist zur ewigen Seligkeit führst, zu *eternal Bliss*, nimmt das Glück mit jedem Schritt zu. Dieses Glück zieht den Geist ganz von selbst an, es verzaubert ihn, und darum folgt er diesem Weg. Wenn also jemand sagt, meditieren sei schwierig, nach innen zu gehen und das Himmelreich zu finden sei schwierig und so weiter – das ist alles Unsinn. Es beruht auf Unwissenheit, weil die Natur des Geistes nicht verstanden wurde.

Von Natur aus will der Geist nicht wandern, sondern sich setzen. Würde er gerne wandern, dann würde er sich glücklich, zufrieden und erfüllt fühlen, je mehr er wandern darf. Alles, was der eigenen Natur entspricht, macht uns glücklich. Wir merken aber: Wenn wir den Geist wandern lassen, ohne dass er etwas Angenehmes findet, wo er sich ausruhen und glücklich sein kann, dann fühlt er sich elend, unglücklich, unzufrieden. Das führt uns zu der Schlussfolgerung, dass Wandern nicht seine wahre Natur ist. Von Natur aus will er Ruhe und Frieden erfahren. Aber ruhig und friedvoll ist er nur, wenn er in Seligkeit gegründet ist, in *Bliss*. Nichts weniger als hundert Prozent Bliss kann den Geist zufriedenstellen; sonst bleibt er immer auf der Suche und sucht und sucht.

Alle gegenwärtig vorherrschenden Systeme der Meditation versuchen, den Geist zu kontrollieren und dadurch zu verfeinern. Du schiebst den Geist hierhin, schiebst ihn dorthin, setzt ihn irgendwohin, bis er rebelliert. Und wieder schiebst du ihn dorthin und wieder kommt er zurück, weil er keinen positiven Anziehungspunkt findet. Ohne positive Anziehung fühlt er sich abgestoßen. Und du drängst ihn von neuem dorthin, und wieder kommt er zurück – ein beständiges Drängen und Stoßen. Der ganze Vorgang wird zu einer ermüdenden Angelegenheit.

Was ermüdet, nimmt dem Leben etwas weg, anstatt ihm etwas zu geben. Und weil es ermüdet, sagen die Leute, es sei schwierig, den Geist zu kontrollieren, und man könne keine Erleuchtung erreichen, ohne dafür permanent zu üben. Sie gehen davon aus, dass die Schönheit der äußeren Welt größer sei als die Schönheit der inneren Welt; dass der Geist nicht zur geringeren Schönheit im Inneren gehen will, sondern in der größeren äußeren Schönheit bleiben möchte. Das ganze Prinzip ist falsch.

Ich hörte, man spricht in diesem Land viel über Zen und über sofortige Erleuchtung. Unglücklicherweise gibt es heute leider keinen Zen-Meister, der sofortige Erleuchtung geben kann. Die Theorie ist in Ordnung, dass Wonne allgegenwärtig ist, *Bliss* ist bereits da. Und »Ich bin DAS« und »Du bist DAS«, warum also nicht sofort Bliss haben? Aber wir brauchen einen Weg. Der Geist muss verfeinert werden, um das Subtile erfahren zu können, da er normalerweise nur das Grobe erfährt. Um das Transzendente erfahren zu können, muss der Geist in der Lage sein, alle subtileren Stadien zu erfahren, dann erst erfährt er DAS. Also kehre um und beginne, die subtileren Stadien eines Mediums zu erfahren, und erfahre die subtileren und die subtilsten Stadien, dann erfährst du geradewegs die Transzendenz.

Fast alle Meditationsübungen, die heutzutage von allen möglichen Gruppen und Religionen praktiziert werden, versuchen den Geist nur um einige Grad zu drehen und stellen den Geist nicht zufrieden. Wenn der Geist nicht zufriedengestellt ist, dann denkt der intelligente Mensch: Das Ganze ist Zeitverschwendung, warum sich damit plagen?

Du gehst zum Tennisplatz, spielst eine Stunde und hast das Gefühl: Das hat Spaß gemacht. Du setzt dich zu Hause hin, schließt die Augen und sprichst nichts und hast das Gefühl: Was soll das? Reine Zeitverschwendung! Deswegen hat der Zeitgeist sich gewandelt. Die Menschen wenden sich vom Weg nach innen ab, weil sie die Richtung verloren haben. Die Richtung, die Führung stimmt nicht mehr.

Um die Menschen zu führen und richtig anzuleiten, habe ich das »Spiritual Regeneration Movement«, die »Geistige Erneuerungsbewegung« gegründet, die in der ganzen Welt eine geistige Erneuerung bewirkt – durch den einfachen Vorgang der Transzendentalen Meditation, der den Geist unmittelbar um volle hundertachtzig Grad umkehrt, sodass der Geist Freude erfahren kann.

Die Menschheit wird geistig erneuert, weil das gesamte innere Leben wieder erfahrbar wird, und der Geist erfreut sich daran. Alle Anlagen des Geistes werden erschlossen, der ganze Bereich der Psychologie und der Philosophie. Das ist die Philosophie von Shankara. Damit jeder diese Erfahrung machen kann, verbreite ich diese einfache Technik. Das ist der praktische Wert der indischen Philosophie. In den Schriften der indischen Philosophie heißt es seit jeher: »Dies alles ist Bliss, Seligkeit, Wonne« und »Das bin Ich«. Hier kommt die Technik, um das zu erfahren, um voller Wonne zu sein. Das ist das Ziel und die Erfüllung aller Religionen. Das erfüllt die Gebote aller Religion.

Christus sagt: »Trachtet zuerst nach dem Reich Gottes, und alles andere wird euch zufallen.« Dies ist das Reich Gottes, das Himmelreich. Trachtet zuerst nach dem Himmelreich, dann wird euch alles andere zufallen, weil der Geist so machtvoll wird. Das Bliss, die Seligkeit, die erfüllte Gedankenkraft wird gestärkt. Wie wird die Gedankenkraft stärker? Wenn der Geist großes Glück erfährt, ist er zufrieden. Wenn er zufrieden ist, plagt ihn nichts mehr. Wenn ihn nichts mehr plagt, wird Energie gespart.

Wenn der Geist dagegen unzufrieden und unerfüllt ist, wird Energie verschwendet. Wenn wir statt zehntausend Gedanken pro Minute nur noch zehn Gedanken denken, dann hat jeder einzelne Gedanke die Kapazität und Stärke von tausend Gedanken. Auf diese Weise nimmt die Macht, die Gedankenkraft zu und das Glück wird größer. Das ist die Erfüllung des Lebens. In der Sprache von Buddha: der Zustand von Nirwana. In den Worten von Christus: der Zustand des Himmelreichs. Das ist Jivan Mukti: Kosmisches Bewusstsein, die große Stille der Transzendenz, die im Leben erfahren wird, selbst wenn du mit vielfältigen Aktivitäten beschäftigt bist. Das ist das Ziel aller Religionen. Es erfüllt den Zweck jeglicher Erziehung und Bildung.

Erziehung bedeutet die Entfaltung der inneren Fähigkeiten, der inneren Anlagen des Menschen. Solange sich der Geist nicht nach innen wendet, solange die Aufmerksamkeit nicht nach innen gerichtet wird, bleibt Erziehung immer unvollständig. Hier ist die Erfüllung aller Studienzweige, aller Zweige der Wissenschaft, der wissenschaftlichen Erforschung der Wahrheit. Hier ist die wissenschaftliche Wahrheit all dessen, was in der Welt existiert. Es ist die Erfüllung der Philosophie, das Ziel aller Religionen. Mit der Transzendentalen Meditation erreichen wir die Erfüllung des Lebens auf einen Streich. Jetzt ist, glaube ich, meine Redezeit um.

Ich habe euch in Kürze einen Überblick über das ganze Leben gegeben, über den Sinn des Lebens und wie man ihn erreichen kann. Nun möchte ich gerne eure Fragen beantworten.

Müssen wir für TM bestimmte Dinge aufgeben?

Was sollte man aufgeben müssen, um sich an der großen, dahinterliegenden Herrlichkeit zu erfreuen? Wir gehen einfach nach innen und kommen wieder heraus. Nichts muss aufgegeben werden. Wenn jemand, der in einer Hütte lebt, in einen Palast umzieht, empfinden wir die Aufgabe der Hütte nicht als Verlust, denn er bekommt ja dafür einen Palast. Das ist kein Verlust. Wenn ein Geschäftsmann, der im Jahr zehntausend Dollar verdient, in einem anderen Geschäft eine Million verdient, was hat er dann verloren? Das ist kein Verlust von zehntausend Dollar, sondern ein Gewinn von einer Million. Wir rechnen das nicht als Verlust.

Wir setzen uns einfach eine Weile hin, genießen die Stille und kommen dann wieder heraus. Die Theorie der Entsagung und des Losgelöstseins ist für die Menschen in der Welt nicht geschaffen. Wenn Bliss allgegenwärtig ist, wenn das Himmelreich direkt in uns liegt, dann sollten wir das, was in uns liegt, ganz natürlich leben, selbst wenn die Augen dieses und jenes genießen. Das, was in mir ist, sollte ganz natürlich gelebt werden, auch wenn die Augen damit beschäftigt sind, sich an den äußeren Herrlichkeiten zu erfreuen.

Wer sagt »Lass die weltlichen Freuden fahren, damit du die Freude der Seele erlangst« und ähnliches, der meint damit: »Du musst das Licht im Zimmer ausmachen, damit der helle Sonnenschein ins Zimmer strahlt.«

Das ist eine schlechte Logi: »Wie kannst du Sonnenlicht haben, solange die Lampe brennt?« Ich sage dagegen: »Lass das Licht an, mache mit Hilfe der Lampe die Tür auf und lass das helle Sonnenlicht herein. Damit das Sonnenlicht ins Zimmer kommt, musst du nur die Tür öffnen und brauchst die Lampe nicht auszuschalten.«

Wer behauptet, man müsse diesem und jenem entsagen, der glaubt offenbar, dass die Welt herrlicher sei als die Herrlichkeit Gottes. Man müsse die größere Herrlichkeit aufgeben, um in Abwesenheit der größeren Herrlichkeit der Welt die geringere Herrlichkeit Gottes akzeptierten zu können. Die Theorie der Loslösung beruht auf der Vorstellung, die Welt sei so herrlich und faszinierend, dass sie den Geist fesselt. Und man könne das Göttliche nur genießen, wenn man die Türen der Welt vorher schließt. Das ist eine sehr schlechte Logik. Das Reich des Göttlichen erstrahlt hell wie das Sonnenlicht draußen. Der weltliche Bereich ist dagegen ein kleines, elektrisches Licht im Zimmer. Es reicht zwar scheinbar aus, aber du bist mit dem Lampenlicht nur solange zufrieden, wie die Tür noch geschlossen ist. Wir bleiben also in der Welt, erfreuen uns an all den materiellen Herrlichkeiten und öffnen einfach die innere Tür, um Erfahrungen zu machen und für ein paar Minuten DAS zu erreichen. Das ist alles.

Weltliche Dinge zu erreichen erfordert lange Zeit, weil sie im äußeren Bereich liegen. Du gehst ins Büro und kommst zurück, gehst wieder hin und kommst wieder zurück, und dadurch verdienst du dein Geld. Alles, was weiter von uns entfernt ist, braucht mehr Kraft und mehr Zeit. Zu dem, was im Innern liegt, brauchen wir dagegen nur einige Minuten hinzugehen und können uns daran erfreuen.

Sobald wir nach innen gegangen sind, erkennen wir zwei Dinge. Erstens: Wir müssen nichts in der Welt aufgeben, keinerlei Loslösung ist nötig. Das ist das eine. Und das andere, was noch wichtiger ist: Die Herrlichkeit der Welt wird durch das Licht des inneren Selbst noch viel schöner. Die materiellen und spirituellen Werte ergänzen sich nicht nur, durch die Erfahrung des inneren Lichtes werden die äußeren Herrlichkeiten mit noch mehr Glanz erfüllt. Das ist der Wert der spirituellen Entwicklung. Du kannst die Welt anschließend noch mehr genießen. Hier ist eine Methode, die Welt noch mehr zu genießen und auf keine weltlichen Freuden verzichten zu müssen.

Was heißt »Gewahrsein des Selbst-Bewusstseins«?

Gewahrsein des Selbst-Bewusstseins, Selbst-Gewahrsein, ist ein Zustand des Seins, ein Zustand, von dem uns nichts ablenken kann. Ein Student hat zum Beispiel erfahren, dass er die Prüfung bestanden hat, und die Freude darüber erfüllt seine ganze Natur – natürlich ist er glücklich. Er ist glücklich, auch wenn er mit anderen spricht, wenn er hierhin und dorthin geht, selbst wenn er gar nicht daran denkt, dass er bestanden hat. Obwohl er mit dem bewussten Verstand den Gedanken, bestanden zu haben, nicht festhält, genießt er das Ergebnis. Selbst wenn er mit dem Verstand nicht an das Selbst-Gewahrsein denkt, bleibt der Zustand des Seins aufrechterhalten. Und er lebt ihn in allen Lebenssituationen.

Kosmisches Bewusstsein ist der Zustand, in dem diese ewige Stille inmitten all der Aktivität gelebt wird. Keine Aktivität kann sie schmälern, keine Beruhigung der Aktivität kann sie verstärken. Der Zustand des Seins ist von Natur aus absolut und nicht von irgendwelchen äußeren Erfahrungen abhängig. Darum wird er durch nichts aus der äußeren Welt mehr oder weniger.

Und das ist die Folge von wenigen Minuten. Tauche in die tieferen Ebenen des Bewusstseins ein und komme wieder heraus, gehe hinein und komme heraus. Je länger wir das praktizieren und mehr und mehr mit dem Göttlichen in Kontakt treten, umso mehr Frieden, Glück und Energie können wir nach außen bringen, bis wir hundert Prozent davon nach außen bringen. Und dann verschmelzen innen und außen. Es gibt keinen Unterschied mehr zwischen innen und außen. Wir stehen voll im geschäftigen Leben und leben trotzdem diesen ewigen Frieden. Der Zustand des Selbst-Gewahrseins ist also keineswegs ein Zustand bar jeder Energie, Aktivität und Erfahrung. Er bleibt lebendig in allen Situationen.

In einem Gespräch hast du gesagt, man könne dadurch mit relativen Problemen, zum Beispiel finanzieller Art, besser umgehen. Sie werden zwar nicht beseitigt, aber man kann sie besser bewältigen.

Ja. Ein zerstrittener Geist findet keinen Frieden. Mit einem erfüllten Geist geht das Geldverdienen viel besser. Ein spiritueller Geist hat größere Energie. Wenn der Geist eines Menschen unzufrieden und verzweifelt ist, ohne Energie, dann isst der Mensch womöglich etwas, was ihn krank macht, und das ganze Essen bringt ihm überhaupt nichts. Mit mehr Energie, einem klaren Kopf und einem zufriedenen Geist würde er nicht einfach alles in sich hineinschlingen, er würde nur Gutes zu sich nehmen.

Was ist der genaue Zustand des Geistes während der Meditation?

Ich bringe mal einen Vergleich. Ein guter Freund von dir, den du seit zehn Jahren kennst, lebt in New York, und du möchtest ihn gerne sehen. Plötzlich steht er vor dir und besucht dich, und du freust dich überschwänglich, dein ganzes Herz strömt über voller Freude. Dieses gehobene Gefühl tausend Mal stärker ist Das. Das eine ist eine relative Freude, und Das ist eine Freude des Absoluten. Das füllt den Geist vollkommen aus und wirkt über den ganzen Tag, über viele Tage, das ganze Leben lang. So ist das.

Ich meinte, was genau macht der Geist dabei?

Der Geist macht eine Erfahrung. Er erfährt zum Beispiel das Wort Blume, wie es immer leiser wird: Blume … Blume … Blume … Blume … Blume …. Was macht der Geist dabei? In diesem Beispiel erfährt er verschiedene Lautstärken des Klangs. In der Meditation erfährt er verschiedene Stadien eines Gedankens, feinere Stadien des Denkens.

In der Transzendentalen Meditation sagen wir nicht »I'm going to bliss. Ich erfahre Wonne, I'm going to bliss. Ich erfahre Wonne.« Das ist nur oberflächlich, Hypnose, Selbsthypnose, Autosuggestion. »I'm going to bliss. Ich erfahre Wonne,« und dann anfangen, Wonne zu spüren. Das ist ein aufgesetzter Gedanke an Bliss. Das ist Selbsthypnose, etwas, das die emotionalen Gefühle anregt, aber den intellektuellen Aspekt vollständig blockiert. Ich kann mir zwar einreden: »Ich bin ein König, ein König, ein König«, aber der Intellekt weiß doch, dass ich in Wahrheit kein König bin. Deswegen wird der Intellekt blockiert, es wird ihm nicht erlaubt, in Funktion zu treten. Nur die Emotionen werden so angeregt, dass man anfängt, sich wie ein König zu fühlen.

Das ist eine manipulierte Vorstellung vom Königsein, nicht der wirkliche Status eines Königs. Du befindest dich zwar nicht in einem bestimmten Zustand, hast aber das Gefühl, in diesem Zustand zu sein. Hypnosepraktiken reduzieren die Leistungsfähigkeit des Menschen, denn sie blockieren den intellektuellen Aspekt. Das Gefühl wird nur vorgespiegelt. Du schläfst nicht wirklich ein und hast doch das Gefühl »Ich schlafe«. Das ist der Grund, warum du am Morgen nicht so frisch aufwachst, als wenn du wirklich geschlafen hättest. Der Friede, den du nach dem Aufwachen fühlst, ist nur oberflächlicher Friede, der nach ein, zwei Stunden wieder verflogen ist. Die Praxis der Transzendentalen Meditation entwickelt alle Fähigkeiten des Intellekts gleichzeitig mit allen Fähigkeiten des Gefühls. Die Gefühlswelt wird zur Vollkommenheit geführt, der Intellekt wird zur Vollkommenheit geführt – die ganze Persönlichkeit wird integriert.

Benutzen Sie Blumen bei Ihrer Transzendentalen Meditation?

Nein, Blumen sind zum Anschauen. Das Schöne ist, dass wir die Herrlichkeit des Unmanifesten, Absoluten, Abstrakten durch den

Anblick der manifesten Objekte genießen können. Das ist der Nutzen der Objektivität, der Wert der Dualität. Das Feld der Dualität ermöglicht uns, die Freude der Einheit im Leben zu erfahren.

Obwohl man doch immer wieder hört: Das ist die Dualität, sie bringt nur Elend. Ich sage: Nach dem Kontakt mit der Einheit des Lebens befähigt uns das Feld der Dualität, jene Einheit in allen Erfahrungen des Lebens zu finden. Das ist die Größe der Shankara-Philosophie. Normalerweise spreche ich in der Öffentlichkeit nicht in Begriffen der Shankara-Philosophie, da sie mehr in Begriffen von Entsagung und Loslösung interpretiert wurde. Vedanta handelt von der Universalität der Wonne in der gesamten Mannigfaltigkeit der Natur, in allen unterschiedlichen Erfahrungen. Das ist wirklicher Vedanta; und das ist der Zweck des Yoga.

Der Zweck von Yoga ist es, den Geist um hundertachtzig Grad nach innen zu wenden, damit er in Bliss ist, in reiner Wonne. Und der Zweck des Vedanta ist es, dir intellektuell klar zu machen, dass du im transzendentalen Zustand diese Wonne erlebt hast. Und wenn du heraus kommst, kommst du mit etwas von dieser Wonne heraus, mit ein bisschen Stille, bis du die Stille lebst. Vedanta macht diesen Vorgang verständlich.

Die eine Richtung der Meditation ist Yoga. Die andere Richtung der Meditation ist Vedanta, wodurch sich Selbst-Bewusstheit zum Kosmischen Bewusstsein entwickeln kann. Der Weg des Geistes nach innen geht zur Selbst-Bewusstheit, der Zweck des Yoga. Und der Weg des Geistes vom Göttlichen nach außen in die Welt ist der Weg des Vedanta: Kosmisches Bewusstsein auf der Grundlage der Selbst-Bewusstheit. Beide werden durch Transzendentale Meditation verwirklicht.

Das ist die Botschaft des Spiritual Regeneration Movements, der Geistigen Erneuerungsbewegung. Zu diesem Zweck gründe ich überall Meditationszentren. Das ist der Weg zu einem ganzheitlichen Leben, um das Leben in seiner vollen Herrlichkeit zu genießen. Alle Herrlichkeiten des materiellen Lebens, alle Herrlichkeiten der geistigen Ebenen, des Bereichs der Spiritualität, alles auf einen Streich durch Transzendentale Meditation.

Deshalb müssen überall Meditationszentren eingerichtet werden, um die Menschen aus dem Elend herauszuführen.

Jai Guru Dev

TO THE BOUNDLESS RESOURCES OF INNER MAN

The Highway to
World Peace

THREE YEAR PLAN
of the
SPIRITUAL REGENERATION MOVEMENT
1960 - 1962

The Spiritual Regeneration Movement aims at universal peace and harmony through the development of peace and harmony in the life of the individual. The unique feature of this world-wide movement which distinguishes it completely from other movements of similar aim, is that it offers something of practical value.

It brings to the door of the busy worldly man a key to the unfoldment of the higher consciousness—a simple practice of meditation which enables everyone to enjoy peace of mind, inner happiness, increased ability and proper sense of values in all walks of life.

A NON-SECTARIAN UNIVERSAL APPROACH

Der unbegrenzten inneren Quelle des Menschen gewidmet

Der Highway zum Weltfrieden

Dreijahresplan der Geistigen Erneuerungsbewegung 1960 – 1962*

Ziel der Geistigen Erneuerungsbewegung ist universaler Frieden und universale Harmonie durch die Entwicklung von Frieden und Harmonie im Leben des Einzelnen. Diese weltweite Bewegung unterscheidet sich von anderen Bewegungen ähnlicher Zielsetzung deutlich dadurch, dass sie etwas von praktischem Nutzen bietet. Sie gibt dem vielbeschäftigten, weltlichen Menschen einen Schlüssel zur Entfaltung höheren Bewusstseins in die Hand – eine einfache Meditationspraxis, die es jedem ermöglicht, geistigen Frieden, inneres Glück, erhöhte Leistungskraft und rechte Wertmaßstäbe in allen Lebenslagen zu genießen.

Die Philosophie der Bewegung

Life is bliss. – Das Leben ist reine Wonne und kein Kampf.

Man is born to enjoy. – Der Mensch ist zum Genießen geboren, keinesfalls, um zu leiden.

Man is born of bliss. – Der Mensch ist aus Wonne geboren, aus Bewusstsein, aus Weisheit und Kreativität.

All this is found in fullness. – Überall finden wir Fülle, wenn die Blume des Lebens voll erblüht. Alle inneren und äußeren Herrlichkeiten erblühen. Wenn die inneren spirituellen und die äußeren materiellen Werte bewusst harmonisiert werden, wird das Leben ganzheitlich und lebenswert.

Das Leben hat zwei Aspekte – innen und außen.

Das innere Leben ist absolutes Glückseligkeitsbewusstsein. Es ist bedingungslose, ewige Existenz, Glück, Weisheit und Kreativität.

Das äußere Leben ist relativ. Es ist Existenz, Glück, Weisheit und Kreativität, bedingt durch Zeit, Raum und Kausalität.

Die innere Sphäre des Lebens ist die Quelle der äußeren. Sie ist der Urquell des äußeren Lebensborns.

Die Basis aller Werte des äußeren Lebens liegt in der unmittelbaren Verbindung und Harmonie mit dem inneren Leben. Der Geist sucht immer nach größerem Glück. Wenn der Geist richtig nach innen gelenkt wird, genießt er ganz von selbst die inneren Freuden.

Um den Geist nach innen zu lenken, sind weder Geisteskontrolle noch lange, anstrengende Übungen nötig. In Richtung nach innen liegt das Meer des Glücks, die Wonne des Absoluten, die den Geist naturgemäß anzieht und den Menschen befähigt, die innere Schönheit des Lebens in allen praktischen Aspekten des Lebens auszudrücken.

Es ist kein Rückzug aus den Verpflichtungen des Lebens nötig, um das Leben zu integrieren und das volle Leben in der Welt zu genießen.

Es ist ein Irrglaube, dass der Geist von Natur aus wandern will. Er wandert nur, um sich im Bliss, in der Wonne niederzulassen. Wenn er keinen attraktiven Ruhesitz findet, fühlt er sich elend. Dies zeigt, dass Wandern nicht seine wahre Natur ist. Alle Vorzüge der Geisteskontrolle können dagegen leicht erreicht werden, wenn wir den Geist zum wonnigen Reich des inneren Lebens führen und seinen Durst nach Glück stillen.

Maharishis System der Transzendentalen Meditation ist eine einfache Technik, welche die natürliche Tendenz des Geistes nutzt, zum Bereich größeren Glücks zu gehen. Darum ist es für jeden leicht, durch diese Praxis alle Vorteile der Entfaltung höheren Bewusstseins zu genießen.

Maharishis System der Transzendentalen Meditation bringt mühelos die innere und äußere Pracht des Lebens in Einklang. Es ist das goldene Band, das die materiellen und spirituellen Aspekte der Existenz verbindet. Es schafft nicht nur Harmonie zwischen den materiellen und spirituellen Aspekten des Lebens, es bereichert auch unmittelbar die Freuden des materiellen Lebens durch das Licht der spirituellen Erfahrung. Das macht dieses System, das dem schnellen Tempo der modernen Zeit angepasst ist, einzigartig. Die Erfahrung von Tausenden in aller Welt bestätigt dies. Aufgrund der persönlichen Erfahrung dieser Menschen und mit ihrer Hilfe verbreitet sich die Bewegung schnell, um jeden überall zu erreichen.

Auf dieser Grundlage entstand der Dreijahresplan

Einführung in den Dreijahresplan

von John Smith Hislop, M. A., Ed. D.
Los Angeles, Kalifornien

Der Dreijahresplan der Geistigen Erneuerungsbewegung ist das konstruktivste Programm für Weltfrieden, das die Menschheit bisher kennt. Es ist ein systematischer Ansatz, durch spirituelles Erwachen Disharmonie und Spannungen in allen Bereichen menschlichen Lebens zu neutralisieren.

Das Grundprinzip

Das Grundprinzip dieser weltweiten Bewegung besagt, dass in jedem Menschen ein enormes latentes Potenzial an Energie und Möglichkeiten steckt und dass jeder die grundlegende Fähigkeit besitzt, diesen großen, inneren Schatz zu erschließen und zu nutzen. Mit dieser natürlichen Gabe braucht kein Mensch in irgendeiner Form zu leiden.

Und doch sehen wir den Menschen leiden. Er leidet auf vielfache Art, allein aus Unwissenheit darüber, wie er seine inneren Möglichkeiten erschließen und sie im täglichen Leben nutzbringend anwenden kann. Da er die Technik zur Entfaltung seines inneren Bewusstseins nicht kennt, leidet er im Leben. Alles Leid des Menschen kann beseitigt werden, wenn man ihn in der Kunst unterweist, sein eigenes, inneres Bewusstsein zu entfalten und ihm hilft, seine wirkliche Natur zu erkennen, die frei von allen Unzulänglichkeiten ist.

Der Mensch braucht Hilfe

Brauchen die Menschen Hilfe, um den Schatz, der ihnen gehört, zu finden und die Herrlichkeiten ihres eigenen Bewusstseins zu entdecken? Die Geschichte zeigt, dass der Mensch Hilfe braucht. Ein Christus, ein Buddha, ein Krishna kam in die Welt, um die Menschen zur Erlösung zu führen. In jedem Jahrhundert gibt es bestimmte Menschen, die Einheit mit Gott erfahren und »Meister« oder »Guru« genannt werden.

Die Menschen bitten sie, ihnen den Weg zum ewigen Glück zu zeigen. Religionen entstehen, weil der Mensch nach Hilfe ruft, um sein Elend zu überwinden und um immerwährende Freude zu erfahren.

Wo?

Wo gibt es heute einen solchen Lehrer? Wo gibt es heutzutage einen großen, spirituellen Führer, der den Menschen einen direkten, gangbaren Weg zu ewiger Freiheit zeigen kann? Ich sage, einen solchen Mann gibt es in der heutigen Welt. Maharishi Mahesh Yogi erhebt keinen Anspruch auf einen solchen Status für sich selbst. Er sagt nur, dass er einen Weg kennt, wie jeder Mensch mit normalem Geist tief in sein Inneres eintauchen, die Quelle von Energie, Frieden und Glück finden und das höchste Ziel des Lebens erreichen kann. Er sagt nur, dass es sein Ziel ist, jedem Menschen zu zeigen, wie er sich von den Sorgen und Anspannungen des täglichen Lebens befreien kann, wie er von Unglück und Bindung frei bleiben kann. Er sagt nur, dass es sein Ziel ist, die Menschheit geistig zu erneuern und dauerhaften Frieden und Glück in der Welt zu schaffen.

Eine erhabene Geschichtsepoche

Trotz seiner Abwehr, irgendeinen besonderen Status für sich in Anspruch zu nehmen, ist Maharishi Mahesh Yogi dazu berufen, einer der größten spirituellen Führer der Geschichte zu werden. Sein Wirken für die geistige Erneuerung der ganzen Menschheit durch den direkten und schnellen Weg der Transzendentalen Meditation ist ein erhabener Abschnitt in der Geschichte. Ein Mann aus Indien macht sich auf, den Lauf der Welt zu ändern und Glück und universalen Frieden zu verwirklichen. Vor solch einem Mann, vor solch einem Ideal, vor solch einem edlen Unterfangen beuge ich mein Knie in Hochachtung und Verehrung und gelobe meine Hilfe in jeder mir möglichen Weise.

Die Geschichte der Bewegung

Die Geistige Erneuerungsbewegung wurde von Seiner Heiligkeit Maharishi Mahesh Yogi im Januar 1958 in Madras, Indien, gegründet – auf dem »Seminar of Spiritual Luminaries« zur Gedenkfeier anlässlich des 89.

Geburtstags des großen spirituellen Meisters, Seiner Göttlichkeit Swami Brahmananda Saraswati Jagadguru Shankaracharya von Jyotir Math, Himalaya. Gegen Ende des ersten Jahres rollte die Welle der Geistigen Erneuerungsbewegung über den Pazifik um die halbe Welt und sorgte für Aufsehen in spirituellen Kreisen Amerikas. Die moderne Botschaft des alten Indien erklang in den Vorträgen von Maharishi Mahesh Yogi, der sagte: »Selbst für den vielbeschäftigten, modernen Menschen ist es nicht schwer, die inneren Herrlichkeiten des Göttlichen zu erfahren«. Das erklärte er theoretisch und bewies es logisch, wissenschaftlich und praktisch, indem er den Menschen den Weg zeigte, es zu erfahren.

Meditation

Nach Maharishi bedeutet Meditation das Lenken der Aufmerksamkeit nach innen zu den feineren Ebenen des Geistes, bis die höchste Stufe des Lebens, die Quelle von grenzenloser Energie, Frieden und Wonne erreicht wird.

Eine einfache Technik

Maharishi bietet eine einfache Technik an, die Transzendentalen Meditation, durch die alle Ebenen höheren Bewusstseins schnell erreicht werden können. Dabei werden die enormen Möglichkeiten des inneren Selbst genutzt, die latenten Fähigkeiten für erfolgreiches Denken und Handeln in allen Bereichen zu entfalten.

Einzigartigkeit

Maharishis Technik der Transzendentalen Meditation ist einzigartig. Sie übertrifft nicht nur die bisher im Westen, sondern auch die im Osten üblichen Methoden der Meditation. Maharishi sagt:

1. *Jeder besitzt die Fähigkeit zur Transzendentalen Meditation.*
2. *Es wird keine besondere Konzentrationskraft vom Meditierenden verlangt.*
3. *Es ist kein Rückzug oder Abwenden von den normalen Aktivitäten des täglichen Lebens erforderlich.*

4. *Schon ein paar Minuten täglicher Praxis sichern den Erfolg.*
5. *Die Wirkungen sind von Anfang an spürbar.*
6. *Weder Studium noch Vorbereitungen sind nötig, um zu beginnen und bleibende Ergebnisse zu erzielen.*
7. *Es ist völlig frei von Hypnose und Spiritismus.*

Erste internationale Versammlung

Die erste internationale Versammlung der Geistigen Erneuerungsbewegung war von großer Bedeutung. Sie brachte im Juli 1959 im Sequoia Nationalpark in Kalifornien den Dreijahresplan hervor und symbolisierte den Traum und das edle Streben der Menschen guten Willens zu Frieden in der Welt. Lasst uns aus tiefstem Herzen beschließen, unser Bestes zu tun, um Maharishi Mahesh Yogi zu helfen, dass der Dreijahresplan ein großer Erfolg wird. Kein Projekt könnte je eine größere und ehrenvollere Wirkung auf die Welt und uns selbst haben.

Dreijahresplan 1960 – 1962

Das Hauptziel des Dreijahresplans ist es, eine solide Grundlage für ein mutiges Programm zu legen, um so schnell wie möglich die geistige Erneuerung der Welt zu erreichen. Geistige Erneuerung der Welt bedeutet Wachsen von Frieden, Harmonie und Glück in allen Bereichen menschlichen Lebens – individuell, sozial, national und international. Das soll alle Menschen von den Sorgen, Ängsten, und Leiden des täglichen Lebens befreien und einen natürlichen Zustand von Harmonie und universalem Frieden erschaffen.

Um dieses Ziel zu erreichen, sieht der Dreijahresplan vor, 25 000 Zentren in der ganzen Welt einzurichten.

Diese Meditationszentren werden Zufluchtsstätten zur vollständigen Regeneration des Menschen sein, zur harmonischen Entwicklung von Körper, Geist und Seele. In modernen Begriffen ausgedrückt: es werden Zentren sein, die Wissenschaft, Kunst und Technologie durch das Studium der inneren Bereiche des Lebens und des Bewusstseins fördern.

Damit wird das Leben auf der Erde nicht länger ein Kampf sein. Jeder wird erfahren: »*Life is bliss* – das Leben ist reine Wonne.«

Der Fortschritt wird auf allen Ebenen einen Aufschwung erleben, und in der Welt wird ein natürlicher Zustand von Frieden und Harmonie herrschen.

Die Aufgabe, innerhalb von drei Jahren 25 000 Meditationszentren in der ganzen Welt zu errichten, wird auf sehr systematische Weise verwirklicht.

Unter der direkten Leitung von Seiner Heiligkeit Maharishi Mahesh Yogi werden Lehrer der Transzendentalen Meditation ausgebildet. Sie werden diese Meditationszentren gründen und als »*Meditation Guide*« in ihrem Gebiet tätig sein.

Verwirklichung des Dreijahresplans

Nach Abschluss des Dreijahresplans wird es in der Welt rund 25 000 ausgebildete *Meditation Guides* geben, die 25 000 Meditationszentren in verschiedenen Ländern leiten. Das Interesse in der Öffentlichkeit wird erwacht sein, und etwa ein Zehntel der erwachsenen Bevölkerung der zivilisierten Welt wird Maharishis Transzendentalen Meditation praktizieren und sich an ihren großartigen Wirkungen erfreuen.

Das wird der erste erfolgreiche Meilenstein der Geistigen Erneuerungsbewegung sein.

Maharishi ist der festen Überzeugung, dass auf dieser Grundlage aufbauend zwei weitere Dreijahrespläne ausreichen werden, um die ganze Welt geistig zu erneuern.

Internationale Meditationsakademie

Am Ufer des heiligen Ganges, im Tal der Heiligen in Uttar Kashi, im Herzen des Himalaya-Gebirges in Indien, wird ein Hauptausbildungszentrum errichtet, das als Leuchtturm für die Geistige Erneuerungsbewegung dienen soll. Es wird den Komfort des modernen Lebens mit der Heiligkeit und der heiteren Ruhe der Himalaya-Höhlen des alten Indien vereinen. Es wird ein idealer Ort für Wahrheitssucher sein. 84 alleinstehende und verstreut liegende Meditationshöhlen mit darüberliegendem Wohnzimmer werden den Studenten Unterkunft bieten. Die Internationale Meditationsakademie wird außer modernem Komfort für Kommunikation und Leben auch einen Vortragssaal und eine Bibliothek besitzen.

Training in der Internationalen Meditationsakademie

Die Ausbildung zum Meditation Guide umfasst:

1. *Praktische Ausbildung in der Kunst von Maharishis einfachem System der Transzendentalen Meditation,*
2. *Unterweisung in den theoretischen Grundlagen der Transzendentalen Meditation mit ihren verschiedenen Aspekten – Einfachheit, Universalität, Wirksamkeit und weitreichende Resultate – und ihrer Beziehung zu verschiedenen Disziplinen, philosophischen Schulen und Weltreligionen,*
3. *Studium der Möglichkeiten der Transzendentalen Meditation, um die materiellen und spirituellen Werte des Lebens zu harmonisieren,*
4. *Ausbildung in der Kunst, andere in der Praktik der Transzendentalen Meditation anzuleiten,*
5. *Theoretische und praktische Ausbildung in verschiedenen Methoden, vollkommene Gesundheit zu entwickeln,*
6. *Theoretische und praktische Ausbildung in Methoden, geistige Blockaden, Sorgen und Spannungen im Menschen zu beseitigen,*
7. *Ausbildung in verschiedenen Aspekten geistiger Führung.*

Unsere Einladung

Wir laden die Weltbevölkerung ein, aktiv am Dreijahresplan der Geistigen Erneuerungsbewegung teilzunehmen

- *um Kummer und Sorgen des Alltags loszuwerden,*
- *um mehr Energie zu gewinnen,*
- *um mehr zu erreichen,*
- *um mehr Freude zu erfahren*
- *und um alle Freuden des Lebens, materiell wie spirituell, zu bereichern.*

Wir laden einzelne Menschen ebenso wie die *Leiter von Organisationen* ein, am Ausbildungsprogramm der Geistigen Erneuerungsbewegung teilzunehmen und Theorie und Praxis von Maharishis Transzendentaler Meditation zu erlernen, um die großartigen Wirkungen an ihre Mitmenschen und an die Mitglieder ihrer Organisationen weitergeben zu können.

Wir laden die *Verantwortlichen im Bildungswesen* verschiedener Länder ein – die Rektoren und Administratoren der Universitäten und Colleges –, die Ausbildung ihres Lehrkörpers zum *Meditation Guide* zu fördern, damit sie die positiven Wirkungen der Meditation ihren Schülern und Studenten bringen und ihnen helfen können, ihre latenten Anlagen mühelos zu entfalten und verantwortungsbewusste und einflussreiche Bürger ihres Landes zu werden. Wenn Kinder lernen, nur 5 bis 10 Minuten täglich zu meditieren, entwickeln sie keine kriminelle Anlagen, und das wachsende Problem der Jugendkriminalität wäre gelöst.

Wir laden die *Verantwortlichen im Gesundheitswesen* aller Länder ein – die Administratoren der medizinischen Hochschulen und angeschlossener Institutionen –, Fakultäten für Studium und Praxis der Transzendentalen Meditation für all jene zu schaffen, die eine Ausbildung als Arzt, Krankenschwester, Pfleger oder Psychiater durchlaufen oder zuständig sind für die geistige und körperliche Gesundheit der Menschheit, damit sie die heilsame Wirkung tiefer Meditation vermitteln können, um Körper und Geist von Stress und Schmerzen zu befreien.

Wir laden *Menschenfreunde und Wohltäter* des öffentlichen Lebens aus allen Teilen der Welt sowie die Staatsoberhäupter und Regierungschefs aller Länder ein, die darum bemüht sind, das Leben ihres Volkes in jeder Beziehung zu verbessern, den Impuls der Geistigen Erneuerungsbewegung aufzugreifen, bei der Einrichtung von Meditationszentren bis in den letzten Winkel der menschlichen Zivilisation zu helfen und das System der Transzendentalen Meditation im Alltag eines jeden zu verankern.

Frieden und Glück können in der Welt nur dann dauerhaft werden, wenn der Einzelne lernt, sich über die Wirren und Sorgen des Lebens hinweg zu höheren Werten zu erheben. Der Dreijahresplan der Geistigen Erneuerungsbewegung strebt den Weltfrieden an, indem er so vielen Menschen wie möglich so schnell wie möglich Erleuchtung bringt.

Um den Dreijahresplan der Geistigen Erneuerungsbewegung zu verwirklichen, wird die Mitarbeit und Hilfe jedes einzelnen Menschen gebraucht.

TEIL II

RÜCKBLICK

Texte und Anhänge aus der 2. und 3. Auflage

Rückblick von Helena Olson aus dem Jahr 1975[2]

Jetzt schreiben wir das Jahr 1975, und Maharishi hat diese Zeit die Morgendämmerung des Zeitalters der Erleuchtung genannt. »Noch ist es dunkel«, sagte er im Januar 1975 in Hertenstein in der Schweiz vor Tausenden seiner Leiter und Lehrer, vor einem internationalen Mitarbeiterstab und der internationalen Presse.

»Die Morgendämmerung beginnt immer im Dunkeln, aber die ersten Lichtstrahlen künden an, dass bald der Tag anbricht. Durch das Fenster der Wissenschaft sehen wir die Morgendämmerung des Zeitalters der Erleuchtung.«

Für mich war 1959 die »Ankunft des Lichtes der Intelligenz«, auch wenn sie nicht formell eingeweiht wurde.

Damals waren die Erfahrungen der Menschen noch von Kriegen geprägt, von wirtschaftlicher Unsicherheit, vom Zerfall der Autorität von Kirche, Staat, Schule und Familie – als ein feiner Hoffnungsstrahl in Form eines Yogi aus Uttar Kashi, Himalaya, Indien, zu uns kam, der seinen ersten westlichen Zuhörern schlicht erklärte: »Ich bin gekommen, um der ganzen Welt zu sagen, dass der Mensch nicht zum Leiden, sondern zum Genießen geboren wurde.«

Er erklärte, dass durch eine einfache, geistige Technik, die er jedem in der Welt zu geben bereit sei, dieser Zustand auf natürliche Weise eintrete. Als ich 1972 in Mallorca, Spanien, in einem kleinen Hotelzimmer bei ihm saß, wurde ich unwillkürlich von der Größe seiner Gedanken ergriffen. Er hatte gerade einen zugegebenermaßen recht ehrgeizigen Weltplan verkündet, um die uralten Probleme der Menschheit in nur einer Generation zu lösen: Es sollte rund um den Globus für je tausend Menschen jeweils einen ausgebildeten, qualifizierten Lehrer und pro eine Million Einwohner je ein Weltplancenter geben, und das in vier Jahren!

2 Erschienen als Nachwort zur zweiten Auflage 1979

1972 war das Jahr des Wissens: Entwicklung und Vervollständigung von Öffentlichkeitsmaterial, Broschüren, Ausstellungen und Planungen von Lehrer-Ausbildungskursen.

1973 war das Jahr der Aktivität: Abhalten internationaler Symposien mit hervorragenden Wissenschaftlern und Vortragsrednern aus Kunst, Wissenschaft und Literatur sowie Nobelpreisträgern. Maharishis Reisen in viele Länder. Lehrer-Ausbildungskurse in verschiedenen Ländern.

1974 war das Jahr des Erfolgs: Einsetzen qualifizierter Lehrer der Transzendentalen Meditation in Ländern der ganzen Welt. Abhalten von Lehrer-Ausbildungskursen. Strukturierung der »*Maharishi International University*«. Kurse für die Wissenschaft der Kreativen Intelligenz* finden Eingang in internationale Erziehungssysteme.

1975 war das Jahr der Erfüllung: Morgendämmerung des Zeitalters der Erleuchtung. Ausbau aller Kommunikationskanäle, Presse, Fernsehen und Radio. Gründung der »*Maharishi European Research University*« mit dem Schwerpunkt, höhere Bewusstseinszustände zu erforschen und praktische Methoden für die Entfaltung dieser höheren Zustände zu entwickeln.

1972 legte Maharishi erst einmal nur die Bezeichnung dieser Jahre fest. Ich sagte damals zu ihm: »Maharishi, du hattest doch vom ersten Tag an, als du aus dem Himalaya kamst, einen Weltplan.«

Maharishi lächelte sanft. »Ja«, sagte er, »das stimmt. Jetzt ist aus *einem* Weltplan *der* Weltplan geworden.«

Maharishis Art, seine weitreichenden Ideen in eine so einfache und ansprechende Sprache zu kleiden, gab der Handvoll Menschen, die sich im Sommer 1959 in Los Angeles um ihn geschart hatte, die Zuversicht, jeden seiner Vorschläge ausführen zu können, um dieses praktische Wissen über ein erfülltes Leben jedem zu vermitteln. Im Allgemeinen stimmte ich all der Erhabenheit, die ihn umgab, liebend gerne zu, aber insgeheim hatte ich doch einige Zweifel.

Es gibt nur ein kleines Handicap, dachte ich bei mir. Er kennt die Welt nicht. Er kennt ein paar Leute in Indien, ein paar in Kalifornien. Ihm stehen offensichtlich keine Hilfsmittel zur Verfügung, er hat weder Presseagenten noch Manager, weder Reiseagenten noch Öffentlichkeitsmaterial. Er ist ein einzelner Mann, ein Mönch ohne Besitz, allein mit der Idee, alle Menschen in der Welt könnten glücklich gemacht werden. Wie schön!

Zweifel wurden ausgeräumt, Grübeleien weggewischt, Aktivitäten begannen und Erfolge stellten sich schnell ein.

1959 hatte Maharishi den ganzen Sommer über darum gebeten, ja darauf gedrängt, mit Wissenschaftlern sprechen zu können. Wir schrieben das seinem wissenschaftlichen Hintergrund zu (er hatte an der Universität Allahabad Physik studiert). Manchmal kamen Leute zum Erlernen der Meditation und schrieben auf dem ersten Fragebogen in die Spalte für Beruf: »Wissenschaftler«. Das war immer sehr aufregend. Aber leider hatten diese Leute mit ihrer festgefahrenen Vorstellung von Wissenschaft nicht das Kaliber, nach dem Maharishi suchte. Trotzdem besprach er stundenlang Versuchsanordnungen mit jedem, der kam, und versuchte, ihn zur Erforschung der Auswirkungen der Transzendentalen Meditation auf den Körper anzuregen.

Als ein Mann überzeugt war, er könne auf dem Gesicht einer meditierenden Versuchsperson Licht nachweisen, rief Maharishi Roland ins Arbeitszimmer. »Wo könnten wir in diesem Haus ein wissenschaftliches Labor einrichten?«

Seit Maharishi eingezogen war, platzte unser Haus mit seinen sechzehn Zimmern aus den Nähten. Wenn wir nicht zu Hause waren, wurden manchmal sogar unser Schlafzimmer und unser Ankleidezimmer belegt,

»Wie wäre es mit dem Keller?« schlug Roland vor.

»Zu dunkel,« warf jemand ein. Aber Maharishi lächelte und sagte: »Genau richtig für den Nachweis von Licht«.

So begann Roland, den Keller herzurichten. Alles, was er brauchte, war ein neuer Abstellplatz für den Christbaumschmuck, für ausgediente Kindermöbel, Geschenkkästchen, die zu gut zum Wegwerfen waren, und für all den Kleinkram, den eine Hausfrau aufbewahrt. Ich weiß nicht, wo Roland das alles gelassen hat; ich habe seitdem sehr wenig davon wiedergesehen. Und so entstand ein sauber aufgeräumtes Labor.

In dem provisorischen Labor wurden viele Tests durchgeführt. Maharishi wiegte jedoch den Kopf hin und her und sagte: »Das ist noch zu grob. Wir brauchen feinere Instrumente.«

Wir hatten zwar die ersten wohltuenden Wirkungen der Transzendentalen Meditation am eigenen Leib erfahren, wunderten uns aber doch über Maharishis Interesse an der Wissenschaft. Wer konnte 1959 schon ahnen, dass eine Technik, die der Welt von einem Yogi aus dem Himalaya überbracht wurde, eines Tages als wissenschaftlich eingestuft werden würde? Und ihre positiven Wirkungen würden wissenschaftlich wiederholbar und durch wissenschaftliche Untersuchungsmethoden mühelos nachweisbar sein.

Doch nur durch ein solches Vorgehen fand die Transzendentale Meditation derart großen Zuspruch, dass 1975 schließlich das Jahr der Erfüllung genannt werden konnte. Wir hatten die Meditation in unser Herz geschlossen, aber intellektuelles Verständnis und Nachprüfbarkeit besitzen eine größere Beweiskraft.

Mein einziger Versuch, Maharishis Wunsch nach Kontakt zu Wissenschaftlern zu erfüllen, stieß zunächst auf starken Widerstand. An einem heißen Augusttag rief ich die wissenschaftliche Abteilung der UCLA an. Da ich nicht nachgeben wollte, wurde ich von einer Abteilung zur nächsten verwiesen. Ich zitierte die Wirkungen der TM auf die Gesundheit und wurde schließlich an die medizinische Abteilung weitergeleitet. Dort erklärte ich ausführlich, wie diese Meditation die Funktionen des Körpers unmittelbar verändert und Krankheiten lindert und heilen hilft. Als Fallbeispiel, das mich sehr beeindruckt hatte, berichtete ich, wie Meditation einer jungen Epileptikerin geholfen hatte.

»Obwohl sie unter einer schweren Form von Epilepsie leidet, sind ihre Anfälle seit Beginn der Meditation immer seltener geworden.« Es nutzte aber alles nichts.

Ein meditierender Student wählte jedoch bald darauf für seine Doktorarbeit das Thema »Die physiologischen Wirkungen der Transzendentalen Meditation«. Die Arbeit von Dr. Robert Keith Wallace war von solcher Klarheit, untermauert durch Messungen mit empfindlichen Instrumenten, dass das führende wissenschaftliche Magazin »*Science*« sie 1970 veröffentlichte, und somit Maharishis Interesse an der Wissenschaft auf der Stelle gerechtfertigt war.

Die wissenschaftliche Welt war aufgerüttelt worden, und bald führten Hunderte von Wissenschaftlern anspruchsvolle Untersuchungen durch und erweiterten auf diese Weise das Wissen über die Wirkungen der Transzendentalen Meditation. Und über alldem waltet ein Yogi, der verlässliche Beweise über alles schätzt und den Erkenntnissen der Wissenschaft lächelnd seinen Segen gibt. So entstanden die vielen wissenschaftlichen Untersuchungen, die weiter hinten im Buch gezeigt werden.

Mit der Gründung der *Maharishi European Research University* (MERU) 1975 hat sich Maharishis Wunsch nach einem hochmodernen, wissenschaftlichen Labor schließlich erfüllt. In Seelisberg, Schweiz, werden im Zentrum zur Erforschung höherer Bewusstseinszustände detaillierte Untersuchungen über elektroencephalographische Veränderungen (EEG) durchgeführt, die während der TM-Technik auftreten, insbesondere bei erfahrenen Versuchspersonen, die die Technik seit Jahren praktizieren.

Ein 17-Kanal-Elektroenzephalograph und ein Polygraph, verbunden mit verschiedenen anderen modernen Messgeräten, zeichnen Gehirnwellen, Herzfrequenz, Respiration, Hautwiderstand, Elektromyogramme und andere physiologische Parameter auf. Ein 3-Kanal-Tachistoskop wird für visuelle Studien und ein Von-Bekesy-Audiometer für akustische Untersuchungen benutzt. Ein biochemisches Labor wurde kürzlich eingerichtet, um hormonelle und andere biochemische Veränderungen zu messen, die nach längeren Fortgeschrittenenkursen der TM-Technik auftreten.

Danksagung

Ich danke Curly, Georgette und Christy Smith, in deren Haus und freundschaftlichen und gastlichen Atmosphäre ich die richtige Umgebung fand, um mehr zu »Ein Eremit im Haus« zu schreiben.

Rückblick von Theresa Olson aus dem Jahre 1978[3]

Am 15. August 1959 betrat ich das Arbeitszimmer, um Maharishi guten Morgen zu wünschen. Zehn Minuten später kam ich mit einem Schatz wieder heraus: meinem ganz persönlichen, geheimen »Wort der Weisheit«. Damit begann im Alter von zehn Jahren – durch die Liebe und Offenherzigkeit meiner geliebten Eltern – mein Leben in der TM-Bewegung.

Damals kreisten meine Gedanken allerdings mehr um die leckeren Früchte, die von den neuen Meditierenden mitgebracht wurden und verführerisch überall im Haus in ihren Körbchen lagen, als um die TM-Bewegung. Tagsüber war ich mit Spielen beschäftigt, und abends ging ich zu den Vorträgen eines indischen Yogis, ohne genau zu verstehen, was er über die Verfeinerung des Bewusstseins sagte, um 200 Prozent des Lebens zu genießen – 100 Prozent spirituell und 100 Prozent materiell. Nichtsdestotrotz genoss ich jeden Augenblick seiner Rede. Heute, zwanzig Jahre später, engagiere ich mich voll für Maharishis weltweites Bestreben, das Weltbewusstsein anzuheben.

Ich bin buchstäblich innerhalb dieser internationalen Bewegung aufgewachsen. Als wir in der Schule im Erdkundeunterricht fremde Länder durchnahmen, brachte Maharishi Menschen aus diesen Ländern zu uns nach 433, unserem damaligen Haus am Harvard Boulevard in Los Angeles. Lange bevor andere Kinder in meinem Alter sich mit den sozialen Problemen der Welt auseinandersetzten, lauschte ich tiefgründigen Gesprächen über Bewusstsein, wie man es durch Transzendentale Meditation anheben kann und welche Veränderungen in der Gesellschaft dadurch zu erwarten waren. Infolgedessen betrachte ich die gesellschaftlichen Verbesserungen – das Abwenden einer potentiellen weltweiten Katastrophe hin zu den positiven Entwicklungen, die sich in den letzten

3 Aus ihrem Vorwort zur zweiten Auflage 1979

Jahren in der Gesellschaft abgezeichnet haben –, als natürliches Ergebnis der wachsenden Zahl von Meditierenden. Schließlich hat Maharishi diese Entwicklung damals schon vorausgesagt.

Mein erster Eindruck von Maharishi war: Jemand, der freundlich, natürlich und vollkommen präsent war. Jemand, der sich nicht hinter dem Vorwand versteckte, ein Erwachsener zu sein. Jemand, der mein wahres Ich erkannte, nicht das »Ich«, das mit Reden und Tun und Rollenspiel beschäftigt war. Maharishi war damals für mich sehr real, auf eine Weise, die nur Kinder verstehen können. Und dieses Real-Sein hat sich nie geändert.

Natürlich hat sich seine Erscheinung verändert, und sein Fokus hat sich vom Einzelnen mehr der Gesellschaft zugewandt, aber seine eigentliche Natur, seine innere Wirklichkeit, ist immer dieselbe geblieben. Und irgendwie ist es meiner Mutter gelungen, diesen inneren Wesenszug von ihm in diesem Buch einzufangen.

Bevor Mutter 1975 von uns ging, hatte sie den Wunsch geäußert, ihr Buch zu aktualisieren und neu herauszubringen. Diesen Wunsch können wir ihr nun erfüllen. Während Maharishis TM-Bewegung wuchs und sich ausbreitete, hat sich viel getan. Daher haben wir einige Anmerkungen und Anhänge angefügt, die Maharishis Aussagen von 1959 bestätigen. Damit der Zauber der ursprünglichen Geschichte erhalten blieb, haben wir alles später Hinzugefügte in den Anhang verlegt. Diese Anmerkungen zeigen unserer Meinung nach deutlich, wie weit sich Maharishis Voraussagen bewahrheitet haben. Es ist unglaublich, wie viele ehrgeizige Pläne 1959 gemacht wurden, und wie mühelos sich vieles davon inzwischen verwirklichen ließ.

Für ihre Hilfe bei der Herausgabe dieser zweiten Auflage möchten wir verschiedenen Personen danken: Carol Young für ihre Tippkünste, den TM-Lehrern in Kalifornien für ihre Ermutigung und Unterstützung bei diesem Projekt, Ellen Wohl und Pat Hirsch für ihre Änderungsvorschläge und Peter Warburton, der so behutsam den Papierkrieg entwirrte.

Unser Dank geht natürlich vor allem an Maharishi, der meiner Schwester Christina und mir die Weisheit gab, den Wert dieses Buches unserer Mutter zu erkennen, und für seinen Segen zu dieser Neuauflage.

Um das Buch auf den neuesten Stand zu bringen, muss auch das TM-Sidhi-Programm erwähnt werden, das Maharishi 1977 strukturierte. Es ist der bisher letzte Schritt in Maharishis Programm, der Welt Erleuchtung zu bringen.

Das TM-Sidhi-Programm aktiviert unser volles menschliches Potenzial, was sich in der Fähigkeit zeigt, scheinbar übernatürliche Phänomene hervorzubringen, wie die Fähigkeit zu fliegen, das eigene, innere Körpersystem zu sehen und eine verfeinerte Sinneswahrnehmung zu entwickeln. Die wissenschaftliche Forschung schreibt das der Entwicklung einer perfekten Geist-Körper-Koordination zu, die durch regelmäßige Praxis der Transzendentalen Meditation und des TM-Sidhi-Programms hervorgerufen wird. (Wissenschaftler sprechen von einer Optimierung der Gehirnfunktion*).

Was ist der Unterschied zwischen Transzendentaler Meditation und dem TM-Sidhi-Programm? Durch Transzendentale Meditation werden wir mit dem Zustand reiner, unbegrenzter Bewusstheit vertraut, dem Grundzustand der Naturgesetze, einem Feld reinen Potenzials. Mit Maharishis TM-Sidhi-Programm beginnen wir, dieses Potenzial zu aktivieren, und lernen, von der Ebene reiner, unbegrenzter Bewusstheit aus zu handeln. Jeder Wunsch, der im Einklang mit den Naturgesetzen steht, wird spontan erfüllt, wenn wir in der Lage sind, ihn auf der Ebene reiner, unbegrenzter Bewusstheit zu denken. Tatsächlich ist die leichtere Wunscherfüllung eine allgemeine Erfahrung der Menschen, die das TM- und TM-Sidhi-Programm ausüben.

Warum hat Maharishi das TM-Sidhi-Programm gerade jetzt herausgebracht?

Menschen in 140 Ländern konnten inzwischen die Wirkungen der Transzendentalen Meditation anhand der Verbesserung ihrer Lebensqualität erfahren und damit das kollektive Bewusstsein der Welt anheben. Mit steigendem Weltbewusstsein haben sich die Trends der Zeit gewandelt – von Krawallen, Streiks, Attentaten und der drohenden Gefahr eines dritten Weltkrieges hin zu größerer Einheit und Harmonie in der Familie der Völker, sodass Maharishi die Morgendämmerung des Zeitalters der Erleuchtung ausrufen konnte.

In den letzten zwanzig Jahren sind sich die Menschen überall bewusst geworden, dass sie ein inneres Selbst haben, und sie wollen ihr volles Potenzial entwickeln. Wir achten heute ganz natürlich mehr auf unsere

Gesundheit, ernähren uns gesünder und lernen, Ruhe und Aktivität im Gleichgewicht zu halten. Wir erweitern die Grenzen unseres Bewusstseins, bilden und stärken unseren Geist und lernen, unser inneres und äußeres Leben in Einklang zu bringen.

Früher hätte man die Sidhis als eine Art Magie betrachtet, als eine Illusion. Ende der 70er Jahre jedoch war das Bewusstsein in der Welt so weit herangereift, dass wir die TM-Sidhis zum ersten Mal als das schätzen konnten, was sie sind: ein Meilenstein auf dem erfolgreichen Weg der Entfaltung höherer Bewusstseinszustände.

Durch diese Weiterentwicklung unseres Bewusstseins sind wir nun in der Lage, die TM-Sidhis ohne jede Anstrengung auf natürliche Weise auszuüben. Und in dem Maße, wie das Weltbewusstsein zunehmend kohärenter wird, werden wir den großartigen Wert dieses Programms für die Entwicklung höherer Bewusstseinszustände immer besser verstehen und schätzen lernen.

Schon wenige Menschen, die Maharishis TM- und TM-Sidhi-Programm ausüben, erzeugen einen starken Einfluss auf die ganze Gesellschaft. In ihrem Bewusstsein nehmen Harmonie, Kohärenz und Geordnetheit automatisch zu. Gleichzeitig strahlen diese evolutionären Impulse auf die ganze Gesellschaft aus, erzeugen kollektive Kohärenz, lösen kollektiven Stress und neutralisieren dadurch die Ursache von Konflikten und Gewalt.

Die Folge ist eine schnelle, mühelose Transformation der Nationen, von gewaltsamen Aufständen und Revolutionen hin zu Harmonie und Frieden. Hierin liegt der größte Beitrag des TM-Sidhi-Programms für die Menschheit – eine Methode, Weltfrieden zu erreichen.

Im Oktober 1978 sandte Maharishi Praktizierende der TM-Sidhis in die fünf größten Krisengebiete der Welt mit dem Ziel, durch das Erzeugen von Kohärenz die Unruhen zu besänftigen und den Frieden wiederherzustellen. Sechs Wochen später hatten sich Gewalt und Negativität in den betroffenen Gebieten beruhigt.

Als unsere Leute jedoch begannen, sich allmählich aus diesen Gebieten wieder zurückzuziehen, um ihren Verpflichtungen zuhause nachzukommen, drohte die Gewalt wieder aufzuflammen. Maharishi reagierte schnell, indem er neue Gruppen schickte, um Ordnung und Frieden aufrechtzuerhalten, und die Gewalt beruhigte sich aufs Neue. Es scheint, als ob die Kohärenz, die in diesen einzelnen Menschen erzeugt wird, tatsächlich Auswirkungen auf die ganze Gesellschaft hat.*

Was hat mir persönlich die Transzendentale Meditation gebracht?

Das Transzendieren der Gedanken und das Eintauchen in unbegrenzte, reine Bewusstheit über so viele Jahre hat eine tiefe innere Stille in mir geschaffen, die sich selbst unter widrigsten Umständen als unerschütterlich erwiesen hat. Das ist wie ein Anker, der das Boot in stürmischer See sicher und stabil am Ankerplatz hält. Die innere Stille hilft mir, den ganzen Tag über kohärenter zu handeln. Ich bin flexibler, kann mich wechselnden Umständen besser anpassen und bleibe dabei innerlich stabil und ruhig. Meine Gesundheit hat sich verbessert, mein Geist ist klarer und schärfer, ich kann andere mehr wertschätzen.

So wie viele andere habe auch ich erfahren, dass sich während des TM- und TM-Sidhi-Programms das Bewusstsein in superflüssigen Wellen ausbreitet, weit über die festen Grenzen des Körpers hinaus, über die Grenzen des Hauses, der Umgebung, der Welt und sogar dieser Galaxie, bis es schließlich mit den unbegrenzten, unmanifesten Impulsen der kreativen Intelligenz verschmilzt, die als Urgrund der gesamten Schöpfung gelten.

Diese Ausdehnung des Bewusstseins über die gegebenen Grenzen hinaus ist begleitet von einem erhebenden Gefühl der Freiheit und Erfüllung und dem Gefühl, dass ich alles sein und tun kann, was ich will. Gleichzeitig wird dieses unbesiegbare Gefühl des Geistes abgemildert durch die Erweiterung des Herzens, durch das sanfte Polster unendlicher Liebe für die gesamte Schöpfung, weil das eigene Selbst als das Selbst in allen Dingen erkannt wird. Und doch sind diese Erfahrungen, die TM-Meditierenden so vertraut sind, erst der Beginn der Erforschung des inneren Raumes. So viel mehr liegt noch vor uns, und mit Maharishis Segen und der uralten Weisheit des Veda, verbunden mit den Erkenntnissen der modernen Wissenschaft, werden wir es bald erreichen.

Die Geschichte, die unsere Mutter hier erzählt, ist wahrheitsgetreu. Ich erinnere mich noch genau, wie ich an jenem frühen Morgen im Mai vor so langer Zeit fragte: »Mommie, was in aller Welt ist das, ein Yogi?«, wie auf Seite 23 beschrieben.

Als Kind hatte Mutter ein fotografisches Gedächtnis. Auch später konnte sie, wann immer sie wollte, jede Situation vollständig und genau zurückrufen. Es ist für uns, die wir dabei waren, spannend, unsere Erinnerung an bestimmte Begebenheiten mit Mutters Schilderung zu vergleichen und festzustellen, dass sie mit ihrer Erzählung genau übereinstimmen.

In gewisser Weise ist dieses Buch ihr Geschenk an euch alle: das Geschenk, mit allen diese ersten, vertrauten Tage zu teilen, als Maharishi nach »433« kam.

Jai Guru Dev

Theresa M. Olson
Los Angeles, Kalifornien
März 1978

Rückblick von Tina Olson aus dem Jahr 1979[4]

Mutter war stundenlang mit Schreiben beschäftigt, manchmal den ganzen Tag – selbst der morgendliche Plausch im Schlafzimmer fiel aus. Sie hatte nur noch ihr Buch im Kopf. »Es soll alles so vollkommen widerspiegeln, wie wir es damals erlebt haben«, sagte sie. In einigen Jahren, so meinte sie, würden Maharishi und die TM-Bewegung in der ganzen Welt bekannt sein. »Ich will seine Anfangszeit in den Vereinigten Staaten so genau wie möglich schildern.«

Ich fragte mich damals, warum sie diese Geschichte den vielen anderen Erlebnissen in ihrem Leben vorzog. Warum diese Konzentration auf Maharishi, und wieso glaubte sie, dass diese Geschichte eines Tages historischen Wert haben werde und von »Hunderttausenden von Menschen in der ganzen Welt« gelesen würde?

Nun, es war nicht das erste Mal, dass die Voraussicht einer Mutter den relativ engen Gesichtskreis eines sechzehnjährigen Mädchens bei weitem überschritt, und ich muss sagen, heute bin ich dankbar, dass sie auf ihrem Vorhaben bestanden hat. Dieser bezaubernde und durch und durch authentische Bericht von Maharishi Mahesh Yogis Ankunft in der westlichen Welt und dem daraus folgenden Beginn der TM-Bewegung wurde tatsächlich von Tausenden von Menschen in der ganzen Welt gelesen. Und nun ist er historisch geworden – eine sehr persönliche Schilderung von Begebenheiten und gleichzeitig ein Stück Geschichtsschreibung.

Es war Maharishi, der bei einem späteren Besuch in 433 vorschlug, dass Mutter ein Buch »über die Anfangstage der Bewegung« schreiben sollte. Sie hatte immer ein Buch schreiben wollen und verbrachte Stunden damit, jung und alt mit ihren Geschichten zu unterhalten, wie sie in der St. Cecilias School for Young Ladies in Tennessee erzogen worden war. Sie erzählte uns, wie sie einmal auf einen alten Apfelbaum kletterte, um in die

4 Schlussbemerkung zur zweiten Auflage 1979

Waschküche der Nonnen einzusteigen und sich als Nonne zu verkleiden. Sie wollte wissen, wie sie als Nonne aussehen würde. Die Tatsache, dass die Kleider, die zum Einweichen im Waschkessel gelegen hatten, nun in tropfnassen Falten an ihr herunterhingen, störte nicht im Geringsten ihr Bild von sich selbst als potentielle geistige Mutter.

Ihre Erzählungen waren so amüsant und spiegelten so lebensnah die Stimmung jener Zeit wider, dass wir sie immer wieder drängten, diese Geschichten aufzuschreiben. Sie brauchte jedoch Maharishis Ermutigung, um tatsächlich mit dem Schreiben zu beginnen. Als Maharishi 433 für einige Wochen verlassen wollte, sagte er zu ihr: »Während ich fort bin, kannst du dein Buch schreiben.«

Das Chaos, das dieser Aufforderung folgte, übertraf bei weitem die Turbulenzen, die in diesem Buch beschrieben wurden. Erst mein Vater brachte Ordnung in die Situation, in der Mutter sich vergeblich bemüht hatte, das Familienleben mit ihrer schriftstellerischen Tätigkeit in Einklang zu bringen. Vater hingegen schaffte das mit der gleichen, ruhigen Leichtigkeit, die sein gesamtes Leben charakterisierte, und so hatte Mutter Zeit zu schreiben und zu schreiben und zu schreiben. Als Maharishi zurückkam, war das Buch fertig.

Nun kamen Augenblicke großer Aufregung, denn ein Kapitel nach dem anderen wurde Maharishi vorgelesen. Das geschah gewöhnlich am späten Abend nach einem langen, arbeitsreichen Tag. Gelegentlich schien es, als sei Maharishi eingeschlafen, und der Vorleser schwieg (Mutter war viel zu nervös, um selbst vorzulesen). Aber Maharishi bat dann sofort weiterzulesen. Er hatte kein Wort verpasst und steuerte ab und zu sogar eigene Erinnerungen bei.

Mutters Buch war für uns alle eine wahre Freude – obwohl eigentlich nicht jeder unbedingt wissen musste, dass ich mich manchmal über den Abwasch beklagte. Aber die Geschichte ist so natürlich und spiegelt einfach die Unbefangenheit aller Beteiligten wider.

Ich erinnere mich, dass ich einmal gebeten wurde, ein paar Nächte bei unseren Nachbarn zu schlafen, zwei älteren Schwestern, von denen eine einen Unfall gehabt hatte. Sie baten mich, bei ihnen zu bleiben für den Fall, dass sie in der Nacht Hilfe brauchten. Als ich im Bett lag und auf die Geräusche aus unserem Haus lauschte, sehnte ich mich wirklich danach, drüben dabei zu sein. Während des Vortrags war das Haus still und doch lebendig. Ich spürte einfach, dass dort drüben etwas Außergewöhnliches geschah. Nach dem Vortrag wurde es wieder lauter. Ich hörte das Rücken von Stühlen, angeregtes Sprechen und an- und abschwellendes Gelächter, gekrönt von Maharishis vollem, herzlichem Lachen. Ich hörte, wie der Kühlschrank geöffnet und geschlossen wurde und Daddy heiße Schokolade zubereitete. Mutter rief: »Möchte noch jemand etwas mehr?«

»Schade, dass ich nicht dabei sein kann« seufzte ich innerlich.

In späteren Jahren habe ich viele Menschen getroffen, die sich genauso gefühlt hatten, wie ich in jener Nacht. Andere wollten diese vertraute Zeit am liebsten noch einmal zurückholen. Aber wir können nicht zurückgehen. Das Leben schreitet voran und will sich ausdehnen, in immer größere Freude hineinwachsen, bis zum Zustand der Erfüllung.

Es ist aufregend, in dieser Zeit zu leben. Die Gegenwart ändert sich so schnell, dass wir die Zukunft stets im Auge behalten müssen. Phänomene, die gestern noch unmöglich erschienen, werden heute mit Leichtigkeit vollbracht. Und doch ist es inmitten dieser stetig lauter werdenden Zeit immer noch möglich, eine leise Stimme aus der Vergangenheit zu hören, eine Stimme, die die Geschehnisse einer besonderen Zeit so deutlich und klar erzählt, dass man für einige Stunden meint, dabei zu sein.

Rückblick von Theresa Olson aus dem Jahre 1999[5]

Vor 40 Jahren, im Mai 1959, besuchte Seine Heiligkeit Maharishi Mahesh Yogi das erste Mal die Vereinigten Staaten von Amerika. Es scheint nur angemessen, eine Gedenkausgabe des von meiner Mutter 1967 geschriebenen Buches herauszubringen, in der sie die Abenteuer von Maharishis erstem Sommer in diesem Land beschrieb. Es ist ein Buch wie Maharishi selbst, eine zarte Geschichte, die einfach von einem großen Mann mit einem übermenschlichen Ziel erzählt.

Seit vierzig Jahren kann ich verfolgen, wie Maharishi eine unglaubliche Vision verwirklicht. Er reiste unermüdlich durch die Welt und verbreitete dieselbe süße Botschaft, die er vor vielen Jahren mit Hilfe meiner Eltern und ihrer Weggefährten in unserem Wohnzimmer verkündete. Bei den Millionen, die seitdem zuhörten, stellten sich ganz automatisch die Früchte ein, die Maharishi schon 1959 versprochen hatte. Denn er ist seinem Versprechen treu geblieben: Wer regelmäßig die Technik der Transzendentalen Meditation und der Fortgeschrittenen-Programme praktizierte, konnte die Anzeichen des inneren und äußeren Wachstums im täglichen Leben deutlich spüren.

TM funktioniert. Nicht nur bei der Mittelschicht, auch in der Oberschicht der Gesellschaft und bei den Armen und Unterprivilegierten. TM funktioniert, unabhängig von Hautfarbe, Muttersprache oder Religion. TM funktioniert, ob Mann oder Frau, Kind oder Teenager, Berufstätiger oder Rentner. TM funktioniert für alle Menschen, ob frei oder inhaftiert, schreibkundig oder Analphabet, angestellt oder arbeitslos. TM funktioniert tatsächlich bei jedem, wie Maharishi es gesagt hat. In ihrem Buch erwähnte Mutter einige praktische Vorteile, die Maharishi bereits 1959 vorhergesagt hatte. Ich habe in dieser Ausgabe die Nachweise aktualisiert, die Maharishis früheste Vorhersagen wissenschaftlich bestätigen.*

5 Aus ihrem Vorwort zur dritten Auflage 2000

Maharishi sprach auch über die Stärken und Schwächen der Bildungssysteme verschiedener Länder. Mehr als fünfundzwanzig Jahre reiste er um die Welt und konnte aus erster Hand erfahren, was funktionierte und was nicht. Er untersuchte das Bildungssystem aus der Ära der vedischen Hochkultur, die vor Jahrtausenden eine ideale Gesellschaft hervorgebracht hatte, und fand, dass es im Vergleich mit modernen Systemen viel mehr Stärken als Schwächen aufwies.

Deshalb strukturierte er die Prinzipien der vedischen Erziehung neu und schuf ein System bewusstseinsbasierter Bildung für unsere moderne Gesellschaft, das an seinen Schulen und Universitäten auf der ganzen Welt genutzt wird.

Wenn Sie mit den Schülern und Studenten an diesen Lehrinstituten sprechen und sie fragen, was sie von diesem vedischen Erziehungssystem halten, werden Sie überrascht sein, wie begeistert diese sind. Denn sie lernen nicht nur objektive Informationen, sondern erfahren durch die regelmäßige Anwendung der Transzendentalen Meditation auch die Quelle allen Wissens innerhalb ihres eigenen Bewusstseins. Aufgrund dieser Erfahrung können sie tiefgründige abstrakte Konzepte erfassen und in Beziehung setzen. Dabei hilft ihnen das vedische Prinzip des Selbstbezugs.

Nach Maharishi besagt das Prinzip des Selbstbezugs, dass Wissen nicht außerhalb, sondern im Inneren, im eigenen Selbst vorhanden ist. In seinem reinsten Ausdruck liegt Wissen an der Quelle allen Denkens, dem Feld reinen Bewusstseins, dem Einheitlichen Feld aller Naturgesetze. Und dieses Wissen, in seiner essentiellen Natur, bildet tatsächlich die eigene geistige und physische Struktur. Im Westen gehen allerdings die meisten davon aus, dass dieses Feld für die Erfahrung nicht zugänglich sei.

Maharishi lehrt jedoch, dass dieses Feld nicht nur durch regelmäßige Meditation erfahren werden, sondern das Wissen darüber auch in eine auf Bewusstsein gegründete Bildung integriert werden kann, sodass Schüler mit der Erfahrung des Selbstbezugs aufwachsen und vollständig in ihrem individuellen Bewusstsein gefestigt sind.

Diese natürliche, systematische Erfahrung des Selbstrückbezugs im Bewusstsein macht alles Wissen erst sinnvoll und praxisbezogen auf eine Weise, wie es kein anderes Schulsystem erreichen kann. Maharishi sah die Möglichkeit dieser Art von Bildung bereits im Jahre 1959. Er hat das uralte vedische Wissen wiederentdeckt und so strukturiert, dass wir es heute im täglichen Leben nutzen können.

Maharishi hat das vedische Wissen aber nicht nur in die Erziehung, sondern auch ins Gesundheitswesen, in die Landwirtschaft und in die Architektur eingebracht. Als sich Maharishis TM-Bewegung auf der ganzen Welt ausbreitete, mussten immer größere passende Unterkünfte gefunden werden. Von unserem einfachen Zuhause ging Maharishi nach Europa in große Hotels, wo er Lehrer für Transzendentale Meditation ausbildete. Zuweilen zählten diese Kurse mehr als dreitausend Teilnehmer.

Der vielleicht wertvollste Beitrag in diesem Buch ist die Entdeckung unserer Mutter, dass sich Transzendentale Meditation mit unserer eigenen römisch-katholischen Religionsausübung sehr gut verträgt. Meine Mutter, die auch einen Abschluss in Philosophie von der UCLA hatte, sondierte mit ihrem forschenden Geist alle Aspekte des religiösen Lebens und fand bestätigt, dass TM tatsächlich alle Bereiche unterstützte. Außerdem stellte sie fest, dass Maharishi die grundlegenden Glaubensvorstellungen des Christentums sehr tiefgründig verstanden hatte. Maharishis großer Respekt für die Gründer aller Religionen kann uns allen als Vorbild dienen. Er betonte immer wieder die universellen Werte, die in jeder Religion gefunden werden.

Daher habe ich für diese Ausgabe einige Aussagen von Personen zusammengetragen, die verschiedenen Religionen angehören und Maharishis Transzendentale Meditation regelmäßig praktizieren. Sie können besser als ich beurteilen, ob beides zusammenpasst oder nicht, ob es Konflikte zwischen ihrer Meditationspraxis und ihrem Glauben gibt, oder ob die Meditation die Ausübung ihrer Religion bereichert und ergänzt.

Mir persönlich hat das Programm der Transzendentalen Meditation den Schlüssel gegeben, der mir die Tür zum Himmelreich geöffnet hat. Der Glaube an Gott und die Verehrung Gottes sind wichtige Elemente in meinem Leben.

Das TM-Programm und die vedischen Fortgeschrittenentechniken haben mir geholfen, mich geistig weiter zu entwickeln und besser zu verstehen, was es heißt, Gott anzubeten und Gottes großartige Schöpfung wertzuschätzen. Und es hat mir meine Verantwortung bewusst gemacht, Gottes Schöpfung, unsere Erde und ihre Ressourcen weise zu nutzen.

Danksagung

Ich möchte vielen Personen meinen Dank aussprechen: erstens meiner Schwester Christina Sterling und ihrem Mann Peter für ihr Einverständnis, diese dritte Auflage zu drucken. Ihre stete Unterstützung inspirierte mich, dieses Projekt anzugehen und fertigzustellen. Ich danke allen, die an diesem Buch mitgewirkt haben: Dr. Kumuda Reddy für ihre Bereitschaft, dieses Buch zu drucken, Stuart Friedman für die prächtige Umschlaggestaltung, Tony Ellis für seine unermüdliche Organisationskraft und Tracy Liptak für ihr sorgfältiges Lektorat, das alles leicht lesbar machte.

Ich danke denen, die ihre persönlichen Erfahrungen mit TM aus Sicht ihrer Religion beigetragen haben: Pater Kevon Joyce, Pastor John Reigstad, Rabbi Allen Green, Wadi Buonnaur, Paul Frank und Sooneeta Chatturgoon Eisen. Ich danke meinem Mann John W. Sorflaten, Ph. D., für seine Liebe und Hingabe, die mich bei der Stange hielt. Ohne ihn gäbe es diese Auflage nicht.

Ich danke den Administratoren der Maharishi University of Management für die Hilfe beim Aktualisieren der Informationen zum Programm der Transzendentalen Meditation: Rektor Dr. Bevan Morris für sein Vertrauen in meine Arbeit, Martha Bright für die Unterlagen zu den wissenschaftlichen Untersuchungen und der psychologischen Fakultät der Maharishi University of Management, der ich angehöre, für ihre begeisterte Unterstützung bei der Fertigstellung dieses Buches.

Besonders danke ich ihrem Dekan Dr. Fred Travis und seiner Frau Nita. Was immer ich brauchte, Fred sagte ja und fand einen Weg, es zu realisieren. Und Nita gab mir den eigentlichen Anstoß für dieses Buch, als sie sagte, sie hätte das Buch gerne als Bettlektüre für ihre Kinder. Da Avery Trevis mein Patenkind ist, war mir besonders daran gelegen, ihr ein Buch über einen Menschen in die Hand zu geben, den sie über alles liebt: Maharishi. Danke, Nita und Fred, für eure wunderbare Freundschaft.

Und vor allem danke ich natürlich dem Helden dieses Buches, Maharishi, der zu aller Zeit und überall mein Vorbild und meine Inspiration war und das lebende Beispiel für das Ziel seiner Botschaft an die Menschheit darstellt. Ihm begegnet zu sein und ihn seit 40 Jahren zu kennen, ist das größte Geschenk und der größte Segen überhaupt. Seine Liebe transzendiert die Grenzen der Kontinente, sein Glanz ist strahlender als der von Diamanten, sein Genius stellt Einstein in den Schatten, und sein Denken und Handeln setzt die höchsten Maßstäbe der Spiritualität. Er genießt mühelos volle 200 Prozent des Lebens, verbunden mit grenzenloser Güte, Charme, einem herrlichen Sinn für Humor und unermesslichem Mitgefühl für die leidende Menschheit.

Als ein einziger Mensch hat Maharishi Menschen aus der ganzen Welt in einer weltweiten Zielsetzung vereint: die Lebensqualität in jeder Gesellschaftsschicht dadurch zu verbessern, dass zunächst jeder Einzelne ein besseres Leben erfährt.

Wie schön, dass ich in seinem Schatten aufwachsen konnte – als Kind, das still zuschaute und lernte und alles schätzte, was dieser große Mann zu bieten hatte. Er ist ein wunderbares Vorbild für junge Leute. Ich lebte zu seinen Füßen und lernte das Leben von diesem lebenden Heiligen aus dem Himalaya kennen, der seinen eigenen ruhigen Lebensstil aufgab, um in der lauten, grellen Gesellschaft der zweiten Hälfte des 20. Jahrhunderts zu leben. Sein Übergang von völliger Stille zu unglaublicher Aktivität geschah völlig natürlich, harmonisch und ausgeglichen. Seine Handlungen und Verhaltensweisen verraten seinen edlen Zustand der Erleuchtung.

In diesen Anfangsjahren hatten wir keine Ahnung, was Maharishi zu bieten hatte, aber wir mochten ihn und seine Botschaft. Und wir waren entschlossen, das, was er beschrieb, auch selbst zu erleben. Dieser Wunsch war alles, was wir brauchten, um uns auf dem Weg zu unserer eigenen Erleuchtung zu machen.

Maharishis Ziel ist es, uns zur Erleuchtung zu führen. Seine nährende und doch unaufdringliche Betreuung und Hilfe, dieses Ziel zu erreichen, hat uns all die Jahre ununterbrochen begleitet. Seine Fürsorge ist selbstlos und sehr konkret. Wir müssen sie nur als solche erkennen und wertschätzen.

Danke, Maharishi, dass du deine Vision mit uns geteilt und so vielen von uns gezeigt hast, wie das höchstmögliche Ziel des Menschen zu erreichen ist. Du hast eine Bewegung gegründet, um die Reinheit deiner Lehre für alle Zeit zu bewahren. Du hast dein Herz und deine Seele in den Aufbau dieses phänomenalen vedischen Bildungssystems gesteckt, damit die Kinder künftiger Generationen nie wieder leiden müssen. Alles das hast du getan, weil du um unser Wohl besorgt bist.

Wie kann eine erblühende Blume dem Gärtner für seine mitfühlende, wohltuende Pflege danken? Nur durch ihr volles Erblühen, das dem Herzen des Gärtners Erfüllung schenkt. In der Bhagavad-Gita, dem vedischen Lehrbuch des Wissens, in dem Krishna den großen Krieger Arjuna in wenigen Stunden durch einen tiefgründigen Dialog berät und zur Erleuchtung bringt, beschreibt Krishna die Wirkung eines großen Mannes auf andere wie folgt:

Was immer ein großer Mann tut,
das tun ihm die anderen nach.
Welchen Maßstab er auch setzt,
diesem folgen die Menschen.
– Bhagavad-Gita 3.21

Maharishi hat die höchsten Maßstäbe gesetzt und wir folgen ihm, folgen einem lebenden Heiligen in das herrliche nächste Jahrtausend.

Theresa M. Olson, Ph. D.
15. August 1999
Anlässlich meines 40. Jahrestags der
Einführung in die Transzendentale Meditation

Empfehlungen aus Sicht der Weltreligionen

Römisch-katholische Tradition

Seit den 1950er Jahren gibt es eine zunehmende Anzahl bedeutender Kontakte zwischen Christen und Leitern östlicher spiritueller Traditionen. Papst Johannes Paul II. stattete dem Dalai Lama während des Papstbesuchs in Indien 1986 einen historischen Besuch ab. Christliche Mönche haben viele Gespräche mit buddhistischen und hinduistischen Mönchen geführt, eines der berühmtesten ist das zwischen Thomas Merton und D. T. Suzuki. Ein solcher Dialog hat bemerkenswerte Konvergenzbereiche und die bekannten Unterschiede zwischen den Traditionen offenbart.

Keine östliche Praxis wurde von Christen wohl mehr praktiziert als die Technik der Transzendentalen Meditation, und kein östlicher Meister mehr studiert als Maharishi Mahesh Yogi. Christliche Autoren haben mit Maharishis Lehren versucht, das zu tun, was Thomas von Aquin mit den Lehren von Aristoteles gemacht hat, nämlich herauszufinden, was der christlichen Theorie und Praxis dienlich ist.

Maharishi hat mir wie vielen anderen Christen geholfen, eine der großen und oft vergessenen christlichen Wahrheiten wiederzuentdecken, nämlich, dass kontemplative Erfahrung eine starke Grundlage für das Leben als Christ darstellt.

Reine Kontemplation ist die Erfahrung des »Zentrums der Seele« (in biblischen Begriffen »das Herz«) – eine Erfahrung der inneren Stille, auf die sich alle christlichen spirituellen Meister beziehen. Sie lehren, dass das Innere der Seele nicht leer ist, sondern dass der Herr im Inneren wohnt. Die heilige Theresa von Avila beschreibt die Kontemplation als »einen Vorgeschmack auf das Reich Gottes«.

Für viele Christen, die sich der kontemplativen Tradition bewusst sind, stellt sich die Frage: Wie kann ich meinen Geist beruhigen? Wie kann ich mich auf Kontemplation einstellen?

Auch wenn die Transzendentale Meditation an sich keine religiöse Technik ist, hat sie doch für die christliche Spiritualität einen großen Wert, da sie eine einfache, mühelose Methode bietet, wie der Geist tiefe Stille erfahren kann – eine Stille, die uns der Kontemplation öffnet, sodass wir den Willen Gottes erkennen, der ins Herz des Menschen geschrieben ist (Jeremia 31, 33). Ohne Frage reicht die TM-Technik allein für die christliche Spiritualität nicht aus. Maharishi selbst lehrt, dass seine Transzendentale Meditation uns zum Erkennen des wahren Selbst führt, während uns Gebet, Anbetung und Hingabe zu Gott führen. Aber eine Meditationstechnik, die hilft, Geist und Herz zu entwickeln, befähigt uns, das grundlegende biblische Gebot besser zu erfüllen, »den Herrn, deinen Gott, mit ganzem Herzen, mit ganzer Seele und mit ganzem Verstand zu lieben« (Matthäus 22, 37) .

Pater Kevin P. Joyce
Kirche St. Maria Goretti
San Jose, CA
smgc@pacbell.net

Pater Kevin Joyce, Ph. D., praktiziert seit 1970 die Transzendentale Meditationstechnik und wurde 1980 zum Priester geweiht. Für seine Promotion in Religionswissenschaft an der Catholic University of America 1991 führte er Forschungen über Transzendentale Meditation durch. Pater Joyce ist heute Pater einer großen multikulturellen Kirchengemeinde in San Jose, Kalifornien.

Evangelisch-lutherische Tradition

Dieses Buch ist ein Glückstreffer. Als ich mir 1979 die zweite Ausgabe holte, erwartete ich eine trockene Geschichte, durch die ich mich für meine Doktorarbeit zum Thema Gebet und Meditation durcharbeiten müsste. Stattdessen wurde ich wie von einer Meereswelle von süßen Worten des Lichts mitgerissen, die mich mit klarer und einfacher Sprache ins Reich der Liebe, der Gnade und des Friedens führten. Helena Olsons Worte entführten mich in den Geist ihrer Familie und den Charme ihres Hauses am South Harvard Boulevard 433 in Los Angeles. Vom ersten bis zum letzten Satz erlebte ich sozusagen durch sie ein neues Leben. Von ihrer ersten Begegnung mit Maharishi bis zum tränenreichen Abschied taucht der Leser in eine seltene, ruhig-heitere Welt, die Helena auf der letzten Seite wunderbar zusammenfasst:

... Ich wusste, dass ich keine Worte finden würde. Es gab so vieles, wofür ich dankbar war. Seine Gegenwart in unserem Haus, das Lachen in unseren Räumen, der verwunderte Ausdruck auf seinem Gesicht, wenn er versuchte, uns zu verstehen, die lustigen, komischen und aufregenden Begebenheiten, die er mit uns geteilt hatte, sein Gesang im Badezimmer; sein Spiel mit den Kindern und den Siamkatzen, die herrlichen, blumengefüllten Tage, die große, glückliche Familie, die sich um ihn geschart hatte. Das alles hatte er uns gebracht. Und das Wichtigste von allem – den heiligen, stillen Frieden der Seele.

Ich fand meine eigenen Lieblingsstellen im Buch (wie jeder sicher seine eigenen finden wird): Helenas erste Begegnung mit Maharishi; das Lachen bei seinen Worten: »*Glück ist überall. Wir müssen nur morgens und abends ein paar Minuten in die Schatzkammer gehen, dann kommen wir wieder heraus, um es auf dem Markt auszugeben.*« Maharishis genialer Ratschlag für unbeliebte aber notwendige Arbeiten: »*Sieh den Job. Mach den Job. Bleib dem Kummer fern.*« Wie sich Helena und ihre Familie zu Hause an Maharishi gewöhnten und wie Maharishi erklärt: »*Life is essentially bliss – Leben ist im Grunde reine Wonne.*«

Es gibt nur wenige Biographien, die mich genauso tief berührt haben wie Helenas Buch, dazu gehören: Helen Kellers »*Die Geschichte meines Lebens*«, dann »*Etwas Schönes für Gott: Mutter Teresa von Kalkutta*« von Malcolm Muggeridge und die Heiligen Evangelien von Jesus Christus. Sicher werden Sie Helenas Buch genauso lieb gewinnen wie ich.

Die Schönheit und Weisheit von Maharishis Lehre ist für die christliche Gemeinschaft sehr vielversprechend. Wer Transzendentale Meditation als rein geistige Technik nutzen möchte, dem bietet Maharishi die Möglichkeit eines wissenschaftlichen Ansatzes, sodass sie von Menschen jeglicher Glaubensrichtung praktiziert werden kann. Unter anderem, um den Blutdruck zu senken, Ängste aufzulösen, Asthma zu behandeln oder von Nikotin und Alkohol loszukommen. Wer die religiösen Aspekte der Transzendentalen Meditation wissenschaftlich erforschen will, findet in

Maharishis Lehre reiche Gründe zum Schürfen: detaillierte Methoden des Gebets, wie man zum Frieden Gottes findet, wie man Gnade erfährt, wie man ins Himmelreich kommt, oder man beginnt einen Diskurs über das vedische und das jüdisch-christliche Verständnis von Göttlichkeit.

Ich kann diese bezaubernde Geschichte von Maharishi Mahesh Yogis erstem Besuch in den Vereinigten Staaten von Amerika jedem wärmstens empfehlen. Zwar wird nicht jeder dieselben Worte gleichermaßen schätzen – das wäre auch gar nicht wünschenswert –, aber ich hoffe doch, dass alle auf diesen Seiten voller Freude und Frieden etwas finden werden, das sie lieben und aus dem sie etwas lernen können.

Pastor Dr. John R. Reigstad
Anlässlich des Besuchs von Papst Johannes Paul II
in St. Louis am 26.–27. Januar 1999

Dr. John Reigstad absolvierte 1968 das St. Olaf College und machte 1975 seinen Master of Divinity am Luther Seminary. Er lernte Transzendentale Meditation, nachdem er auf dem Cover des Time Magazines vom 13. Oktober 1975 Maharishis Bild gesehen hatte. Reigstad wurde 1977 ordiniert und promovierte 1985 am Luther-Seminar zum Doctor of Ministry. Derzeit dient er an der American Lutheran Church of Jesup, Iowa, lehrt am Wartburg College Weltreligionen und betreibt Bewusstseinsforschung an der Maharishi University of Management.

Jüdische Tradition

Einer der großen chassidischen Meister lehrte: »Gott, wo kann ich dich finden? Und wo kann ich Dich nicht finden?« Für die meisten Menschen ist Gott eine unbekannte Realität: »Gott, wo kann ich dich finden?«

Ohne eine Technik zur direkten Erfahrung der Transzendenz – der Grundlage für ein wirklich ausgeglichenes Leben des Geistes – neigen wir dazu, uns in die Extreme der spirituellen Suche zu flüchten: zu religiösem Fundamentalismus einerseits und zu weltlichem Materialismus andererseits. Leider bietet keiner dieser Wege die Freiheit und Erfüllung, die er verspricht. In seinem Versuch, eine spezielle Religion letztendlich als die einzig sinnvolle zu betrachten, würdigt der religiöse Fundamentalismus zwangsläufig alles andere herab. Der weltliche Materialismus wiederum würdigt durch die Verherrlichung der vergänglichen Werte und Freuden des materiellen Lebens unweigerlich den menschlichen Geist und das gesamte geistige Leben herab.

»Und wo kann ich dich nicht finden?« Maharishi hat in den letzten 40 Jahren dargelegt, dass das Unendliche an jedem endlichen Punkt der Schöpfung erlebt und genossen werden kann, und zwar von jedem, unabhängig von seinem Glauben, seinem Hintergrund oder seiner Bildung. Nur ein entscheidender Schritt ist dazu notwendig: die regelmäßige Ausübung der Transzendentalen Meditation. Die TM-Technik bringt uns in direkten Kontakt mit unendlicher Kreativität, Intelligenz, Wissen und Glückseligkeit. Dadurch wird das Leben zunehmend durchtränkt von den göttlichen Werten der universellen Liebe, des Mitgefühls, der Ethik und schließlich der Hingabe an den einen, universellen Gott.

Es gibt in der Welt genügend großartige Schriften. Und aufbauend auf diesen Schriften gibt es eine Fülle großer Religionen, Theologien und Philosophien. Was jedoch fehlt, sind die Menschen, die diese Werte der Liebe und des Mitgefühls, die von Religion, Theologie und Philosophie gepriesen werden, im täglichen Leben verwirklichen können. Im Midrasch, den alten rabbinischen Kommentaren zur Bibel, erklärt Gott provokativ: »Würde Mich die Menschheit ablehnen, und sich doch nach Meiner Weisung verhalten?«

Jeder religiöse Mensch kennt die Kluft zwischen dem, was Gott von uns erwartet, und unserer Fähigkeit, diese Erwartungen zu erfüllen. Die TM-Technik hilft uns, diese Lücke zu schließen, indem sie das individuelle Bewusstsein in direkten Kontakt mit seiner transzendentalen Quelle bringt – der unendlichen Quelle jeglicher Schriften, Religion, Theologie und Moral. Nach meiner Erfahrung habe ich nichts Einfacheres oder Mächtigeres gefunden als die TM-Technik, um Gott zur lebendigen Realität des eigenen Lebens zu machen – eine Realität, die in jedem Impuls von Denken, Sprechen und Handeln erlebt werden kann.

Das Potenzial, ein erfülltes Leben im Bewusstsein Gottes zu führen, durchdrungen von der Einheit Gottes, ist in die Natur des Menschen selbst eingebaut. Möge der Tag bald kommen, an dem die Führer und Anhänger jeder Religion auf Erden in der Lage sein werden, in Harmonie zusammenzuleben. Vielleicht können sie dann auf die gleiche vereinte, transzendente Wirklichkeit weisen und sagen: »Dies ist mein Gott, ihn will ich preisen; den Gott meines Vaters, ihn will ich rühmen.« (Exodus 15, 2).

Rabbiner Alan Green
Beth Israel Synagoge
Winnipeg, Manitoba
Greenrab@pangea.ca

Rabbi Alan Green wurde 1971 in die Technik der Transzendentalen Meditation eingeführt und wurde bald darauf TM-Lehrer. Als er in einem Buch über Kabbala – die jüdische Mystik – eine umfangreiche jüdische Terminologie für viele der Erfahrungen entdeckte, die Maharishi während der TM-Lehrer-Ausbildung erklärt hatte, entschloss er sich zum Rabbinerstudium. Rabbi Green wurde 1991 ordiniert und dient als Rabbiner der Beth Israel Synagoge in Winnipeg, Manitoba.

Islamische Tradition

Ich praktiziere Transzendentale Meditation seit 1978. Dank meiner Praxis habe ich als Muslim festgestellt, dass ich mit der Zeit immer tiefere Einblicke in die Worte des Heiligen Korans und des Hadith, der Kommentare des Propheten Mohamed, gewonnen habe. Diese wachsende Wertschätzung der erhabenen und doch praktischen Botschaft des Islam hat mir im Laufe der Jahre unzählige Erfahrungen mit mächtiger, ehrfurchtgebietender, zärtlicher Hingabe an den allmächtigen Gott gegeben. Es ist, als ob Seine Worte und die Seines Propheten – Friede sei mit ihm – mit immer neuer Frische lebendig werden, wenn ich sie lese. Dies war ein Segen für mich in einer Zeit tiefer Fragen und Seelensuche, die wir in der weiten islamischen Weltgemeinschaft erleben.

Es gibt nicht einen Islam, sondern so viele wie es Muslime gibt. Das ist auch berechtigt, denn im Islam gehen Mensch und Gott eine unmittelbare Beziehung ein, ohne Vermittler, und Gott spornt den Menschen an, ganz persönlich nach der Wahrheit zu suchen. Deshalb sagte der Prophet – Friede sei mit ihm: »Die Suche nach Wissen obliegt jedem muslimischen

Mann und jeder muslimischen Frau.« Aus eigener Erfahrung habe ich erkannt, dass das höchste Wissen von innen kommt, aus der täglichen unmittelbaren Erfahrung Transzendentalen Bewusstseins, das nichts anderes ist als der tiefste und stillste Zustand meines eigenen Bewusstseins. Dieser erhabenste Zustand bringt Frieden, ist Frieden. So habe ich entdeckt, dass Hingabe zum Allmächtigen schlicht ein Zustand des Geistes ist, ein Bewusstseinszustand, der den Segen höchsten Friedens verleiht.

Das ist die Wahrheit, die in den beiden Bedeutungen des Wortes Islam enthalten ist: Hingabe und Frieden. Ergib dich Gott, um Frieden zu erlangen. In diesem wunderbaren Zustand der totalen Hingabe und des Friedens schmilzt das Herz, der Geist leuchtet im Licht der Weisheit, und Gott beginnt, sich selbst zu offenbaren.

Wadi Bounouar
Quebec, Kanada
wbounouar@ccapcable.com

Wadi Bounouar, ein lebenslanger Muslim, der ursprünglich aus Marokko stammt, begann 1978 mit der Technik der Transzendentalen Meditation. Er ist jetzt professioneller Übersetzer in Quebec, Kanada.

Buddhistische Tradition

Ich bin kein offizieller Vertreter des Buddhismus. Ich spreche nur über Buddhismus als Teil meines Lebens. Für mich war die buddhistische Botschaft liebevoller Herzlichkeit und Güte immer sehr kraftvoll. Durch Kultivierung des Mitgefühls knüpfe ich nicht nur eine Herzensverbindung zu anderen Lebewesen, ich bahne mir auch selbst den Pfad zu meiner eigenen Erfüllung und breche damit aus der Achterbahn egoistischen Begehrens aus. Auch ist der Buddhismus, wie ich ihn kennengelernt habe, zutiefst pragmatisch und offen. Als der Dalai Lama nach der chinesischen Invasion in Tibet 1950 in die chinesische Hauptstadt Peking »eingeladen« wurde, fuhr er mit offenem Geist hin, um zu erfahren, was der chinesische Kommunismus zum Verständnis wahrhaften Mitgefühls beizutragen hatte. Diese Offenheit ist grundlegend für die buddhistische Sichtweise.

Die buddhistische Tradition bietet mir eine reiche Quelle zur Entwicklung meines Herzens. Aber sie beansprucht keineswegs, für jede Situation in alle Ewigkeit das Beste bieten zu können. Sie führt vielmehr dazu, dass wir uns uneingeschränkt der Aufgabe widmen, auf jede mögliche Art ein Herz voller universellem Mitgefühl zu entwickeln und auszudrücken. Sonst sinkt der Buddhismus in ein soziales Nischendasein, das uns von den anderen sowie von unserer eigenen wahren universellen Natur trennt.

Vor diesem Hintergrund ist mir die Technik der Transzendentalen Meditation als Ergänzung zur Ausübung meiner Religion sehr willkommen. Sie verhilft mir persönlich zu tiefer Ruhe und zu besserer Gesundheit, zu einem offenen Herzen und größerer Effektivität.

Als Sozialwissenschaftler, der Maharishis Transzendentale Meditation erforscht, bin ich die wissenschaftlichen Aufzeichnungen durchgegangen, die zeigen, wie sich durch ein gereinigtes Nervensystem das Herz voll entwickelt und der Mensch im Alltag effizienter wird.

Was mir als Buddhist aber am meisten am Herzen liegt, ist die Möglichkeit, durch die Gruppenpraxis der Transzendentalen Meditation und des TM-Sidhi-Programms die sozialen Spannungen einer Gesellschaft aufzulösen und zum Wohlergehen von buchstäblich Millionen von Menschen beizutragen.

Ich sprach mit Studienkollegen, die mit einer Gruppe von Meditierenden in vom Krieg zerrüttete Krisengebiete gereist sind, sich in der Gruppe hingesetzt und Maharishis Transzendentale Meditation praktiziert haben und beobachten konnten, wie das Bombardieren aufhörte. Ich habe die Forschungsergebnisse persönlich überprüft, die systematisch wiederholbar dokumentiert haben, wie diese Technologie Kriege beenden, die Kriminalitäts- und Unfallrate senken, die Wirtschaft beleben und die Vitalität der Sozialsysteme wiederherstellen kann.

Als Buddhist haben wir die Kosmologie, um dieses Phänomen zu verstehen, die psychologischen Werkzeuge, um die Trägheit, die alles Neue ablehnt, zu überwinden, und das mitfühlende Herz, um entsprechend zu handeln. Ich lade Sie herzlich ein, die Technik der Transzendentalen Meditation und ihre Technologien selbst zu erforschen und gemeinsam mit mir den Frieden auf Erden zu schaffen.

Paul Frank
Doktorand der Maharishi University of Management
Fairfield, Iowa
pvfrank@mum.edu

Paul Frank erlernte die Transzendentale Meditation 1975. Er praktiziert seit 1982 tibetischen Buddhismus. Nachdem er 1994 die Studien über den Maharishi-Effekt gelesen hatte, die signifikante positive Wirkungen der Gruppenpraxis fortgeschrittener Techniken der Transzendentalen Meditation nachwiesen, zog Frank nach Fairfield, Iowa, wo er derzeit an der Maharishi University of Management Doktorand in Psychologie ist, mit Schwerpunkt auf der Erforschung des Maharishi-Effekts.

Hinduistische Tradition

Die Ausübung von Maharishis Transzendentaler Meditation verträgt sich mit jeder Religion, einschließlich des Hinduismus. Ich bin als Hindu in einer spirituellen Familie aufgewachsen und kann versichern, dass die Transzendentale Meditation alle Lebensbereiche verbessert. Seitdem ich TM praktiziere, weiß ich unsere Familien-Yagyas mehr zu schätzen. Ganz von selbst und auf angenehme Weise fing ich an, immer mehr im Einklang mit den Gesetzen des Dharma zu handeln. Ich fühle mich heute völlig ohne Sorgen geborgen im Schoße von Mutter Natur.

Meine bemerkenswerteste Erfahrung war meine Zeit an der Maharishi International University (heute Maharishi University of Management), wo Studenten aus über vierzig Ländern zusammenlebten. Wir sahen alle verschieden aus, sprachen viele Sprachen und kamen aus unterschiedlichen Kulturen, und doch spürten wir alle, dass wir im Grunde genommen aus demselben Stoff waren, und dieser zugrunde liegende Stoff war Bewusstsein. Und wir erkannten auch, dass unsere unterschiedlichen Religionen im Wesentlichen das gleiche lehrten.

Ich kann jedem, der an Transzendentaler Meditation interessiert ist, nur raten, sie zu erlernen. Lasst euch nicht von eurer Religion abhalten, so viel mehr vom Leben zu haben. Ich bin glücklich und dankbar, dass ich in diesem Leben auf die TM gestoßen bin und sie seit zwanzig Jahren zusammen mit meiner Religion ausüben kann. Wenn Sie lernen zu meditieren, vertiefen Sie Ihre Erfahrung und Ihr Verständnis der wahren Natur aller Religionen.

Sooneeta Churtoorgoon Eisner
Bachelor of Science in Psychology
Maharishi University of Management
Mitglied des Global Development Council für
Maharishis Transzendentale Meditationsbewegung.

Sooneeta Eisner, eine in Mauritius geborene Hinduistin, erlernte 1979 die Transzendentale Meditation und wurde 1989 TM-Lehrerin. Eisner hat einen Bachelor in Psychologie von der MIU (heute Maharishi University of Management) und veröffentlichte Untersuchungen zur Feldunabhängigkeit bei Kindern. Sie lebt als Hausfrau in Fairfield Iowa, unterstützt TM-Programme und ist aktives Mitglied der indischen Gemeinde.

Die Unendlichkeit Gottes[6]

Unendlich ist Gottes Herrlichkeit, unendlich seine Gnade, unendlich seine Würde – unendliche Barmherzigkeit, unendliche Kraft, unendliches Wissen, unendliche Majestät, Herrschaft und Liebe. Das Universum entspringt einem bloßen Wunsch von Ihm und löst sich bei einem Wimpernschlag seines Auges auf. Wie das Netz nur aus einem Teil der Spinne hervorgeht, so kommt das gesamte riesige Universum mit all seiner unbegrenzten Ausdehnung und Komplexität nur aus einem unbedeutenden Teil des großen grenzenlosen ewigen Wesens hervor, des Transzendentalen Herrn aller Wesen, des großen Gottes von uns allen.

Er ist der liebvolle Krishna, Vishnu, Shiva,
die Mutter Kali, Durga und Saraswati der Hindus.
Er ist der Buddha, der Befreier der Buddhisten.
Er ist der Christus, der Retter der Christen,
der große Jehova der Juden,
der große Allah der Muslime.

---

6 Maharishi Mahesh Yogi: On the Bhagavad-Gita 10,42, S. 105–106.

Er ist der Herr und Gott aller Engel und Gottheiten. Er ist der Vater der Familie, Er ist die Mutter zu Hause, Er ist der Freund in der Gesellschaft, Er ist Bruder und Schwester, Er ist der Mann für die Frau und die Frau für den Mann. Er ist die Liebe, die ein Zuhause, eine Familie, eine Gesellschaft und eine Nation ausmacht.

Der große Herr ist die Herrlichkeit und Gnade von allem. Er ist alles in allem. Lasst Ihn so sein, wie Er ist. Lasst Ihn uns hier, dort, überall und in allem haben, im Inneren und im Äußeren. Er ist das Lied unseres Lebens. Lasst uns Ihn in jeder Note und in jedem Takt unserer Existenz singen. Wir wollen Ihn leben durch das Dick und Dünn unseres Lebens. Wir wollen Ihn atmen in jedem Atemzug. Er soll in uns sein und wir in Ihm. Wir wollen in Ihm handeln, für Ihn und durch Ihn, und die Gnade und Herrlichkeit unseres Lebens in der Fülle der Gnade und Herrlichkeit Seines ewigen Lebens genießen.

Maharishi Mahesh Yogi
Kommentar zur Bhagavad-Gita
Kapitel 10, Vers 42

»Als ich aus dem Himalaya kam, hatte ich den Gedanken, er war noch ganz frisch in meinem Geist, dass der Mensch nicht leiden muss.«

Meilensteine in Maharishis Wirken 1956–2008[7]

1953 Nachdem Maharishi zwölf Jahre seinem Meister, Guru Dev, gedient hat, zieht er sich nach dessen Ableben in die Höhlen im »Tal der Heiligen« in Uttar Kashi im Himalaya zurück.

1955 Einem inneren Ruf folgend verlässt er die Stille des Himalaya und reist an die Südspitze Indiens. »*Als ich aus dem Himalaya kam*«, erinnert er sich, »*hatte ich den Gedanken – er war noch ganz frisch in meinem Geist –, dass der Mensch nicht leiden muss. Der Veda sagt: Aus Ananda (Wonne) ist all dies geboren, in Ananda wird all dies aufrechterhalten, und in Ananda geht alles ein. Aber wo ist das im Alltag der Menschen zu finden?*«

1956 Im Namen seines Meisters beginnt Maharishi, in Südindien die Transzendentale Meditation zu lehren und gründet die ersten Zentren für geistige Entwicklung.

1957 In Madras, Indien, ruft Maharishi am 31. Dezember die Geistige Erneuerungsbewegung ins Leben und weiht sie am nächsten Tag feierlich ein.

1958 Maharishi gründet 25 Zentren der Geistigen Erneuerungsbewegung in Indien und führt Tausende in die Meditation ein. Am 27. April beginnt er seine erste Reise rund um die Welt.

1959 Während der Internationalen Versammlung für Transzendentale Meditation im Sequoia Nationalpark, USA, entsteht der erste Dreijahresplan, um die Meditation in der ganzen Welt zu verbreiten.

1960 In der Caxton Hall von London wird der Dreijahresplan öffentlich eingeweiht.

1961 5000 Teilnehmer kommen zur Eröffnung der ersten Weltversammlung der SRM in die Royal Albert Hall in London. Erster Ausbildungskurs für Lehrer der Transzendentalen Meditation in Indien.

1962 Weltweite TM-Lehrer-Ausbildungskurse.

1963 Maharishi schreibt »*Die Wissenschaft vom Sein und die Kunst des Lebens*«.

1964 Maharishi schreibt »*Liebe und Gott*«.

---

7 Aus »Maharishi's Achievements« http://dl.globalgoodnews.com/pdf/achievements.pdf

1965 Maharishi schreibt seinen Kommentar zur »*Bhagavad-Gita*«.

1966 Einweihung der Internationalen Meditationsakademie in Rishikesh, Indien.

1967 Einweihung der »*Akademie für Persönlichkeitsentfaltung*« in Bremen-Blumenthal, BRD.

1968 Gründung der »*Students International Meditation Society*« in vielen Ländern.

1969 Maharishi übersetzt und kommentiert die »*Brahma-Sutras*«, das Textbuch der Vedanta-Philosophie.

1970 Das »*Science Magazine*« veröffentlicht die erste wissenschaftliche Studie über die physiologischen Wirkungen der Transzendentalen Meditation von Dr. Robert Keith Wallace.

1971 Gründung der »*Maharishi International University*« (MIU) in den USA.

1972 Verkündung des Weltplans in Mallorca, Spanien, vor 2000 Kursteilnehmern. Formulierung der »*Wissenschaft der Kreativen Intelligenz*« (WKI).

1973 Zweitausend Weltplancenter werden rund um die Welt eröffnet.

1974 Entdeckung des *Maharishi-Effekts*: Wenn 1 % der Einwohner einer Stadt Transzendentale Meditation praktizieren, sinkt die Kriminalitätsrate in der Stadt und die Lebensqualität steigt.

1975 Gründung der »*Maharishi European Research University*« (MERU) in Seelisberg, Schweiz. Maharishi verkündet die »Morgendämmerung des Zeitalters der Erleuchtung«.

1976 Maharishi führt das TM-Sidhi-Programm mit dem Yogischen Fliegen ein.

1977 Maharishi weiht die Kampagne für eine Ideale Gesellschaft in 108 Ländern ein.

1978 Entdeckung des *Erweiterten Maharishi Effekts*: Die Wurzel aus einem Prozent der Bevölkerung, die das TM-Sidhi-Programm praktiziert, reicht aus, um Kohärenz im kollektiven Bewusstsein zu erzeugen und die Lebensqualität anzuheben. Maharishi sendet kohärenzerzeugende Gruppen in die fünf größten Krisengebiete der Welt, um die Unruhen zu besänftigen.

1979 Erste Weltfriedensversammlung mit mehreren tausend Teilnehmern in Amherst, USA.

1980 Maharishi veröffentlicht seinen »*Apaurusheya Bhashya*«, den zeitlosen Kommentar zum Rik-Veda, und führt die Prinzipien des

Ayurveda in der westlichen Welt ein. Erster Internationaler »Vedic Science Course« mit 3000 Teilnehmern in Neu Delhi, Indien.

1981 Maharishi ordnet die vedische Literatur als »*Maharishis Vedische Wissenschaft und Technologie*«.

1982 Einweihung der »*Maharishi University of Natural Law*« in Mentmore Towers, England.

1983 Silberjubiläum der TM-Bewegung. Große Weltfriedensversammlung mit 7000 Teilnehmern in Fairfield, Iowa, um den Globalen Maharishi-Effekt und damit einen »*Global Taste of Utopia*«, einen »Vorgeschmack auf Utopia« zu erzeugen.

1984 Große Weltfriedensversammlungen in verschiedenen Ländern. Maharishi formuliert die auf dem Einheitlichen Feld gegründeten Prinzipien einer idealen Gesellschaft.

1985 Eröffnung der »*Maharishi Vedic University*« in Washington, DC, und Gründung von »*Maharishi Ayur Veda Prevention Centers*« in vielen Ländern.

1986 Maharishi beginnt mit dem Weltplan für Vollkommene Gesundheit, um durch Ayurveda eine krankheitsfreie Gesellschaft zu schaffen.

1987 In mehr als 200 Großstädten in 52 Ländern finden Weltfriedens-Festivals mit »*Maharishi Gandharva-Veda-Musik*« statt, vedischen Melodien, die Gleichgewicht und Harmonie in der Natur erzeugen.

1988 Maharishi entwickelt den Masterplan für den Himmel auf Erden. Die daraus resultierende steigende Harmonie zeigt sich als Tauwetter des Kalten Krieges: Die Supermächte reichen sich die Hände.

1989 Durchführung von Maharishis Masterplan, der zu mehr Einheit im Weltbewusstsein und schließlich zum Mauerfall in Deutschland führt.

1990 Maharishi bietet jeder Regierung an, sich mit der Regierung der Natur zu verbünden.

1991 Kampagne zur Errichtung von Maharishi-Ayurveda-Gesundheitszentren in jeder Großstadt.

1992 Gründung der Naturgesetz-Partei zur Verbesserung der nationalen Verwaltung. Das Curriculum der Maharishi Vedic University ist in zehn Ländern verfügbar.

1993 In Washington, DC, kommen 4000 Yogische Flieger aus 64 Ländern zusammen und erzeugen so starke Kohärenz, dass die Kriminalitätsrate der Stadt während der Versammlung um 29 Prozent sinkt.

1994 Maharishi bietet allen Streitkräften an, einen Präventionsflügel einzurichten, um mit der »*Vedischen Technologie der Verteidigung*« das Entstehen von Feinden zu verhindern. Entdeckung der Struktur des Veda im menschlichen Körper.

1995 Gründung der »*Maharishi University of Management*« (MUM) in Japan, Holland, Russland und USA. Gründung der »*Maharishi Vedic University*« in Madhya Pradesh, Indien.

1996 Einweihung des Programms zur Globalen Verwaltung durch das Naturgesetz.

1997 Maharishi gründet den »*Maharishi Vedic Medical Council*« in Indien und strukturiert »*Maharishi Sthapatya Veda*«, um die vedischen Prinzipien der Architektur wiederzubeleben.

1998 Die »*Maharishi Open University*« bietet Fernlehrgänge über Satellitenfernsehen in 18 Sprachen an.

1999 Maharishi strukturiert den »*Perfect Man Course*« für die »*Maharishi Open University*«.

2000 Maharishi weiht das »*Globale Land des Weltfriedens*« ein und krönt Professor Dr. Tony Nader aufgrund seiner Entdeckung der Struktur des Veda im menschlichen Körper zum ersten Regenten dieses Landes.

2001 Gründung der »*Maharishi Vedic City*« in Iowa, USA, als Modell eines idealen Stadtlebens auf Grundlage des Veda.

2002 Maharishi beginnt seine wöchentlichen globalen Pressekonferenzen, in denen er Fragen der internationalen Presse über Satellitenfernsehen, Internet und Konferenzschaltung beantwortet.

2003 In Deutschland wird die Maharishi-Weltfriedensstiftung gegründet, um Friedenspaläste zu bauen und zu erhalten. Maharishi bietet jeder Regierung an, ihre Vertreter in der Kunst der »*Automation in Administration*« auszubilden.

2004 Maharishi spricht auf Erziehungskonferenzen in Los Angeles, New York und Washington, DC, über Bewusstseinsbasierte Bildung.

2005 Goldenes Jubiläum von Maharishis Wirken rund um die Welt. Maharishi bildet die ersten 22 Rajas aus, die von der Ebene der Stille die TM-Projekte verwalten. Zu Guru-Purnima, dem Fest zu Ehren seines Meisters, weiht Maharishi zusammen mit 2000 Führungskräften seiner TM-Bewegung die Morgendämmerung des

Sat-Yugas ein, was über Satellit und Internet weltweit übertragen wird.

2006 Maharishi weiht den Brahmasthan Indiens, den geografischen Mittelpunkt, als »*Capital of World Peace*« ein, wo eine große Gruppe vedischer Pandits durch Yoga und Yagya den dauerhaften Weltfrieden sichern soll. In Holland wird eine ständige Weltfriedensversammlung mit 400 Teilnehmern eingerichtet, und die Presse berichtet von unerwarteten positiven Entwicklungen. An der Maharishi University of Management in Fairfield, Iowa, USA, wird die »*Invincible America Assembly*« mit 2000 Kursteilnehmern eingerichtet, die von einer Gruppe vedischer Pandits unterstützt wird.

2007 Am 22. November sagt Maharishi auf einer Versammlung seiner Führungskräfte: »*Nach all diesen 50 Jahren Aktivität fühle ich, dass Kriya-Shakti (die organisierende Kraft der Natur) erwacht ist und ihre ersten Früchte zeigt. Die Rajas werden Kriya-Shakti in Stille übernehmen. Ich werde mein Wirken von Kriya-Shakti auf Gyan-Shakti (die Kraft des Wissens) verlagern, denn das Erwachen von Kriya-Shakti entstand dadurch, dass ich sie auf Gyan-Shakti aufbaute. Wenn Gyan-Shakti voll erblüht, wird auch Kriya-Shakti ganz von selbst mehr und mehr erblühen. Macht weiter so in dieser Richtung, und ihr werdet sehen, dass euch nichts verborgen bleibt.*« Der anschließende Applaus war genauso lang oder noch länger als bei dem historischen Augenblick am 31. Dezember 1957, als Maharishi in Madras seine weltweite Bewegung zur geistigen Erneuerung der Menschheit ins Leben rief.

2008 Am 11. Januar gründet Maharishi den »*Brahmananda Saraswati Trust*« zur dauerhaften Unterstützung großer Gruppen Vedischer Pandits im Brahmasthan von Indien und anderen Orten rund um die Welt. Danach sagt er: »*Jai Guru Dev. Es war mir eine Freude, zu Füßen Guru Devs sein Licht in die Welt zu tragen. Heute nun beende ich meine Verpflichtung gegenüber Guru Dev, und ich kann nur sagen: Live long the world in peace, happiness, prosperity, and freedom from suffering. The future of the world is bright, and that is my delight. Jai Guru Dev. – Lang lebe die Welt in Frieden, Glück, Wohlstand und frei von Leiden. Die Welt geht einer strahlenden Zukunft entgegen, und das macht mich glücklich. Jai Guru Dev.*«

Am 5. Februar setzt er sich – wie ein Zeuge berichtet – »in die perfekte Yoga-Position und verlässt friedlich seinen Körper«. Seine sterbliche Hülle wird am 9. Februar nach Allahabad, Indien, überführt, öffentlich ausgestellt und am 11. Februar mit staatlichen Ehren eingeäschert. Zehntausende aus aller Welt sowie das Indische Fernsehen wohnen der Feier bei, die über Internet weltweit live übertragen wird. Seine Asche wird in mehreren Flüssen Indiens und in allen 192 Ländern verstreut.

Wissenschaftliche Studien zur Wirkung der Transzendentalen Meditation[8]

Seit 1970 wurden in mehr als 600 wissenschaftlichen Experimenten die Auswirkungen der TM-Technik sowohl auf den Einzelnen als auch auf seine Umgebung an über 250 Universitäten und Forschungsinstituten in 35 Ländern untersucht. Die Forschungsergebnisse wurden in über 350 Publikationen in mehr als 160 Fachzeitschriften veröffentlicht, darunter die angesehensten Fachzeitschriften der Welt.

In der Wissenschaft gibt es 4 Kriterien, die die Zuverlässigkeit wissenschaftlicher Forschung definieren:

1. Qualität der Forschung selbst
2. Bestätigung durch mehrere unabhängige Forscher
3. Veröffentlichung in wissenschaftlicher Fachzeitschrift
4. Reproduzierbarkeit

Die Forschung über Transzendentale Meditation schneidet bei allen vier Kriterien meist sehr gut ab.

Die folgenden Abbildungen bestätigen die Voraussagen Maharishis von 1959 über die wohltuenden Wirkungen der TM. Die Originalarbeiten finden sich in »*Scientific Research on the Transcendental Meditation Program, Collected Papers, Volume 1–7.*«

8 Auswahl aus den Webseiten:
https://meditation.de
https://lothar-pirc.de
https://www.friedenspalast-erfurt.de
https://www.lebensqualitaet-technologien.de

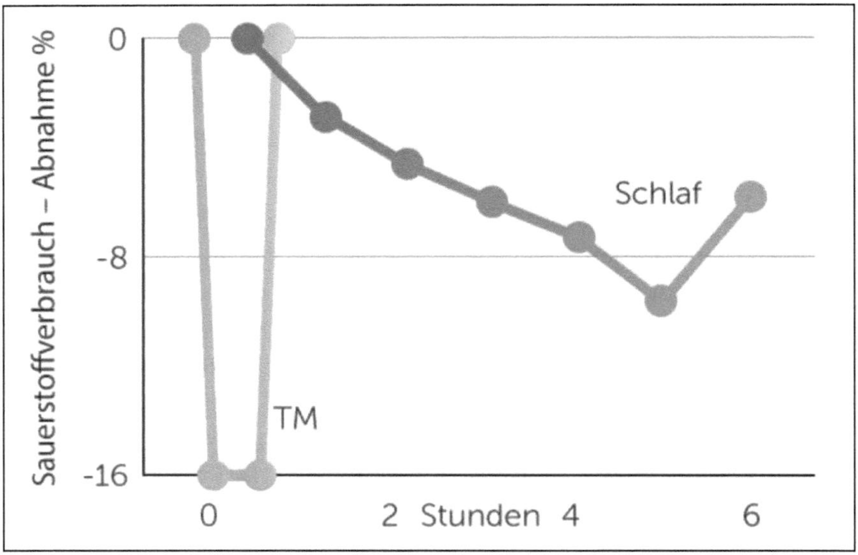

Wenn der Geist die feinste Ebene des Denkens überschreitet (transzendiert), gelangt er in einen Zustand vollkommener Ruhe. Mit der richtigen Technik sinkt der Geist automatisch und mühelos in eine Stille ohne Gedanken, einen Bereich, der jedem Menschen innewohnt. Und wenn der Geist transzendiert, kommt auch der Körper ganz von selbst in einen Zustand tiefer Entspannung, viel tiefer als im Tiefschlaf. Das lässt sich objektiv nachweisen durch Messung des Sauerstoffverbrauchs. Dieses Diagramm einer Studie der Harvard Medical School zeigt, dass der Körper während der TM eine Ruhe erreicht, die doppelt so tief ist wie die tiefste Ruhe im Schlaf. Inzwischen bestätigen mehr als 30 Untersuchungen die Tiefenentspannung während der TM.

Referenz:
Scientific American, Vol. 226, No. 2, February 1972, S. 84–91

Anzeichen tiefer Ruhe während Transzendentaler Meditation 2

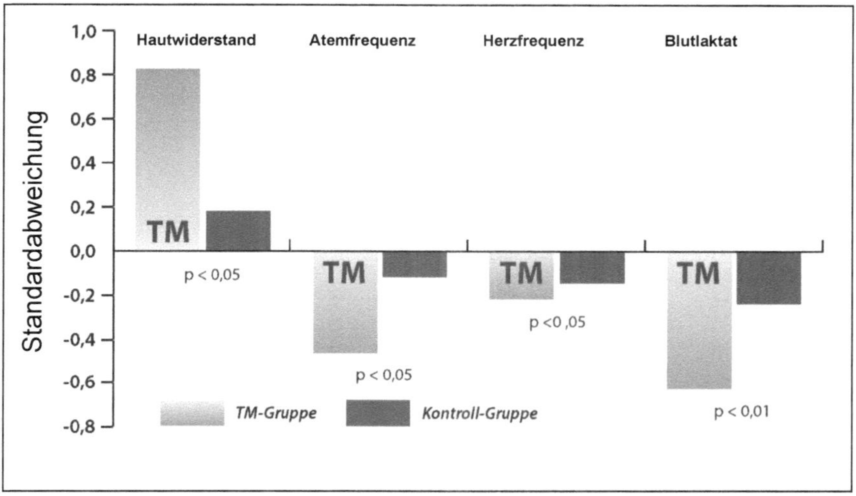

In einer Meta-Analyse von 31 verschiedenen Studien wurde der Unterschied der Tiefe der Entspannung zwischen TM und normaler Ruhe mit geschlossenen Augen untersucht. Das Ergebnis ist, dass sich die Ruhe während der TM deutlich von normaler Ruhe unterscheidet, wie anhand eines deutlich höheren Hautwiderstandes, geringerer Atemfrequenz, Herzfrequenz und sinkenden Blutlaktatgehalts gezeigt wird. Dabei handelt es sich um konsistente Ergebnisse über viele Einzelstudien hinweg.

Referenzen:

1. *American Psychologist,* Vol. 42, 1987, S. 879–881.
2. *Science* 167, 1970, S. 1751–1754.
3. *American Journal of Physiology* 221, 1971, S. 795–799

Verminderte Angst durch Transzendentale Meditation 3

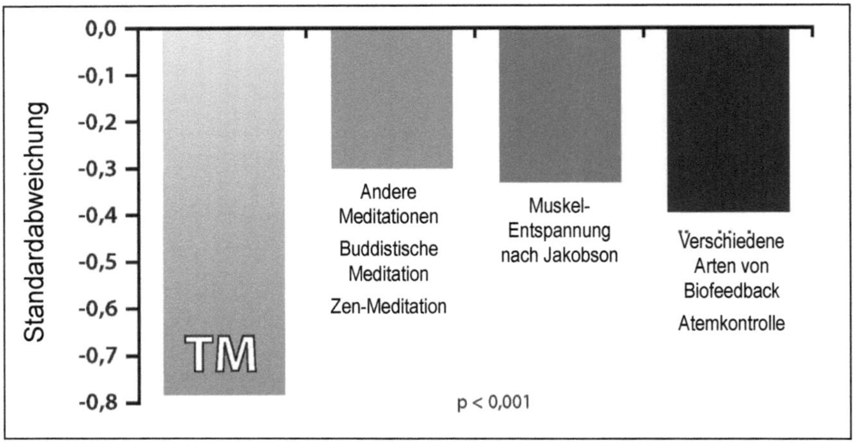

In einer Meta-Analyse von 146 Studien zur Angstreduktion durch verschiedene Entspannungsmethoden war die Transzendentale Meditation (TM) bei weitem das effektivste aller Verfahren, um Stress auszugleichen und Ängste abzubauen. Effektgrößen wurden für die verschiedenen Behandlungen (z. B. Progressive Entspannung, EMG-Biofeedback, verschiedene Formen der Meditation, etc.) berechnet. Die meisten der Behandlungen zeigten ähnliche Standardabweichungen, nur die Transzendentale Meditation zeigte eine signifikant größere Wirkung, und die Meditation, die mit Konzentration verbunden war, hatte eine signifikant geringere Wirkung.

Referenzen:

1. *Journal of Clinical Psychology* 33, 1977, S. 1076–1078.
2. *Journal of Clinical Psychology* 45 (6), 1989, S. 957–974.

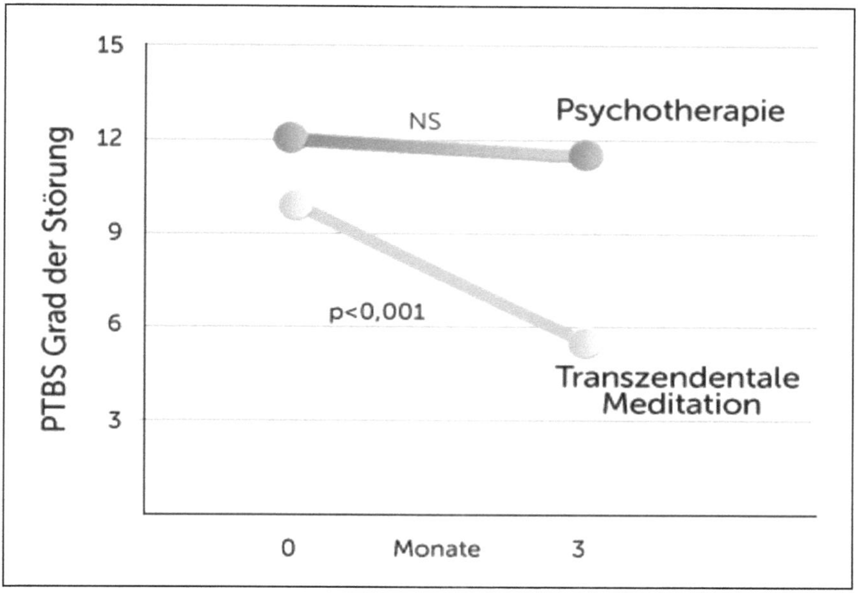

Eine Studie des medizinischen Zentrums der Universität Colorado in Denver, USA, verglich die Wirkungen der Transzendentalen Meditation mit den besten psychotherapeutischen Behandlungen für Patienten mit Stresstrauma. Nach drei Monaten zeigten sich bei der TM-Gruppe erhebliche Verbesserungen in allen Bereichen der Studie:

- Depression $p < 0{,}001$
- Posttraumatische Belastungsstörung $p < 0{,}001$
- Angstgefühl $p < 0{,}001$
- Emotionale Distanziertheit $p < 0{,}005$
- Alkohol-Missbrauch $p < 0{,}01$
- Schlafstörungen $p < 0{,}001$
- Familientrauma $p < 0{,}01$

Referenz:
Journal of Counseling and Development 64, 1985, S. 212–215

Verbesserter Nachtschlaf bei Arbeitern durch Transzendentale Meditation

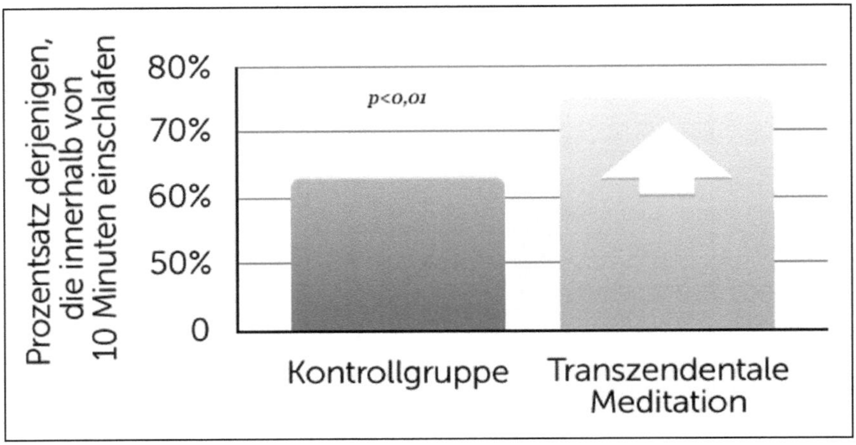

Eine große Studie, die vom japanischen National Institute of Industrial Health durchgeführt wurde, stellte fest, dass 427 Angestellte von Sumitomo Heavy Industries, die das Programm der Transzendentalen Meditation erlernten, nach drei Monaten leichter einschlafen konnten als die Kontrollgruppe von 308 Angestellten, die am gleichen Arbeitsplatz tätig waren. Das bestätigt eine frühere Pilotstudie der Universität von Alberta in Kanada, wo eine Gruppe von Patienten mit Schlafstörungen gebeten wurde aufzuschreiben, wie lange sie durchschnittlich brauchten, bis sie einschlafen konnten, und zwar 30 Tage, bevor sie TM erlernten und 30, 60 und 90 Tage danach. Die durchschnittliche Zeitspanne fiel von 75,6 Minuten auf 15 Minuten und blieb dann stabil ($p < 0{,}001$). Eine nachfolgende Studie zeigte, dass die Zeit, die benötigt wurde, um einzuschlafen, auch nach einem Jahr stabil bei etwa 15 Minuten blieb.

Referenz:
Japanese Journal of Public Health 37, 1990, 10 Suppl., 729

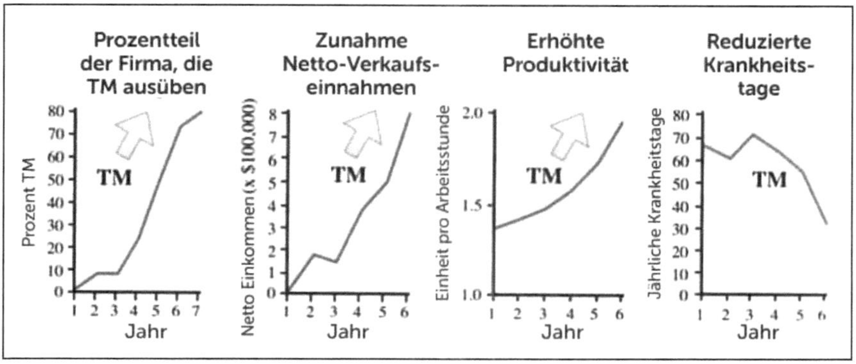

Die folgende Beobachtung ist ein interessantes Beispiel dafür, was geschehen kann, wenn die Transzendentale Meditation in einer Firma eingeführt wird. Die untersuchte Firma ist eine mittelständische Fabrik der Chemiebranche in den USA. Die Grafik zeigt, wie mit zunehmender Anzahl von Mitarbeitern, die die TM-Technik ausüben, die Produktivität zunimmt und die Fehlzeiten abnehmen. Obwohl dies eine Beobachtungsstudie ist, war es fast allen in der Firma klar, dass diese Ergebnisse durch die Technik der Transzendentalen Meditation hervorgerufen wurden.

Referenz:

Gerald Swanson and Robert Oates, *Enlightened Management: Building High-performance People*, 1989.

Blutdrucksenkung bei Hypertonikern durch Transzendentale Meditation 7

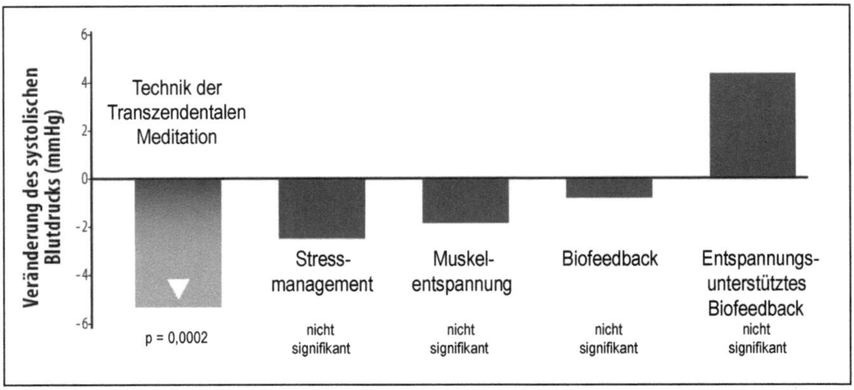

In diese Meta-Analyse wurden alle veröffentlichten Studien zum Thema Stressreduzierung und Blutdruck durch nichtmedikamentöse Methoden bei Hypertonikern aufgenommen. Voraussetzung war, dass die Untersuchungen mit Zufallsverteilung der Teilnehmer entweder in die Kontrollgruppe oder die Gruppe mit dem untersuchten Verfahren passten. Nur für die Technik der Transzendentalen Meditation ließ sich eine statistisch signifikante Blutdrucksenkung bei Hochdruckpatienten nachweisen. Eine davon unabhängig durchgeführte zweite Meta-Analyse bestätigte die signifikante Wirkung des Programms der Transzendentalen Meditation auf die Senkung des systolischen wie des diastolischen Blutdrucks.

Referenzen:

1. *Current Hypertension Reports* 9, 2007, S. 520–528.
2. *American Journal of Hypertension* 21, 2008, S. 310–316.

Verringerte Insulinresistenz bei Herzpatienten durch Transzendentale Meditation

8

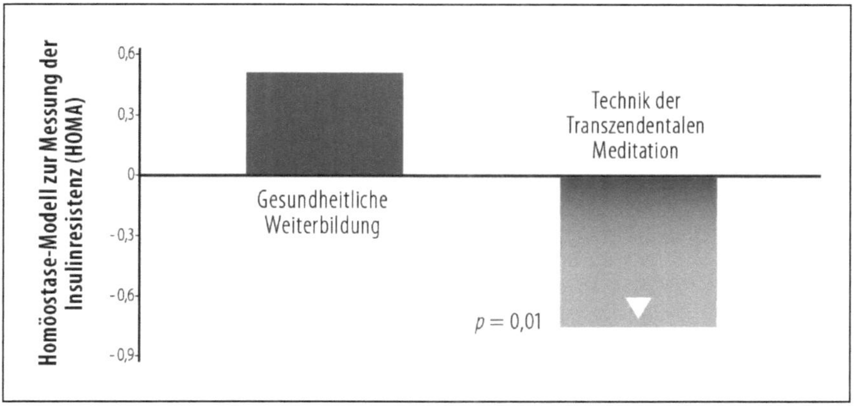

Diese randomisierte kontrollierte Studie ergab, dass sich bereits durch viermonatiges Ausüben der Transzendentalen Meditation die Ansprechbarkeit der Körperzellen auf Insulin (Insulinresistenz) bei Herzpatienten signifikant senken lässt – nicht jedoch durch gesundheitliche Weiterbildung. Die Insulinresistenz ist eine Komponente des Metabolischen Syndroms, das oft mit Übergewicht, Bluthochdruck und erhöhten Blutfettwerten verbunden ist: ein Risikofaktor für Herz-Kreislauf-Erkrankungen und -Sterblichkeit. Die Insulinresistenz kann auch zur Diabeteserkrankung führen.

Referenz:
Archives of Internal Medicine 166, 2006, S. 1218–1224.

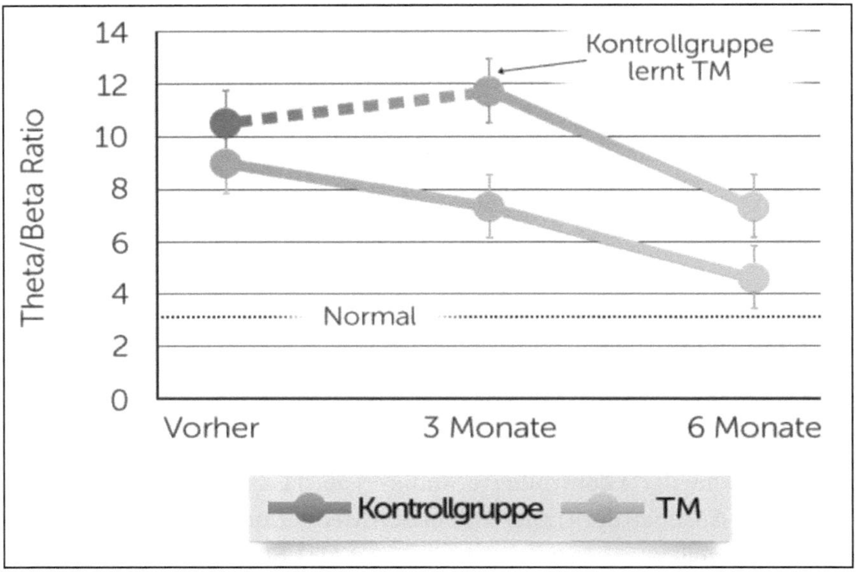

Kinder zwischen 11 und 14 Jahren, die an ausgeprägten ADHS-Symptomen litten, wurden nach dem Zufallsprinzip in zwei Gruppen geteilt. Die eine Gruppe erlernte TM sofort, die zweite Gruppe musste 3 Monate warten, ehe sie die Technik erlernte. Die TM-Gruppe zeigte einen signifikanten Rückgang der Symptome schon nach 3 Monaten, während in der Kontrollgruppe keine Besserung auftrat. Nachdem auch die Kontrollgruppe TM erlernt hatte, gab es nach 3 Monaten ähnliche Verbesserungen, während die erste Gruppe weitere Fortschritte machte. Das Verhältnis von Theta- zu Beta-Gehirnwellen im EEG ist bei den ADHS-Patienten unverhältnismäßig hoch, aber nach 6 Monaten TM-Praxis fast wieder normal.

Referenz:

Mind & Brain, The Journal of Psychiatry 2011, Vol. 2, No 1

Verbesserte schulische Leistungen durch Transzendentale Meditation 10

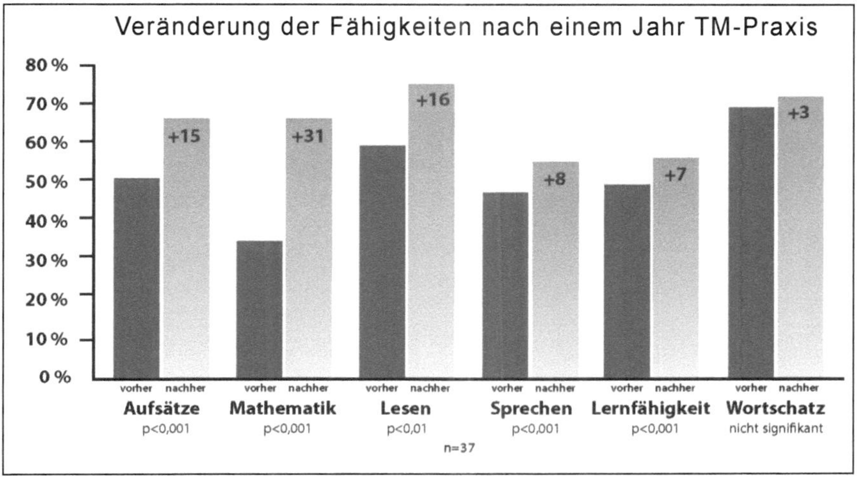

Grundschüler zeigten nach einjähriger Ausübung der Transzendentalen Meditation im Rahmen des Unterrichts gemäß dem in den USA standardisierten Iowa-Begabungstest eine hochsignifikante Zunahme ihrer schulischen Leistungen bei Aufsätzen, Lesen, Sprechen, Mathematik und Lernfähigkeit.

Referenzen:

1. *Education* 107, 1986, S. 49–54.
2. *Modern Science and Vedic Science* I, 1987, S. 433–468.
3. *Education* 109, 1989, S. 302–304.

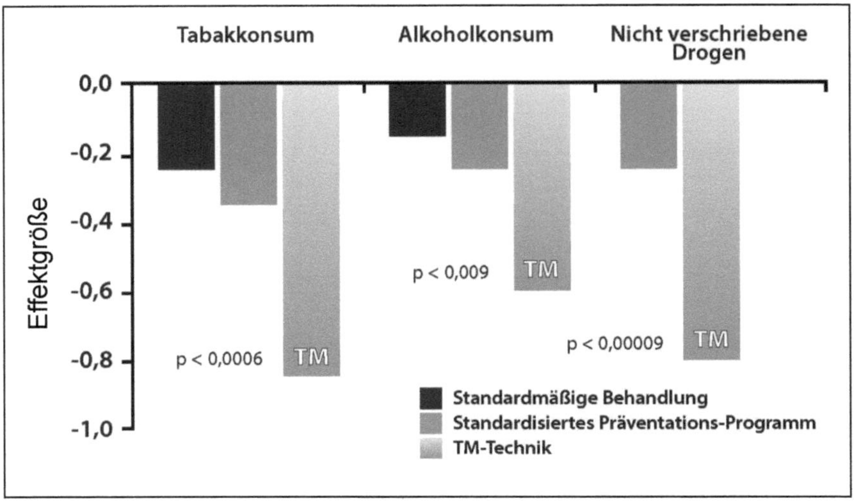

Eine Meta-Analyse von 198 unabhängigen Studien ergab, dass Transzendentale Meditation den Genuss von Alkohol, Nikotin und nicht verschriebenen Drogen deutlich stärker reduziert als übliche Behandlungs- und Vorbeugungsmaßnahmen. Während die Erfolge konventioneller Methoden meist innerhalb von drei Monaten wieder nachlassen, nehmen die Erfolge des Programms der Transzendentalen Meditation mit der Zeit immer weiter zu. Während eines 18–22 Monate dauernden Zeitraums führt die Ausübung bei 51–89 % zu totaler Abstinenz von Tabak, Alkohol und nicht verschriebenen Drogen.

Referenzen:

1. *International Journal of the Addictions* 26, 1991, S. 293–325.
2. *Alcoholism Treatment Quarterly* 11, 1994, S. 13–87.
3. *Self-Recovery: Treating Addictions Using Transcendental Meditation and Maharishi Ayur-Veda.* The Howarth Press, New York, 1994.

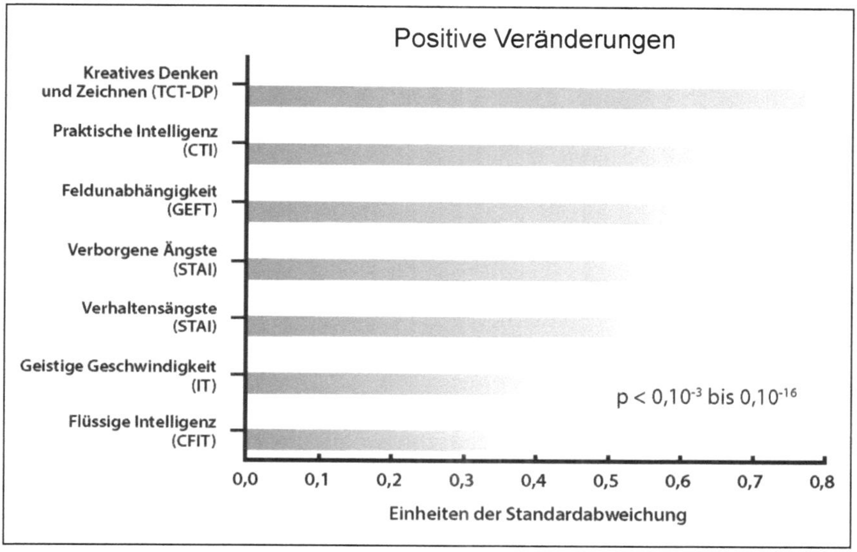

Die Fähigkeiten von 362 Schülern/Studenten aus Taiwan wurden in einer Doppelblindstudie mit sieben kulturunabhängigen Intelligenztests gemessen. Diejenigen von ihnen, die die Transzendentale Meditation erlernt hatten, verbesserten ihre Fähigkeiten innerhalb von 6 Monaten in allen 7 Tests signifikant. Im Gegensatz dazu besserte die Ausübung einer traditionellen chinesischen Meditation im gleichen Zeitraum nur zwei Variablen (IT und GEFT). Schüler/Studenten der Kontrollgruppen, die entweder ein Nickerchen hielten oder keine Übungssitzungen durchführten, zeigten überhaupt keine Veränderungen.

Referenz:

Kam-Tim So, David W. Orme-Johnson: *Three randomized experiments on the longitudinal effects of the Transcendental Meditation technique on cognition, Intelligence* 29, 2001, S. 419–440.

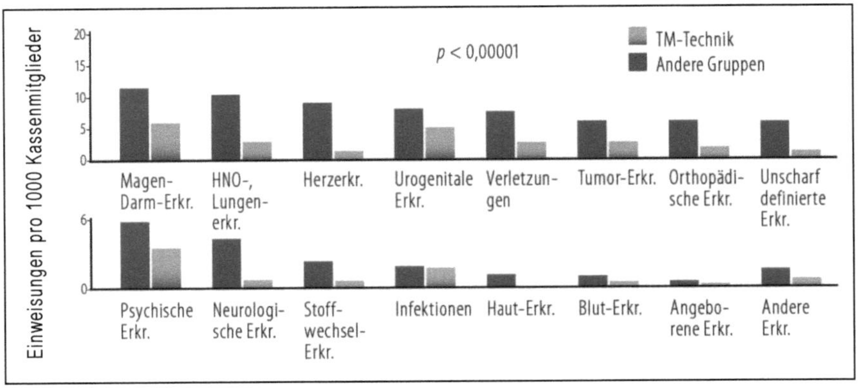

Im Vergleich zur Bevölkerungsnorm ergab diese fünfjährige Studie, dass Personen, die die Technik der Transzendentalen Meditation praktizierten (N = 1468), 56 % weniger Krankenhausbehandlungen in Anspruch nahmen. Die Krankenhauseinweisungen gingen z. B. bei Herz- und Gefäßerkrankungen um 87 % zurück, bei Tumoren um 55 %, bei HNO- und Lungen-Erkrankungen um 73 %, bei Verletzungen um 63 %, bei neurologischen Erkrankungen einschließlich der Alzheimer-Erkrankung um 87 % und bei metabolischen Erkrankungen einschließlich Diabetes um 65,4 %.

Referenz:

Psychosomatic Medicine 49, 1987, S. 493–507.

Gehirnaktivität während ruhevoller Wachheit 14

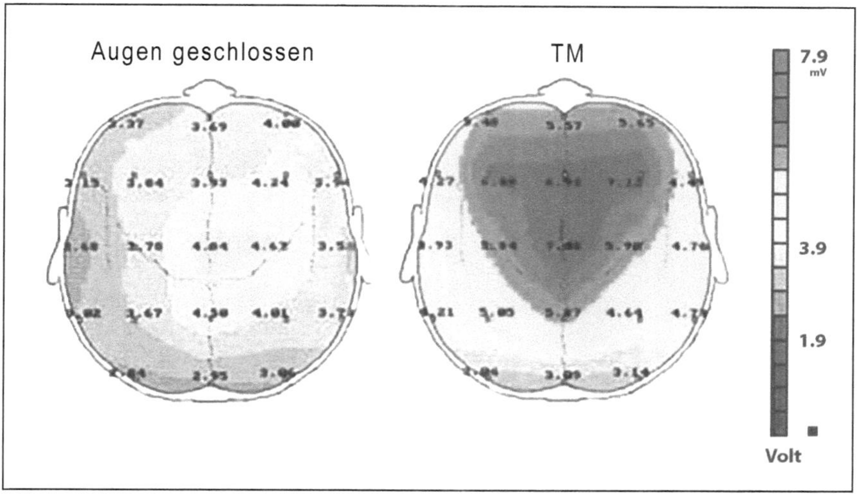

Mit Hilfe eines Brainmapping-Verfahrens wird hier die Aktivität in verschiedenen Bereichen des Gehirns visuell dargestellt. Deutlich zu sehen ist die Zunahme von Aktivität im Frontalbereich während der Ausübung der Transzendentalen Meditation. Die subjektive Erfahrung während der Messung war ein deutlicher Zustand ruhevoller Wachheit.

Referenzen:

1. Russian-Swedish Symposium »*New Research in Neurobiology*«, Moscow, Russia, May 19–21, 1992.
2. Proceedings of the International Symposium »*Physiological and Biochemical Basis of Brain Activity*«, St. Petersburg, Russia, June 22–24, 1994.

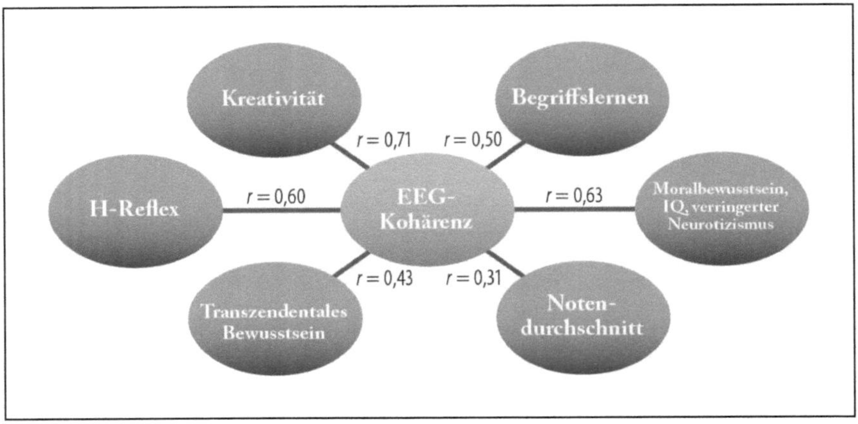

Höhere Werte von EEG-Kohärenz (Gleichklang von Gehirnwellen), wie sie während der Ausübung der Transzendentalen Meditation typischerweise gemessen werden, korrelieren signifikant mit verstärktem Fließen der sprachlichen Kreativität, einer höheren Wirksamkeit beim Erlernen neuer Konzepte, mit höherem Moralbewusstsein, einem höheren sprachlichen IQ sowie verringertem Neurotizismus, besseren akademischen Leistungen, klareren Erfahrungen Transzendentalen Bewusstseins (Stille ohne Gedanken) und höherem neurologischem Wirkungsgrad, gemessen an der schnelleren Erholung des Hoffmann-Eigenreflexes.

Referenzen:

Schaubild aus Daten folgender vier Studien:

1. *International Journal of Neuroscience* 13, 1981, S. 211–217.
2. *International Journal of Neuroscience* 15, 1981, S. 151–157.
3. *Scientific Research on Maharishi's Transcendental Meditation and TM-Sidhi Program: Collected Papers*, Vol. 1, 1977, S. 208–212.
4. dito, Vol. 4, 1989, S. 2245–2266.

Zunahme der Gehirnwellen-Kohärenz während der Transzendentalen Meditation 16

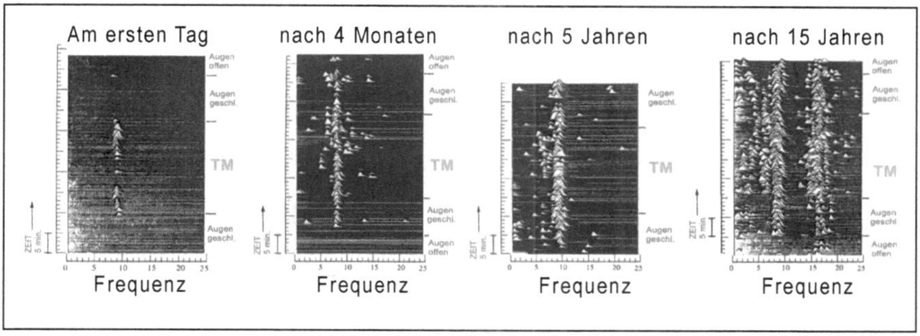

EEG-Ableitungen von Personen mit unterschiedlich langer Meditationspraxis zeigen, wie die Kohärenz der Gehirnwellen durch regelmäßige TM-Praxis zunimmt. Als Kohärenz definieren Forscher die 95%ige Übereinstimmung zwischen den Phasen des EEGs einer bestimmten Frequenz, die an zwei verschiedenen Stellen der Kopfhaut abgeleitet werden, über mindestens 10 Sekunden.

In Ruhephasen von Nichtmeditierenden treten beim Wachen oder Schlafen keine Kohärenzen auf. Bei TM-Anfängern zeigen sich sofort Alpha-Wellen (10 Hz), mit zunehmender Praxis Theta-Wellen (6 Hz) und schließlich Kohärenzen in allen Frequenzbereichen. Bald zeigen sich diese Kohärenzen auch vor und nach der TM mit geschlossenen Augen, ein Zeichen dafür, dass der geordnete Zustand des Gehirns auch außerhalb der Meditation in der Tagesaktivität erhalten bleibt.

Referenzen:

1. *EEG Coherence during the Transcendental Meditation Technique*, Collected Papers, Vol. 1, 1975, S. 187–207.

2. dito, Vol. 1, 1977, S. 705–712

Maximale Gehirnwellen-Kohärenz während des Yogischen Fliegens 17

Verglichen wurde die Stärke und Kohärenz der Gehirnwellen im vorderen, mittleren und seitlichen Bereich von 10 Yogischen Fliegern und von Kontrollpersonen, die aus dem Sitz ähnliche Hüpfbewegungen machten wie beim Yogischen Fliegen. Bei den Yogischen Fliegern trat eine beeindruckende Gehirnwellenkohärenz über alle Frequenzbereiche auf, und zwar kurz bevor der Körper vom Boden abhob, was eine starke Integration von Geist und Körper anzeigt. Ein ähnliches EEG-Muster wird während der Erfahrung reinen Bewusstseins in der TM-Praxis gemessen, was darauf hindeutet, dass die Erfahrung reinen Bewusstseins die Grundlage für die erfolgreiche Ausübung der TM-Fortgeschrittenen-Techniken (Sidhis) ist. In der Kontrollgruppe waren keine signifikanten Unterschiede der EEG-Muster zu beobachten.

Referenzen:

1. *International Journal of Neuroscience* 38, 1988, S. 427–434.
2. *International Journal of Neuroscience* 54, 1990, S. 1–12.

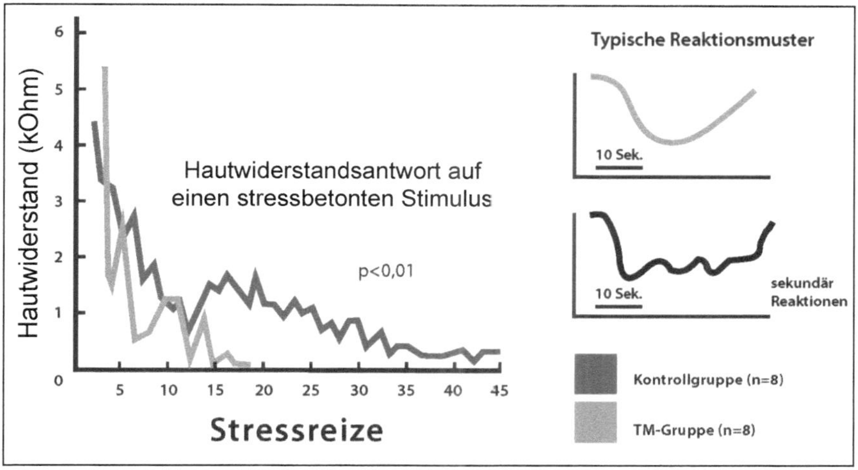

Personen, die die Technik der Transzendentalen Meditation ausüben, sind auch in Stresssituationen deutlich entspannter als nichtmeditierende Kontrollpersonen. Diese Untersuchung zeigte, dass sie sich signifikant schneller an die Wiederholung eines lauten Tons gewöhnten als nichtmeditierende Vergleichspersonen, gemessen an der Reaktion des Hautwiderstands. Gleichzeitig zeigten sie ein stabileres Reaktionsmuster auf einen einzelnen Stressreiz als Kontrollpersonen.

Referenz:

Psychosomatic Medicine, Vol. 35, 1973, S. 341–349.

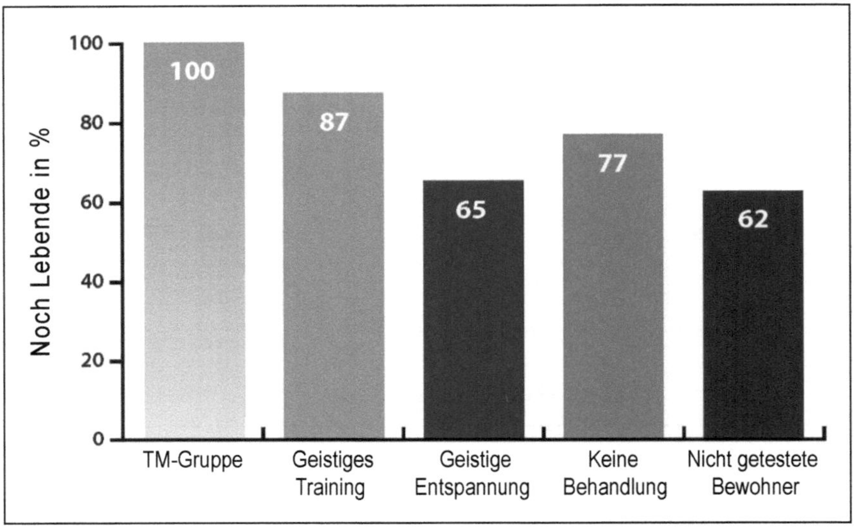

73 Bewohner acht verschiedener Senioreneinrichtungen mit einem Durchschnittsalter von 81 Jahren führten drei Jahre lang verschiedene Programme durch. Die TM besserte die geistige und gesundheitliche Verfassung sowie einige Persönlichkeitsvariablen signifikant mehr als die anderen Trainingsmaßnahmen. Außerdem schätzten sie die Teilnehmer als die wirksamste und angenehmste Methode von allen ein ($p < 0,00001$). Nach 36 Monaten lebten noch alle Personen der TM-Gruppe, während von den 478 Heimbewohnern der Kontrollgruppe nur noch 62 % am Leben waren ($p < 0,00001$).

Referenz:

Journal of Personality and Social Psychology, Vol. 57, 1989, S. 950–964.

Weniger Traumasymptome bei Strafgefangenen durch Transzendentale Meditation 20

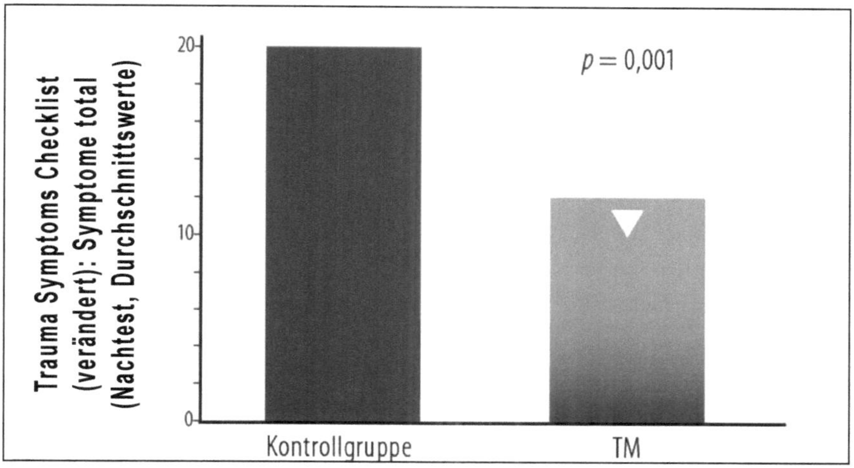

Eine Studie in zwei Gefängnissen in Oregon bestätigt, dass Transzendentale Meditation Belastungen durch traumatische Erfahrungen bei Strafgefangenen wirksam reduziert. Untersucht wurden 181 Insassen, von denen 90 per Zufallsauswahl Transzendentale Meditation lernten. Im Vergleich zur Kontrollgruppe verringerten sich Symptome wie Angst, Depression, Wahrnehmungs- und Schlafstörungen um rund 45 % innerhalb von vier Monaten. Bei starker Traumasymptomatik reduzierten sich die Symptome sogar um durchschnittlich 56 %. Laut einer anderen US-Studie sind Strafgefangene die am stärksten traumatisierte Bevölkerungsgruppe überhaupt. 85 % sind selbst Kriminalitätsopfer: viermal häufiger als der Bevölkerungsdurchschnitt. Strafgefangene, die unter Traumasymptomen leiden, sind viel häufiger rückfällig und zeigen vermehrt Störungen im Sozialverhalten.

Referenz:
The Permanente Journal 20 (4) 2016, S. 43–47.

Verringerte Kriminalität in 11 Städten der USA mit einem Prozent TM-Praktizierenden 21

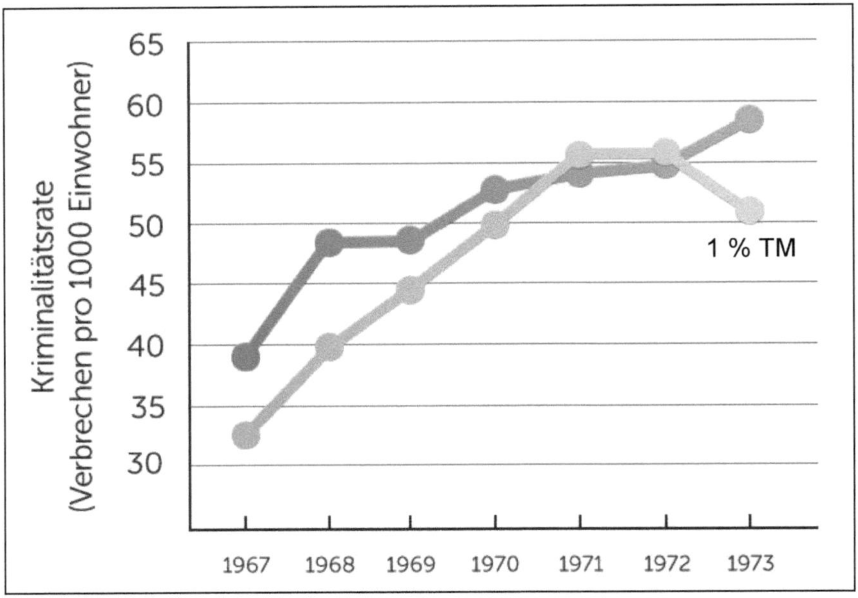

Im Jahr 1972 gab es eine Reihe von Städten in den USA, in denen 1 % der Bevölkerung Transzendentale Meditation erlernt hatte. Für 11 solcher Städte wurden benachbarte Städte mit vergleichbaren demographischen Variablen (geographische Lage, Einwohner- und Studentenzahl) als Kontrollstädte ausgewählt. Dann wurden die Kriminalstatistiken des FBI angefordert und verglichen. Die Statistiken zeigen, dass in den Einprozentstädten (hellgraue Linie) eine signifikante Abnahme von Straftaten seit 1972 auftrat, sowohl im Vergleich zu früheren Trends in der gleichen Stadt als auch im Vergleich zu den Kontrollstädten (dunkle Linie). Es gab eine Abnahme an Verbrechen um 16,5 % ($p < 0,001$). Im Vergleich zur Gesamtkriminalität in den USA betrug der Rückgang sogar 18 %.

Referenz:
Scientific Research on Maharishi's Transcendental Meditation,
Vol. 1, 98, 1977, S. 639–648

Langfristiger Rückgang der Kriminalität in 24 Städten der USA mit einem Prozent TM-Praktizierenden 22

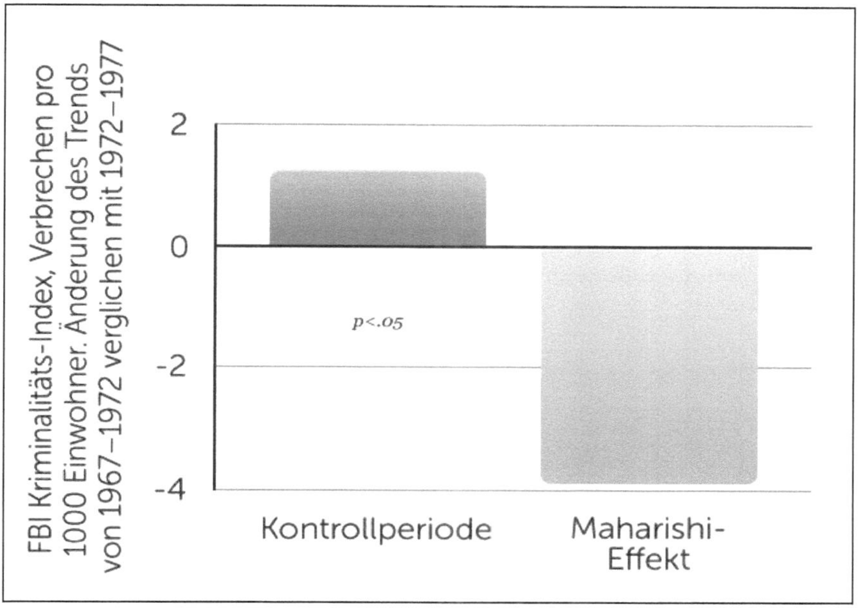

Diese Studie ist eine Erweiterung der Studie in 11 Städten. Sie untersuchte insgesamt 24 US-Städte mit über 10.000 Einwohnern, in denen 1972 1 % der Bürger die TM erlernt hatte. Die Forscher verglichen sie mit 24 Kontrollstädten gleicher Größe, geografischer Lage, vergleichbarer Studentenbevölkerung, mittlerer Ausbildungsdauer der Bürger, Pro-Kopf-Einkommen sowie dem Anteil der Bevölkerung an 15–29-Jährigen und der vorherigen Kriminalitätsrate. Im Fünfjahres-Zeitraum von 1972-1977 zeigten die Einprozentstädte sowohl eine Reduktion der Kriminalität verglichen mit sich selbst im vorangehenden Fünfjahres-Zeitraum von 1967-1972, als auch im Vergleich mit den Kontrollstädten.

Referenz:
Journal of Crime and Justice, Vol. 4, 1981, S. 25–45

Verminderte Kriminalität in Hauptstädten durch Gruppenpraxis der Transzendentalen Meditation und der TM-Sidhis 23

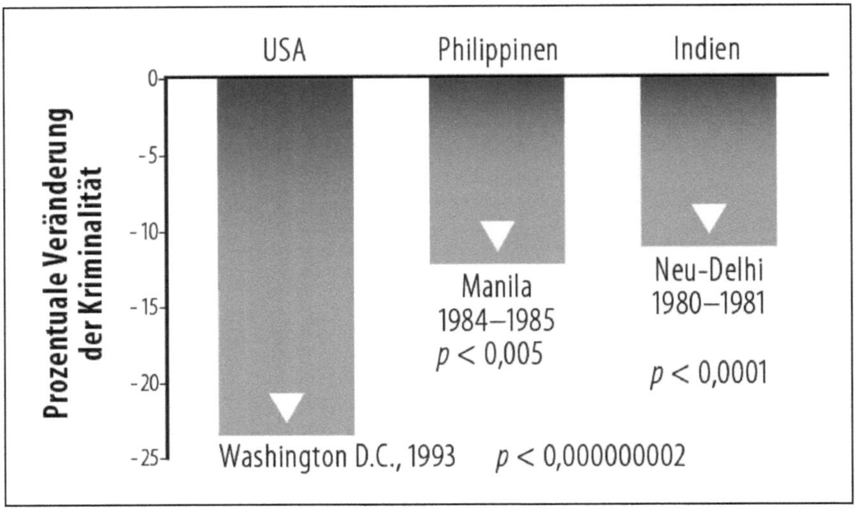

In Washington, D.C. untersuchte man im Juni und Juli 1993 die tägliche Zahl der Gewaltverbrechen und in Metro Manila, Philippinen, von Mitte August 1984 bis Ende Januar 1985 die wöchentliche Kriminalitätsrate. Im Unionsgebiet von Neu-Delhi wurde von November 1980 bis März 1981 die tägliche Kriminalität (im Sinne des indischen Strafgesetzbuchs) untersucht. Erreichte die TM-Gruppengröße die Quadratwurzel aus einem Prozent der Bevölkerungszahl, sank in allen drei Fällen die Kriminalität. Die Gruppe in Washington, D.C. war bedeutend größer als die beiden anderen Gruppen. Eine Zeitreihenanalyse bestätigt, dass der Rückgang der Kriminalität weder auf Zyklen im kriminellen Verhalten noch auf Wetter oder polizeiliche Verfahren zurückzuführen war.

Referenzen:

1. *Social Indicators Research* 47, 1999, S. 153–201.
2. *The Journal of Mind and Behavior* 8, 1987, S. 67–104.

*Anmerkungen zu den Stellen mit einem **

Seite 30: *Vor einigen Wochen hatte ich ein herrliches Wolkenschauspiel am Himmel beobachtet.*

Im Januar 1959 erlebte ich ein Phänomen, das ich mir bis heute nicht erklären kann. Die Einzelheiten lasse ich mal weg, aber mitten am Tag war der Himmel über unserem Haus für zwei Stunden erfüllt mit Regenbogen und einer ganzen Flotte von Wolken, die in schillernden Farben über unserem Garten vorbeizogen.

Tagelang hatte es nicht geregnet, und auch an diesem Tag war der Himmel völlig wolkenfrei außer in diesen zwei Stunden. Die Sonne stach dabei so strahlend hell durch die Wolken, dass ich nicht einmal in ihre Richtung schauen konnte.

Eine Stunde lang verfolgte eine Bekannte, die zu Besuch war, mit mir das wunderbare Naturschauspiel, bis wir vor lauter Hinschauen müde wurden. Sie zog sich in ihr Zimmer zurück, und ich legte mich mit einem Kissen aufs Dach des niedrigen Gartenhäuschens und verfolgte von dort aus eine weitere Stunde die Vorstellung am Himmel. Einmal war die Darbietung so überwältigend und atemberaubend, dass ich den Namen Gottes rief. Als alles vorbei war, kam es mir vor, als sei die Sonne plötzlich vom Himmel verschwunden, obwohl sie noch immer schien.

Die Natur war wie verzaubert, wie glorifiziert. Drei Tage lang war ich unfähig zu sprechen und hatte auch gar kein Bedürfnis danach. Dann schilderte ich das Erlebnis meiner Familie, und wir wunderten uns, dass darüber nichts in der Zeitung stand, obwohl es doch viele Menschen gesehen haben mussten.

Ich wollte gerne mehr darüber wissen und erwähnte es eines Tages kurz vor Maharishi. Schließlich rutsche mir die Frage heraus: »Maharishi, kamst du mit den Wolken?«

Er gab keine Antwort, er lächelte nur.

Seite 46: »*Das Gehirn des Menschen ist mit der Fähigkeit ausgestattet, absolute Wonne zu erfahren, absolutes Glück, absoluten Frieden, absolute Kreativität, absolute Weisheit.*«

Wissenschaftliche Untersuchungen aus späteren Jahren bestätigen, dass die regelmäßige Ausübung der TM-Technik bemerkenswerte positive Wirkungen auf Geist, Körper und soziales Verhalten hat, unter anderem: größere Geordnetheit der Gehirnfunktion (siehe Studien 14–17), bessere Wahrnehmung und erhöhte Intelligenz und Kreativität (12), Abbau von Schlaflosigkeit (5) und verminderte Angst (3, 4).

Seite 54: »*Wenn nur ein Zehntel der erwachsenen Weltbevölkerung so von der Tiefe des Bewusstseins meditieren würde, wären Kriege unmöglich.*«

Spätere soziologische Untersuchungen haben gezeigt, dass Harmonie und Geordnetheit im kollektiven Bewusstsein zunehmen, sobald nur ein Prozent der Bevölkerung die Technik der Transzendentalen Meditation ausübt (Studien 21, 22). Durch Ausübung des TM-Sidhi-Programms in Gruppen entsteht sogar noch größere Kohärenz im kollektiven Bewusstsein, sodass schon die Wurzel aus einem Prozent der Bevölkerung Harmonie erzeugen kann (Studie 23).

Dieser harmonisierende Einfluss auf die Gesellschaft wird bereits in dem ältesten Werk über Yoga beschrieben, den Yoga-Sutras des Patañjali, wo es in Sutra 2, 35 heißt: »Wer in Ahimsa (Gewaltlosigkeit) gefestigt ist, in dessen Umkreis verschwindet Feindschaft.« Da Maharishi diesen Effekt voraussagte, lange bevor er durch statistische Untersuchungen nachgewiesen werden konnte, wurde er »Maharishi-Effekt« genannt.

Seite 116: »*Eine Erziehung sollte den ganzen Menschen entwickeln.*«

Um das volle Potential des Schülers zu entwickeln, strukturierte Maharishi zusammen mit Erziehungswissenschaftlern die Bewusstseinsbasierte Bildung, die seit 50 Jahren weltweit an den von ihm gegründeten Schulen und Universitäten sowie als »Stille Zeit« an vielen öffentlichen und privaten Schulen weltweit eingesetzt und seit 2005 von der David Lynch

Stiftung finanziell gefördert wird. Durch diese Stiftung haben bereits über 600.000 Großstadtkinder die Transzendentale Meditation erlernt.

Bewusstseinsbasierte Bildung fördert alle drei Aspekte der Wissensvermittlung: den Lernenden, den Lernvorgang und die Beherrschung des Lehrstoffs. Sie integriert den Unterricht in den schulischen und akademischen Standardfächern mit dem Wissen und der Technologie des Bewusstseins, der Transzendentalen Meditation und ihrer Fortgeschrittenentechniken, die das latente kreative Potential von Schülern und Lehrern systematisch entwickeln.

Während die Schüler und Studenten Unterricht in den verschiedenen Fächern haben, vergrößern sie gleichzeitig ihre Fähigkeit der Wissensaufnahme und der kreativen Anwendung des Wissens (siehe Studien 10, 12). Bewusstseinsbasierte Bildung wird inzwischen in Hunderten von Schulen und Universitäten angeboten: in Indien, den USA, Holland, Ecuador, Kambodscha, Russland, Kenia, Australien, Großbritannien, sowie in vielen anderen Ländern.

Seite 129: *Er merkte einfach eines Tages, dass das Rauchen aus seinem Leben verschwunden war.*

1972 zeigte eine Studie, dass bei Personen, die TM über einen Zeitraum von durchschnittlich 20 Monaten praktizierten, der Zigaretten- und Alkoholkonsum abnahm. Andere Studien haben einen noch bemerkenswerteren Rückgang bei Drogenmissbrauch festgestellt (siehe Studie 11).

Seite 131: *»Wenn die Inhaftierten im Gefängnis das Programm der Transzendentalen Meditation lernen könnten, würden sie automatisch bessere Menschen werden.«*

Anfang 1970 fanden Wissenschaftler heraus, dass das Programm der Transzendentalen Meditation das Stressniveau bei Gefangenen herabsetzt, was sich in einem besseren sozialen Verhalten ausdrückt. TM senkt auch die Jugendkriminalität, wie durch die Abnahme von angstbezogenem Verhalten, Drogenmissbrauch und Traumasymptomen aufgezeigt wurde (siehe Studien 3, 4, 11, 20).

Seite 132: *Müsste es nicht möglich sein, eine ideale Gesellschaft zu erschaffen, ein Utopia?*

Um die aus der Physik abgeleitete Formel zu demonstrieren, dass eine kohärente Gruppe von der Größe der Wurzel aus einem Prozent der Bevölkerung ausreicht, um die Kohärenz in der gesamten Bevölkerung anzuheben, versammelte Maharishi zum Jahreswechsel 1983/84 über 7000 Experten der Vedischen Wissenschaft in Fairfield, Iowa, USA, die der Welt einen »Vorgeschmack auf Utopia« geben sollten.
Diese Anzahl entsprach der Wurzel aus einem Prozent der damaligen Weltbevölkerung. Die Anzeichen wachsender Einheit und Kohärenz in Politik und Wirtschaft während des Zeitraums der «Utopia-Konferenz« wurden anhand der täglichen Pressemeldungen, der Börsenkurse etc. gesammelt und anschließend den Führungskräften in Wirtschaft, Wissenschaft und Politik im Rahmen einer weltweiten Informationskampagne präsentiert.

Seite 136: *»Wenn nur ein Zehntel der Bevölkerung meditieren würde, dann wäre die Welt voller Frieden.«*

Aufgrund der tiefgreifenden Wirkungen der TM auf das kollektive Bewusstsein revidierte Maharishi später diese Aussage, da sich gezeigt hatte, dass hierzu bereits die Wurzel aus 1 % der Weltbevölkerung genügt, die in der Gruppe das TM-Sidhi-Programm praktiziert (siehe Anmerkung zu Seite 54, Seite 132 und Studie 23).

Seite 138: *Im Keller werden Versuchsreihen durchgeführt, die Herztätigkeit wird gemessen.*

Wissenschaftliche Untersuchungen bestätigten Anfang 1970, dass die Herzfrequenz während der Technik der Transzendentalen Meditation signifikant abnimmt (siehe Studie 2).

Seite 140: *Aber ich kann einige Personen gründlich ausbilden, das gleiche zu tun wie ich.*

Viele Jahre später erinnerte sich Maharishi: »Im Sequoia Nationalpark waren einige Wissenschaftler um mich herum, einige Ingenieure, und ich sagte: ›Die Geistige Erneuerungsbewegung wird die ganze Welt geistig erneuern.‹ Ein Ingenieur begann, die Weltbevölkerung zu berechnen und sagte: ›So groß ist die Bevölkerung, wie wollen Sie das erreichen?‹ Ich sagte: ›Ich werde mich exponentiell vervielfältigen.‹

Seite 187: *Dreijahresplan*

Die wichtigsten Textabschnitte des ursprünglichen Dreijahresplans wurden hier abgedruckt. Dieser Dreijahresplan von 1959 diente als Grundlage für die Verbreitung der TM-Bewegung, indem Maharishi plante, »sich zu vervielfältigen« und TM-Lehrer auszubilden. Danach entwarf er einen zweiten Dreijahresplan, einen Fünfjahresplan für Studenten und 1972 den Weltplan der 70er Jahre, um die Ziele seines ursprünglichen Dreijahresplans zu erfüllen.

In den 80er Jahren formulierte er die vedischen Prinzipien für Bildung und Erziehung, Gesundheit, Regierung, Wirtschaft, Verteidigung, Rehabilitation und Landwirtschaft zur Verwirklichung einer idealen Gesellschaft, legte einen Weltplan zur Verwirklichung einer krankheitsfreien Gesellschaft durch *Maharishis Vedic Approach to Health* vor und weihte 1988 einen Masterplan zur Schaffung des Himmels auf Erden ein. Ende des 20. Jahrhunderts hatte seine Vision des ursprünglichen Dreijahresplans bereits recht konkrete Gestalt angenommen.

Im Oktober 2000 gründete er das »Globale Land des Weltfriedens« als ein »Land ohne Grenzen für alle friedliebenden Bürger der Welt«. Es verfügt über kein eigenes Territorium und bezweckt, die Lebensqualität jedes Einzelnen anzuheben und so den Himmel auf Erden zu schaffen.

Seite 209: *Es scheint, als ob die Kohärenz, die in diesen einzelnen Menschen erzeugt wird, tatsächlich eine Auswirkung auf die ganze Gesellschaft hat.*

Da diese Gruppen zur Erzeugung von Kohärenz aus Teilnehmern bestanden, die sich nur für kurze Zeit von ihren Verpflichtungen zuhause freimachen konnten und daher die aufflammenden Unruhen immer nur kurzfristig als eine Art »Feuerwehr« beruhigen konnten, brach Maharishi diese Art von Notdienst bald wieder ab und verlegte sich darauf, möglichst dauerhafte Gruppen aus der jeweils einheimischen Bevölkerung aufzubauen. Solche kohärenzerzeugende Gruppen gibt es inzwischen in vielen Ländern, häufig mit Unterstützung der Regierung eingerichtet: ganze Schulen, die zu Beginn und am Ende des Unterrichts gemeinsam meditieren, Polizeischulen, Militärakademien, Universitäten, Betriebe, Fabriken etc. Da Maharishi davon ausging, dass die ganze Welt von der Stille aus regiert wird, hatte er immer ein Auge auf drohende Kriege und Konflikte und leitete oft blitzartige Projekte ein, um die Stille im Kollektivbewusstsein zu beleben und größere Konfrontationen zwischen den Nationen zu verhindern.

Zur Zeit des chinesisch-indischen Krieges versank Maharishi an der Grenze zu China einfach in tiefes Schweigen; während der Kubakrise brachte er Meditierende auf der Insel Santa Catalina zusammen. Dann vermehrte er die Zahl der Meditierenden in Nepal. Er startete ein Programm zum »Auftauen des Klimas« in China. Er kümmerte sich um die UdSSR, indem er alle Nachbarländer besuchte und dafür sorgte, dass Meditation in allen Ländern der Welt gelehrt wurde. Als Washington den Weltfrieden bedrohte, ging er in die USA nach Washington.

Schritt für Schritt baute Maharishi die Kraft der vedischen Technologien auf, um Frieden in der Welt zu schaffen: zuerst Meditation, dann Gruppenmeditation, dann Yogisches Fliegen, dann Gruppen Yogischer Flieger, dann zusätzlich vedische Rezitationen und Yagyas und vedische Architektur. So verwandelte Maharishi das Schicksal der Welt tatsächlich von einer sehr dunklen Prognose in eine Perspektive der Verwirklichung des Himmels auf Erden, wo sich die Lebensqualität unwiderruflich in Richtung Frieden, Harmonie, Wohlstand, gute Gesundheit und Glück für alle Bewohner der Erde verändert.

Seite 207: *Wissenschaftler sprechen von einer Optimierung der Gehirnfunktion.* Siehe die Studien 16 + 17.

Seite 215: *Nachweise, die Maharishis Vorhersagen wissenschaftlich bestätigen.* Siehe die Studien S. 239–262.

Danksagung

Diese deutsche Neuübersetzung des beliebten Klassikers von Helena Olson ist das Werk vieler fleißiger Helfer und Mitarbeiter, denen ich hiermit meinen herzlichen Dank ausspreche.

Es begann damit, dass Brigitte Kölkers Übersetzung der zweiten Auflage, die 1984 im Ralf Hannemann Verlag erschienen war, längst vergriffen war. So brachte mich Marret Hansen auf die Idee, eine Neuauflage herauszubringen. Theresa Olson gab ihr Einverständnis und hatte in der dritten Auflage wertvolle Ergänzungen beigefügt, sodass wir das Beste aus allen drei Auflagen zusammenstellten.

Durch Marrets wachsames Lektorat wurde die Neuübersetzung immer flüssiger. Auch Wolfgang Schaufler, Adrienne Schweiger, Wolfgang Möckel und Gé van Gasteren trugen zur Glättung und Beseitigung listiger Druckfehlerteufelchen bei. Dr. Karin Pirc sorgte bei den wissenschaftlichen Studien für Erklärungen ohne Fachchinesisch.

Dr. Eckart Stein, Lothar Pirc und Klaus Weber gaben ihr Einverständnis zum Abdruck der Grafiken wissenschaftlicher Studien von ihren Webseiten, und Jochen Uebel gab wertvolle Hinweise zu Layout und Satz und gestaltete das Cover sehr einfühlsam in Anlehnung an die englische 3. Auflage.

Der größte Dank gilt natürlich unserem Meister Maharishi, ohne den es dieses Buch nicht gäbe. Nur durch sein weltweites Wirken haben wir uns alle kennengelernt und auf den Weg zum eigenen Selbst gemacht, das uns ein selbstbestimmtes und erfülltes Leben schenkt.

Jan Müller
Oebisfelde
Im Dezember 2018

Glossar

Ananda – *sanskrit (skr.)* »Wonne, Freude, Glück, Seligkeit, Glückseligkeit«. Laut dem Veda der Urgrund der Schöpfung: »Aus *Ananda*, wahrlich, ist all dies geboren, durch *Ananda* wird alles aufrechterhalten, und in *Ananda* geht alles ein.« Taittirīya Upanishad 3.6.1

Apaurusheya Bhashya – *skr.* »ungeschaffener Kommentar«. Maharishis *Apaurusheya Bhashya* ist kein neuer Kommentar zum Veda, sondern die Erkenntnis, dass der Rik-Veda selbst seinen eigenen Kommentar erstellt und in sich das ganze Wissen in Samenform birgt, genauso, wie laut moderner Wissenschaft das gesamte manifeste Universum ein Ausdruck des zugrunde liegenden Einheitlichen Feldes des Naturgesetzes ist. Der ungeschaffene Kommentar des Veda liegt in seiner schrittweisen Abfolge, die mit A beginnt, dem ersten Ausdruck des Selbst, das sich im Zustand reinen Wissens selbst erkennt und sich dann in präziser Reihenfolge selbst erklärt.

Ayurveda – *skr.* »Wissen vom (langen) Leben«, die traditionelle Naturheilkunde der indischen Hochkultur, die Maharishi zusammen mit indischen und westlichen Ärzten Ende der siebziger Jahre des 20. Jahrhunderts wiederbelebte, vervollständigte und im Westen bekannt machte. Ayurveda legt den Schwerpunkt auf Vorbeugung durch Bewusstseinsentfaltung und Verhalten im Einklang mit den Naturgesetzen und bietet natürliche Heilmethoden zur Wiederherstellung des Gleichgewichts von Geist und Körper.

Bewusstseinsbasierte Bildung – wird seit ca. 50 Jahren weltweit an Schulen, Hochschulen und Universitäten eingesetzt. Sie integriert den Unterricht in schulischen und akademischen Standardfächern mit Transzendentaler Meditation und ihren Fortgeschrittenentechniken einschließlich des Yogischen Fliegens, um das kreative Potential von Schülern und Lehrern systematisch zu entwickeln. Während die Schüler und Studenten Unterricht in den verschiedenen Fächern haben, weiten sie gleichzeitig ihre Fähigkeit der Wissensaufnahme und der kreativen Anwendung des Wissens aus. Seit den 90er Jahren wird TM in den USA oft unter dem Namen »Quiet Time« in öffentlichen und privaten Schulen eingesetzt. Dazu meditieren die Kinder und Lehrer zu Beginn und am Ende des Unterrichts jeweils 15 Minuten. 2018 gibt es weltweit 700 größtenteils staatliche Schulen und 60 Universitäten oder höhere Bildungsinstitute, in denen insgesamt mehr als 400.000 Schüler, Studenten und Lehrkräfte TM als Teil des Unterrichts praktizieren.

Bhagavad-Gita – *skr.* »Gesang des Erhabenen«, laut Maharishis Kommentar eine Lebens-Enzyklopädie, um in jeder Situation zu helfen. Sein Kommentar will die Missinterpretationen der letzten Jahrhunderte richtigstellen und die ursprüngliche Lehre wiederbeleben, die erklärt, wie Yoga das Bewusstsein des Menschen zur höchstmöglichen Stufe erheben kann. Siehe: Die Bhagavad-Gita, Kapitel 1–6 aus dem Sanskrit übertragen und neu kommentiert von Maharishi Mahesh Yogi, Stuttgart, 1971.

Bliss – *engl.* Wonne, Seligkeit, Glück, siehe: *Ananda.*

Brahma-Sutra – *skr.* »Lehrsätze der Ganzheit«, das Hauptwerk des *Vedanta.*

Brahman – *skr.* »Wachstum, Ausdehnung. Entwicklung, Evolution«. Die alles umfassende Ganzheit des Lebens. In Maharishis vedischer Wissenschaft die Ganzheit aus relativer und absoluter Wirklichkeit.

Brahmananda Sarasvati – *skr.* Ordensname von Maharishis Meister, s. *Guru Dev*

Brahmasthan – *skr.* »Standort von Brahman«. Der geometrische Mittelpunkt eines Gebäudes oder geografischen Gebiets. In der vedischen Architektur kommt dem *Brahmasthan* eine besondere Bedeutung zu, da das Gleichgewicht vom Mittelpunkt her am besten aufrechterhalten werden kann. Am Brahmasthan von Indien hat Maharishi die größte Gruppe vedischer Pandits eingerichtet, die von dort aus täglich durch *Yoga* und *Yagyas* Kohärenz erzeugt.

Dhoti – traditionelles indisches Beinkleid für Männer, bestehend aus einem langen, rechteckigen Tuch, meist aus Baumwolle, das um Taille und Hüfte gebunden und oft zusammen mit einem Schal aus dem gleichen Stoff getragen wird.

Einheitliches Feld – Das Einheitliche Feld aller Naturgesetze. Begriff aus der Quantenphysik für den allem zugrunde liegenden, unmanifesten Bereich der Schöpfung, aus dem sich alle Energie- und Materiefelder schrittweise entfalten.

Eternal Bliss – *engl.* ewige Wonne, siehe: *Ananda.*

Erweiterter Maharishi-Effekt – Messbare Auswirkung der Gruppendyamik des Bewusstseins, wenn eine bestimmte Anzahl an Personen die TM-Sidhis in einer Gruppe an einem Ort praktizieren. Erfahrungsgemäß reicht die Quadratwurzel von einem Prozent der Bevölkerung einer Nation aus, um einen ordnenden Einfluss auf die Gesamtbevölkerung auszuüben, der negative Tendenzen neutralisiert und positive Trends in der gesamten Bevölkerung fördert.

Friedenspalast – Gebäude, in dem Vorträge, Kurse und Veranstaltungen zu den von Maharishi strukturierten Themen angeboten werden, die dem Einzelnen helfen sollen, mit sich, seinem Körper und seiner Umgebung in Frieden und vollkommener Harmonie zu leben.

Globaler Maharishi-Effekt – Messbare Auswirkung des kollektiven Bewusstseinsfelds auf globaler Ebene: Die Quadratwurzel aus einem Prozent der Weltbevölkerung reicht aus, um einen ordnenden Einfluss auf die gesamte Menschheit auszuüben, wenn diese Personen als Gruppe an einem Ort regelmäßig die TM-Sidhis praktizieren. Die Kohärenz im kollektiven Bewusstsein zeigt sich in einer Abnahme negativer Trends in allen Gesellschaftsbereichen, wie Kriminalität, Unfällen oder Krankheiten, und in der Zunahme positiver Trends in Wirtschaft, Politik und Gesellschaft. Wissenschaftliche Studien zeigen, dass eine Gruppe dieser Größenordnung, die gemeinsam das Yogische Fliegen ausübt, diesen Kohärenzeffekt auf globaler Ebene hervorrufen und Gewalt und negative Trends weltweit vermindern kann. Quantenphysiker erklären den Maharishi-Effekt als Feldeffekt des Bewusstseins auf der Ebene des Einheitlichen Feldes aller Naturgesetze.

Globales Land des Weltfriedens – ein am 7. Oktober 2000 von Maharishi eingeweihtes »Land ohne Grenzen für friedliebende Menschen«, das-Maharishis Programme der Transzendentalen Meditation, bewusstseinsbezogene Bildung und den Bau von Friedenspalästen fördert.

Guru – *skr. Gu* – »Dunkelheit, Unwissenheit«; *Ru* – »Entfernung, Vernichtung«, also »Zerstörer der Unwissenheit«. Ein spiritueller Meister, der dem Schüler Sinn und Zweck des Lebens erläutert und den Weg zur Selbsterkenntnis weist. Der *Guru* beseitigt die Unwissenheit, die das Bewusstsein von der Erkenntnis der ganzheitlichen Realität (*Brahman*) trennt.

Guru Dev – *skr. Dev* abgeleitet von *div* – »strahlen, leuchten«. *Guru Dev* ist in Indien die Ehrenbezeichnung für einen Meister, der göttliches Bewusstsein verwirklicht hat. So nannte Maharishi seinen Meister Swami Brahmananda Saraswati, Shankaracharya von Jyotir Math, Nordindien.

Guru-Purnima – *skr.* »Vollmond des Meisters«. Der Tag des ersten Vollmonds im Juli, der in der vedischen Tradition als Fest zu Ehren des Gurus gefeiert wird.

Gyan-Shakti – *skr.* »Kraft des Wissens« als Basis für die Stufen zur Erfüllung: Wissen – Handlung – Erfolg – Erfüllung.

Jai Guru Dev – *skr.* »Gegrüßt sei der göttliche Lehrer«, oder »Ehre dem Guru Dev«. Grußformel aus Dankbarkeit und zu Ehren von Maharishis Meister *Guru Dev*.

Jivan Mukti – *skr. Jiva* – »Lebendes, Lebewesen, Seele«; *Mukti* – »Befreiung, Erlösung«. Ein kosmisch bewusster Mensch, dessen individuelle Seele mit der kosmischen Seele verschmolzen ist und Befreiung erlangt hat.

Kampagne für eine Ideale Gesellschaft – Eine weltweite Kampagne mit dem Ziel, vor allem in Ballungsgebieten 1 % der Bevölkerung in die Transzendentale Meditation einzuweisen und durch den Maharishi-Effekt die Lebensqualität anzuheben.

Karma – *skr.* »Handlung«, auch die Folge einer Handlung durch das Gesetz von Aktion und Reaktion. Die Rückwirkungen von Handlungen und Gedanken, die aus diesem oder früheren Leben stammen und den Handelnden binden.

Kohärenz – *lat.* cohaerere – »zusammenhängen«. Zusammenhang, Geordnetheit. Während des TM- und TM-Sidhi-Programms, ganz besonders beim Yogischen Fliegen, wird die Gehirnaktivität so geordnet, dass maximale Gehirnwellen-Kohärenz eintritt, die durch den Feldeffekt des Bewusstseins auch die Umgebung kohärenter macht.

Kohärenz(erzeugende) Gruppe – Eine Gruppe von Menschen, die gemeinsam das TM- und TM-Sidhi-Programm praktizieren und durch Gehirnwellen-Kohärenz einen harmonisierenden Feldeffekt im kollektiven Bewusstsein der Bevölkerung erzeugen.

Kriya-Shakti – *skr.* »Kraft des Handelns«, Organisationskraft.

Liebe und Gott – Das englische Original »Love and God« erschien 1973 und »Love« ist von Maharishi gesprochen auf Youtube zu hören. Zwei deutsche Übersetzung von 1973 sind längst vergriffen, eine Neuübersetzung erschien 2019 im Alfa-Veda Verlag.

Maharaja – *skr.* »großer Regent, König, Fürst«. Ehrentitel eines Regierenden.

Maharani – *skr.* »große Regentin, Königin, Fürstin«. Ehrentitel einer Regierenden.

Maharishi – *skr.* »großer Seher«. Ehrentitel für einen Seher, der nicht nur die höchste Erkenntnis über das Leben besitzt, sondern sie auch zum Wohl der Menschheit umsetzen und andere zur Erleuchtung führen kann.

Maharishi Ayurveda – Die ursprüngliche und vollständige Form des Ayurveda, die Bewusstsein, Sinne, Körper und Umwelt einschließt, begründet und wiederbelebt unter der Leitung von Maharishi zusammen mit führenden ayurvedischen Experten Indiens.

Maharishi Ayur Veda Prevention Centers – Gesundheitskliniken und Praxen zur Anwendung der Vorsorgeprogramme des Maharishi Ayurveda.

Maharish-Effekt – Messbare Auswirkung der Transzendentalen Meditation auf das kollektive Bewusstseinsfeld. Praktiziert mindestens ein Prozent der Bewohner einer Stadt die Transzendentale Meditation, tritt ein Phasenübergang zu größerer Geordnetheit und Harmonie in der Gesamtbevölkerung ein. Negative Ereignisse wie Unfälle, Krankenhauseinweisungen und Kriminalität gehen messbar zurück. Fast 50 wissenschaftliche Studien der letzten 25 Jahre, von denen viele in führenden wissenschaftlichen Journalen veröffentlicht wurden, bestätigen diesen Effekt.

Maharishi Gandharva-Veda-Musik – Die klassischen Ragas des *Gandharva-Veda* geben den natürlichen Rhythmen verschiedener

Tageszeiten, Anlässe oder Stimmungen Ausdruck und fördern Harmonie, Frieden und Ausgeglichenheit im Einklang mit der Natur.

Maharishi Mahesh Yogi – *skr. Maharishi* – »großer Seher«; *Mahesh* – Maharishis Vorname; *Yogi* – jemand, der *Yoga* praktiziert oder im Zustand des *Yoga* – der Einheit – lebt.

Maharishi Sthapatya-Veda – Die Kunst der vedischen Architektur, den Gebäuden die richtigen Proportionen und die richtige Orientierung zu geben, damit die Bewohner kosmische Harmonie, Gesundheit, Glück und die Unterstützung durch die Natur genießen.

Maharishis Vedische Wissenschaft und Technologie – erforscht die Natur des inneren Selbst und wie es sich auf die Welt bezieht. Maharishis Vedische Wissenschaft vereint die vedische Tradition des Wissens mit den Entdeckungen der modernen Wissenschaft, um grundlegende Fragen des Lebens zu beantworten. Die Technologie dient der Anwendung dieses Wissens mit dem Ziel, die Welt zu einem friedlicheren Ort zu machen.

Masterplan – Maharishis Plan zur Neustrukturierung der gesamten Welt sowohl im Inneren durch Bewusstseinstechniken als auch im Äußeren durch Ayurveda und Sthapatya-Veda, um den Himmel auf Erden zu verwirklichen.

Mauerfall – Von Juli bis November 1989 bildeten Sidhas in vielen deutschen Städten sogenannte »Sattva-Gruppen« mit täglichem gemeinsamen TM-Sidhi-Programm zur Kohärenzerzeugung mit dem Ziel, die Mauer zwischen Ost und West aufzuweichen. Am 9. November war es soweit: Die innerdeutsche Grenze wurde spontan geöffnet, obwohl kein Politiker damit gerechnet hatte.

Naturgesetz-Partei – Die Naturgesetz Partei – Aufbruch zu neuem Bewusstsein – nahm als Kleinpartei von 1992 bis 2004 in vielen Ländern an Wahlen teil. Ihr Wahlprogramm brachte das Thema Bewusstsein mehr und mehr in den Bereich der Politik, was in Auszügen zum Teil auch von größeren Parteien aufgegriffen wurde.

Nirwana – *skt.* »verwehen«, im Sinne des Endes aller mit falschen persönlichen Vorstellungen vom Dasein verbundenen Faktoren wie Ich-Sucht, Gier, Anhaften … das Kernziel des Buddhismus.

Pandit – siehe vedische Pandits.

Puja – *skt.* »Ehrerweisung«. Vedische Dankbarkeitszeremonie mit Darreichungen zur Belebung des Göttlichen im eigenen Bewusstsein.

Raja – *skr.* »Regent, Fürst, König, Anführer«.

Rik-Veda – *skr.* »das glänzende Wissen«, auch *Rigveda*. Der älteste überlieferte Ausdruck indoeuropäischer Sprache und Kultur. Der Klang des Veda gilt als feste, unvergängliche Lautfolge, deren Struktur die Gesetze des Universums ausdrückt und im Bewusstsein belebt. Im Lichte von Maharishis Vedischer Wissenschaft und Technologie gilt der Veda als der selbstreflektierende Ausdruck reinen Bewusstseins, das sich selbst als Erkennender, Erkennen und Erkanntes begreift und die innere Wechselwirkung dieser drei Aspekte zum Ausdruck bringt.

Rischi – *skr.* »Seher«, dessen Geist im Selbst, im Unbegrenzten gegründet ist. Ein Rischi kann die Urimpulse der Schöpfung klar wahrnehmen und sie richtig wiedergeben.

Sanskrit – *skt.* »verfeinert, veredelt«. Die Sprache der vedischen Hochkultur und der klassischen indischen Kultur. Sanskrit gehört zur indoeuropäischen Sprachfamilie, zu der neben den indo-iranischen Sprachen auch die slawischen, griechischen, romanischen, keltischen und germanischen Sprachen gehören. Klang und Bedeutung sind im Sanskrit besonders eng miteinander verbunden.

Sari – traditionelles Wickelgewand indischer Frauen aus einem rund fünf bis sechs Meter langen, oft reich verzierten Tuch, das um die Taille gebunden und über die Schulter geschlagen wird, sodass das Schulterstück auf einer Seite der Schulter herunterhängt.

Sat-Chit-Ananda – *skt.* »absolutes Seligkeits-Bewusstsein«.

Schal – traditionelles indisches Obergewand für Männer, bestehend aus einem rechteckigen Schultertuch, das – meist zum Dhoti passend – über die Schulter geworfen getragen wird. Nicht zu verwechseln mit den bei uns üblichen schmalen Schals, die um den Hals getragen werden.

Shankara – *skr.* »Befreier«. Name eines der größten Heiligen und Philosophen Indiens (788–820 n. Chr.), der als Erneuerer der vedischen Tradition gilt und in den vier Himmelsrichtungen Indiens zur Bewahrung des geistigen Wissens je einen Shankaracharya-Sitz eingerichtet hat.

Shankaracharya – *skt.* Titel der Repräsentanten der auf *Shankara* zurückgehenden Erneuerung der vedischen Tradition. Jedem der vier von Shankara begründeten Lehrzentren steht ein Shankaracharya vor, der von den geistigen Größen Indiens demokratisch bestimmt wird.

skr. – Abkürzung für Sanskrit.

SRM – Spiritual Regeneration Movement, deutsch: Geistige Erneuerungsbewegung

Struktur des Veda im menschlichen Körper – Unter Maharishis Anleitung entdeckte der Neurophysiologe und Arzt Tony Nader, M. D., Ph.D., dass die physiologischen Funktionsebenen des menschlichen Organismus einschließlich der DNS und der verschiedenen Teile des Nervensystems in ihrem Aufbau bis in alle Einzelheiten den 40 Aspekten der Vedischen Literatur – dem *Rik-Veda* und der darauf basierenden Literatur – entsprechen. Die Gesetze, die den menschlichen Geist und Körper strukturieren, sind dieselben, die auch die Silben, Verse, Kapitel und Bücher der Vedischen Literatur strukturieren.

TM – siehe Transzendentale Meditation.

TM-Sidhis – Transzendentale Meditation kann mit Zusatz- und Fortgeschrittenen-Techniken erweitert werden, wozu auch die TM-Sidhis und das sogenannte »Yogische Fliegen« gehören. Sidhis (auch Siddhis) sind geistige Fähigkeiten, die in dem Lehrsystem des Yoga beschrieben werden und die sich auf dem Weg zu höheren Bewusstseinszuständen entwickeln. Bei der Auswahl und Zusammenstellung der TM-Sidhis lehnte sich Maharishi an das Yoga-Sutra des Patañjali an, das klassische Standardwerk des Yoga. Im Wesentlichen bestehen die TM-Sidhi-Techniken darin, im Anschluss an die TM-Technik eine Auswahl der von Patañjali beschriebenen Sutras auf bestimmte Art zu praktizieren.

Transzendentale Meditation (TM) – eine einfache, natürliche Technik, die morgens und abends für etwa 20 Minuten im bequemen Sitzen mit geschlossenen Augen ausgeübt wird. Sie ist leicht zu erlernen, mühelos auszuüben und erfordert keine Änderungen in Verhalten, Ernährung, Lebensstil oder Glauben. Während der TM kommt die geistige Aktivität auf natürliche Weise zur Ruhe und findet zu ihrem Grundzustand, dem »reinen Bewusstsein« – einem Zustand ruhevoller Wachheit voller potentieller Dynamik und Kreativität. Dabei erfährt auch der Körper tiefe Ruhe, wodurch sich im Nervensystem angesammelter Stress auflöst.

Transzendenz – *lat.* transcendere – »überschreiten«. Der Grundzustand des Bewusstseins, in dem der bewusste Geist feinere Ebenen des Denkens überschreitet und ganz in sich selbst ruht.

Veda – *skr.* »Wissen«. Maharishi versteht den Veda als Bauplan der Schöpfung, die in sich bereits alle Wissenschaften in verschlüsselter Form enthält. Das Wissen der Naturgesetze, ihrer strukturierenden Dynamik und der Transformationsmechanismen, die die Vielfalt des Universums in vollkommener Ordnung erhalten und die Evolution sichern.

Vedanta – *skt.* »Ende des Veda« oder »Vollendung des Wissens«. Eines der sechs Systeme der indischen Philosophie, das von der Wesensidentität von Atman (der individuellen Seele) und Brahman (der Weltseele) ausgeht.

Vedic Science – siehe: Maharishis Vedische Wissenschaft.

Vedische Pandits – Vedagelehrte, die die Veden rezitieren und Yagyas ausführen können. Maharishi Vedische Pandits praktizieren täglich das TM- und TM-Sidhi-Programm und beleben dadurch vor dem Durchführen von Rezitationen und Yagyas die transzendentale Quelle der Sprache.

Weltfriedensversammlung – Versammlung vieler Meditierender zur eigenen Erholung und Fortbildung und zur gemeinsamen Erzeugung von Kohärenz, um Harmonie, Einheit und Frieden im Kollektivbewusstsein zu stärken (siehe Kohärenzgruppe).

Weltplan – Im Januar 1972, als 2000 Kursteilnehmer zur TM-Lehrer-Ausbildung in Mallorca zusammenkamen, fasste Maharishi den Plan, dass rund um den Globus für je eine Million Einwohner ein Weltplancenter und für je tausend Menschen ein ausgebildeter Meditationslehrer zur Verfügung stehen sollte.

Wissenschaft vom Sein – Maharishi Mahesh Yogi: Die Wissenschaft vom Sein und die Kunst des Lebens. 7. Auflage 2017. Darin beschreibt Maharishi, wie sich das absolute Sein in den verschiedenen Phasen des Lebens ausdrückt, und er beleuchtet alle Bereiche menschlicher Existenz.

Wissenschaft der kreativen Intelligenz (WKI) – von Maharishi in 33 Video-Lektionen dargelegtes Wissen über die Prinzipien, wie sich Intelligenz sowohl in sich selbst als auch im Universum als die Naturgesetze entfaltet, die die Entwicklung des individuellen und kosmischen Lebens bestimmen und aufrechterhalten.

Wort der Weisheit – Kinder unter 10 Jahren meditieren noch nicht wie Erwachsene mit geschlossenen Augen im Sitzen, sondern bekommen ein »Wort der Weisheit«, um eine Kindertechnik zu praktizieren.

Yagya – *skt.* von *yaj* – »verehren, darreichen, opfern«. Spezielle Handlung mit Vedischen Rezitationen, die von Pandits ausgeführt wird, um positive Wirkungen für ein bestimmtes Land oder eine bestimmte Person hervorzurufen. Yagyas sind altbewährte Vedische Technologien, um Problemen vorzubeugen und Glück und Erfolg zu vermehren.

Yoga – *skt.* von *yuj* – »anjochen, zusammenbinden, anspannen«. Eines der sechs Systeme der indischen Philosophie. Die philosophischen Grundlagen des Yoga wurden von Patañjali im *Yogasutra* zusammengefasst, aus dem Maharishi das TM-Sidhi-Programm ableitete.

Yogisches Fliegen – eine Technik des TM-Sidhi-Programms aus dem Yogasutra des Patañjali, wobei der Körper vom Boden abhebt. Die meisten Anwender erfahren neben einem inneren Gefühl der Leichtigkeit und des Glücks das in den vedischen Schriften beschriebene erste Stadium, das dem Hüpfen eines Frosches ähnelt. Das EEG zeigt kurz vor dem Abheben maximale Gehirnwellen-Kohärenz, was eine starke Integration von Geist und Körper anzeigt (siehe Studie 17).

Kontakt und weitere Informationen

Kurse in Transzendentaler Meditation

Genauso systematisch wie die Technik der Transzendentalen Meditation selbst ist auch die Art, wie sie weltweit gelehrt wird. Man kann sie nicht aus Büchern oder dem Internet lernen, sondern nur im persönlichen Rahmen in einem Standardkurs mit sieben Schritten von international zertifizierten TM-Lehrern und TM-Lehrerinnen, die in Kursen von Maharishi Mahesh Yogi ausgebildet wurden.

Der Sieben-Schritte-Grundkurs

Der erste Schritt ist ein *Informationsvortrag* über die vorteilhaften Wirkungen der Transzendentalen Meditation im praktischen Leben, insbesondere die Entfaltung des vollen geistigen Potenzials, die Verbesserung der Gesundheit, die Entwicklung idealen Sozialverhaltens und die Möglichkeit eines dauerhaften Weltfriedens.

Ein *zweiter Vortrag* erläutert die einzigartige Funktionsweise der Technik der Transzendentalen Meditation, ihren Ursprung und ihre Besonderheit im Vergleich zu anderen Techniken und Methoden.

Schritt drei, ein *persönliches Interview* mit einem TM-Lehrer oder einer TM-Lehrerin, dient der Vorbereitung auf das praktische Erlernen der Technik.

Der vierte Schritt beinhaltet die *persönliche Einführung* in die Praxis der Transzendentalen Meditation. Hier meditieren Sie das erste Mal gemeinsam mit Ihrem TM-Lehrer oder Ihrer TM-Lehrerin.

An den darauffolgenden drei Tagen wird in individuellen Meditations-Checkings und Seminaren die natürliche und anstrengungslose Ausübung der Technik sichergestellt. Es werden Erfahrungen besprochen und weitere wichtige Punkte zur korrekten Meditationspraxis vermittelt.

Jetzt können Sie bequem morgens und abends für 15 bis 20 Minuten selbstständig zuhause meditieren und zunehmend Vorteile in allen Lebensbereichen genießen.

Das Vier-Monate-Folgeprogramm

Um die korrekte Ausübung der Technik und die daraus resultierenden positiven Wirkungen sicherzustellen, werden Ihnen *sieben weitere individuelle Sitzungen* mit Ihrem TM-Lehrer oder Ihrer TM-Lehrerin mit Terminen im Abstand von ein, zwei oder drei Wochen angeboten. Außerdem wird *wöchentlich ein Seminar* mit gemeinsamer Gruppenmeditation, Erfahrungsbesprechung und weiterführendem Wissen angeboten, damit Sie größtmöglichen Nutzen aus der regelmäßigen Praxis der Meditation ziehen und Ihr Wissen schrittweise vervollständigen können.

Fortgeschrittenen-Programme

Auf der Grundlage mehrmonatiger regelmäßiger Transzendentaler Meditation kann man sich für das Erlernen von *Fortgeschrittenen-Techniken* und des *TM-Sidhi-Programms* einschließlich des *Yogischen Fliegens* anmelden. Informationsveranstaltungen dazu werden in allen TM-Centern angeboten.

Kontakte in Deutschland, Österreich, Schweiz

Transzendentale Meditation Deutschland
Maharishi Friedenspalast
Spielbergtor 12 c
99099 Erfurt
Telefon: 0361 – 74 42 55 70
Information: 0800 – 624 27 47 44
Fax: 0361 – 74 42 95 41
E-Mail: tm@meditation.de
https://meditation.de

Internationale Meditationsgesellschaft
Dr. med. Lothar Krenner
1080 Wien, Piaristengasse 1
Telefon: 01/512 78 59,
Fax: 01/513 96 60
E-Mail: info@meditation.at
https://transzendentalemeditation.at

Internationale Meditationsgesellschaft Schweiz
Jasmin Paulussen
Auf der Lyss 16
4051 Basel
Telefon: 055 410 81 00
E-Mail: info@meditation-tm.ch
https://schweiz.tm.org

»Kinder finden unser Wissen in Geschichten.«

Im Januar 1972, als Maharishi die ersten Lektionen der Wissenschaft der Kreativen Intelligenz formulierte, fragte ihn eine Mutter: »Wie können wir das Wissen unseren Kindern vermitteln?«
Maharishis Antwort: »Kinder brauchen Geschichten.«

»Polepole auf Schatzsuche« ist die abenteuerliche Reise des kleinen Polepole in der magischen Lore eines Goldbergwerks durch den »Inneren Urwald« bis zum Spiegelsee, wo seine Wünsche in Erfüllung gehen und er sich selbst findet. Auf dem Wege dorthin stößt er auf spielende Affen und auf eine Herde schlafender Elefanten, die ihn jeweils wieder zum Eingang des Bergwerks zurückbringen.
Die Geschichte eignet sich besonders für Bewusstseinsbezogene Bildung, da sie den Weg des Geistes nach innen veranschaulicht. Im Brettspiel »Fahrt zum Spiegelsee« am Ende des Buches können Kinder ab fünf Jahren Polepole auf seiner Reise durch den »Inneren Urwald« begleiten.

Paperback, 40 farbige Seiten im Großformat
ISBN 9783945004128

Der poetische Augenblick der Gottverwirklichung

Diese frühe Schrift Maharishis von 1964 gibt uns Einblick in drei entscheidende Meilensteine auf dem Weg zur Gottverwirklichung. Mit der Suche nach einem geeigneten Meister beginnt der Weg des wahrhaft Gottsuchenden, und Maharishi bringt uns die Persönlichkeit seines eigenen Meisters näher.

Der zweite Teil gibt dem fließenden Gefühl Ausdruck, das uns ergreift, wenn sich die Blütenblätter des Herzens entfalten und uns mit allem verbinden, was uns umgibt. Der Strom der Liebe wird zum zartesten und zugleich mächtigsten Ausdruck des Lebens. Persönliche Liebe wird als Ausdruck universeller Liebe, als Ausdruck der Liebe Gottes, erkannt. Und im dritten Teil erleben wir das innere Selbstgespräch, das sich abspielt, wenn die individuelle Seele wieder mit ihrem eigenen Ursprung verschmilzt und eine Einheit bildet. Wir werden Zeuge, wie Maharishis Bewusstsein das Einswerden mit Gott erlebt und in poetische Form bringt. So erleben wir Ausgangspunkt und Ankunft auf dem Weg zur Gottverwirklichung. Eine Innenschau, die uns besonders ergreift, wenn wir einen dieser Schritte gerade selbst erleben.

Taschenbuch, 67 Seiten
ISBN 9783945004234

Leseprobe, Leserstimmen und Bestellung:
Alfa-Veda Verlag – www.alfa-veda.com

Hauptberuflich meditieren … Geht das?

Im Oktober 1981 gründete Maharishi eine Gruppe alleinstehender Männer, die hauptberuflich in die Stille tauchen und Kohärenz erzeugen sollten. Aber wovon sollten sie leben? Wer bezahlt sie schon fürs Meditieren? Sind sie von Natur aus reich, oder bekommen sie Spenden, weil sie Kohärenz erzeugen?

»Reich über Nacht« erzählt vom abwechslungsreichen Leben einer solchen Gruppe. Schließlich können sie nicht den ganzen Tag nur meditieren. Vor allem nicht, wenn für sie gerade ein neues Spirituelles Zentrum mitten im tiefsten Regenwald der Blue Ridge Mountains entsteht. Im Land der unbegrenzten Möglichkeiten, wo die seltsamsten Geschichten zirkulieren, von denen keiner genau weiß, ob man sie glauben darf oder nicht. Wir lernen 13 phantastische Erzähler kennen, die im August und September 2001 einen spannenden Geschichtenwettbewerb abhalten, bis ein unglaubliches Ereignis plötzlich alles verändert.

Taschenbuch, 200 Seiten reich illustriert
ISBN 9783945004067

Leseprobe, Leserstimmen und Bestellung:
Alfa-Veda Verlag – www.alfa-veda.com

Wie wirkt die Kohärenz der Transzendenz?

Vor der Wiedervereinigung Deutschlands organisierte die TM-Bewegung zahlreiche Veranstaltungen, um die Einheit der Bevölkerung zu stärken und die Mauer zu Fall zu bringen. Dieser Gedichtband fasst Festreden zusammen, die zu verschiedenen TM-Anlässen entstanden sind.

»Siddhapower an der Mauer« lässt einige der schönsten Momente wieder aufleben, die aus Sicht der TM-Bewegung zur Stärkung der deutschen Einheit beitrugen. Weitere Gedichte zu privaten und festlichen Anlässen geben uns einen erfrischenden Einblick in den Alltag einer dauerhaften Meditationsgruppe.

Ist's Wahrheit oder nur Geschwätz?
Man redet vom Naturgesetz:
»Die Kohärenz der Transzendenz
belebt Natur und Konjunktur …«
Mein Gott, das wäre wunderbar,
doch was ist daran wahr?

Taschenbuch, 284 Seiten reich illustriert
ISBN 9783945004173

Leseprobe, Leserstimmen und Bestellung:
Alfa-Veda Verlag – www.alfa-veda.com

Urklang zwischen Schöpfung und Transzendenz

Der Rik-Veda ist der älteste überlieferte Ausdruck indoeuropäischer Sprache und Kultur. Laut Maharishi ist der Veda der Ausdruck reinen Bewusstseins, das sich selbst als Erkennender, Erkennen und Erkanntes begreift und sich der inneren Wechselwirkung dieser drei Aspekte bewusst wird.

1. Weder Nichtsein noch Sein waren ehedem.
Weder der Luftraum noch jenseits der Himmel.
Was vibrierte? Wo? In wessen Obhut?
Wasser? Was war das? – Unergründliche Tiefe.
2. Weder Tod noch Unsterblichkeit gab es da
noch die Erscheinung von Tag und Nacht.
Es atmete windstill aus eigener Kraft
dieses Eine. Nichts anderes war da.
6. Wer weiß es wirklich, wer kann es hier sagen,
woher diese Welt kam, woraus sie entstand?
Die Götter gab es erst nach der Erschaffung;
wer also weiß es, woraus sie hervorging? – RV 10,129

Taschenbuch, 250 Seiten mit ausführlich erklärendem Nachwort
ISBN 9783945004135

Leseprobe, Leserstimmen und Bestellung:
Alfa-Veda Verlag – www.alfa-veda.com